예수처럼 리드하라

LEAD LIKE JESUS

ⓒ 2016 by Ken Blanchard, Phil Hodges and Phyllis Hendry
Originally published in English as With *Lead Like Jesus Revisited* by Thomas Nelson,
Nashville, TN, USA.
Published by arrangement with Thomas Nelson, a division of HarperCollins Christian
Publishing, Inc. through rMaeng2, Seoul, Republic of Korea.
This Korean translation edition © 2023 by CUP, Seoul, Republic of Korea.
All rights reserved.

이 한국어판의 저작권은 알맹2를 통하여 HarperCollins Christian Publishing, Inc.와 독점 계약한 도서출판 CUP에 있습니다. 저작권법에 의하여 한국 내에서 보호 받는 저작물이므로 무단 전재와 무단 복제를 금합니다.

예수처럼 리드하라
LEAD LIKE JESUS

발행일	1쇄 발행 2023년 10월 5일
	2쇄 발행 2024년 9월 24일
지은이	켄 블랜차드, 필 하지스, 필리스 헨드리
옮긴이	윤종석
발행인	김혜정
디자인	홍시 송민기
기획위원	김건주
마케팅	윤여근, 정은희
발행처	도서출판 CUP
출판신고	제 2017-000056호 (2001.06.21.)
주소	(04549) 서울특별시 중구 을지로 148, 8층 803호(을지로3가, 드림오피스타운)
전화	02) 745-7231
팩스	02) 6455-3114
이메일	cupmanse@gmail.com
홈페이지	www.cupbooks.com
페이스북	facebook.com/cupbooks
인스타그램	instagram.com/cupmanse
ISBN	979-11-90564-58-8 03230 Printed in Korea

* 파손된 책은 구입하신 서점에서 교환해 드리며 책값은 뒤표지에 있습니다.

예수처럼 리드하라

LEAD LIKE JESUS

예수께 배우는 최고의 리더십

켄 블랜차드, 필 하지스, 필리스 헨드리 지음 | 윤종석 옮김

*칭찬은 고래도 춤추게 한다*의 저자 켄 블랜차드가
성경에서 발견한 최고의 리더십 모델

LEAD
LIKE JESUS

REVISITED

LESSONS FROM THE GREATEST
LEADERSHIP ROLE MODEL OF ALL TIME

KEN BLANCHARD
PHIL HODGES
PHYLLIS HENDRY

추천사

우리 세상의 큰 문제 중 하나는 자기중심의 이기적 리더십이다. 그런 리더는 자기가 사람들의 유익을 위해 존재하는 게 아니라 그 반대라고 생각한다. 이와는 정반대로 예수는 섬기는 리더십의 모범을 보이셨다. "내가 온 것은 섬김을 받으려 함이 아니라 도리어 섬기려 함이라"라고 하셨다. 2천 년이 지난 지금도 21억 이상의 사람이 예수를 따르고 있으니, 논쟁의 여지 없이 그분은 사상 최고의 리더다. 아무도 그 근처에도 오지 못한다! 그래서 당신도 예수 같은 리더가 되어야 한다. 그분만이 흠 없는 본보기다. 그래서 이 책을 읽어야 한다!

릭 워렌 Rick Warren | 《목적이 이끄는 삶》(디모데 역간) 저자,
〈유에스 뉴스 앤 월드 리포트〉 선정 "미국 최고의 리더 25인" 중 1인

즐겁게도 우리 교회에서 켄 블랜차드와 필 하지스의 리더십 집회를 주최한 적이 있다. 참석자들에게 얼마나 큰 영향을 준 하루였는지 모른다. 리더십에 대한 생각이 이전과 분명히 달라졌다. 당신도 이 책을 읽으면 그런 경험을 할 것이다. 사상 최고의 리더십 역할 모델에게 배울 기회를 놓치지 말라.

밥 러셀 Bob Russell | 밥 러셀 사역 기관, 사우스이스트 크리스천교회 은퇴목사

이 주제에 관한 한 켄 블랜차드보다 더 훌륭한 자격을 갖춘 사람은 드물다. 그가 가장 좋아하는 이름은 '예수'이고 가장 좋아하는 동사는 '이끌다'이다. 그동안 나를 비롯한 수많은 사람을 예수처럼 이끄는 리더가 되도록 도와준 그에게서 당신도 똑같은 혜택을 누리기를 바란다.

맥스 루케이도Max Lucado | 오크힐스교회 설교 목사, 베스트셀러 작가

드디어 나왔다. 우리의 신앙과 일을 연결하는 결정적인 길잡이로서 이론의 품위와 고도의 실용성을 겸비한 책이다. 지금까지 접해 본 경영 서적 중 의심의 여지 없이 가장 중요한 책이다.

패트릭 렌시오니Patrick Lencioni | 《팀이 빠지기 쉬운 5가지 함정》(위즈덤하우스) 저자

하나님 말씀의 금광 속으로 우리를 더욱 깊이 이끌어 삶의 소중한 진리에 다다르게 한다. 이 책은 우리에게 사상 최고의 리더이신 예수의 시각을 되찾아 적용하게 해 준다.

댄 T. 캐시Dan T. Cathy | 칙필레 회장

예수 같은 리더가 되려는 이들에게 이 책은 중요한 성찰의 도구다. 우리가 누구이고 어디로 가고 있으며 사람들이 따르는 게 왜 중요한지를 더 잘 이해하게 해 준다. 리더십은 수단일 뿐이고 목적이 무엇이냐가 궁극의 질문임을 우리 모두에게 일깨워 준다.

C. 윌리엄 폴라드C. William Pollard | 빌리 그레이엄 전도협회 운영위원장, 서비스마스터 전 회장

예수보다 뛰어난 리더십 모델은 없다. 저자들이 다년간의 경험을 토대로 파악한 예수 리더십의 특성은 당신의 삶과 리더십에도 영향을 미칠 것이다. 정곡을 찌르는 책이다.

존 C. 맥스웰 John C. Maxwell | 존 맥스웰 컴퍼니, 존 맥스웰 팀 EQUIP, 존 맥스웰 리더십 재단 등의 설립자

많은 사람의 소원대로 누구나 예수 같은 리더가 될 수 있다면 얼마나 좋을까. 켄 블랜차드 팀은 시간과 에너지와 통찰과 전문성을 바쳐 그 일을 가능하게 해 왔다. 이 책에 제시된 여러 개념과 질문을 숙고하면서 당신도 도전에 응할 수 있을지 자문해 보라. 예수라면 어떻게 하실 것인가를 넘어, 특히 어떻게 이끄실 것인가? 그 답을 찾는 데 도움이 될 책이다.

로리 베스 존스 Laurie Beth Jones | 《Jesus CEO》(루덴스), 《기적의 사명선언문》(한언), 《인생 코치, 예수》(규장) 저자

리더들의 섬기는 리더십을 통해 예수의 삶이 나타나야 한다는 것이 켄의 거룩한 열정이다. 치밀하면서도 하나님을 높이는 이 매우 시의적절한 책을 모든 리더에게 적극적으로 추천한다.

헨리 블랙커비 Henry Blackaby | 《하나님을 경험하는 삶》(요단출판사) 저자

이 책은 모든 관계를 초월해 사안의 핵심을 찌른다. 예수 같은 리더가 되면 당신과 주변 사람들의 삶이 변한다. 오늘 이 책을 통해 도전과 의욕을 받고 어디서든 더 차원 높은 리더가 되라! 리더십만 아니라 당신의 성품까지도 달라질 것이다!

마조리 도어 Marjorie Dorr | 파메리카 회사 사외이사, 웰포인트 전 최고 전략책임자

이 책은 성실한 자들에게는 선물이고 길을 잃은 자들에게는 등댓불이다. 이 가르침에 담긴 지식에 힘입어 진리의 메시지가 온 세상으로 퍼져 나가기를 바란다. 내 머리에만 아니라 마음에까지 와닿은 책이다.

메리 앤 슐라 Mary Anne Shula | 슐라 엔터프라이즈

모든 면에서 개척자적인 책이다. 삶 속에서 남을 회피하거나 반감을 주지 않으면서 신앙을 실천하는 법을 보여 준다. 당신도 이 길을 따라가면 여러모로 달라질 것이다.

밥 버포드 Bob Buford | 《하프타임》,《하프 타임의 고수들》(국제제자훈련원) 저자, 리더십 네트워크 설립자

이 책에서 우리는 우리 삶과 리더십을 변화시키는 것이 예수와의 친밀한 관계임을 배운다. 다른 리더십 책들과 달리 예수께 초점을 맞추기 때문에 리더들이 힘을 얻어 실제로 배우고 성장하고 행동을 고쳐 나갈 수 있다. 훌륭한 리더가 되는 데 이보다 더 효과적인 방법은 없다.

빈스 시실리아노 Vince Siciliano | 뉴 리소스 은행 행장 겸 CEO

차 례

추천사 6

머리말 14

토의 가이드 23

PART 1

성경적 관점의 리더십

01 당신은 리더인가? 29

02 사상 최고의 리더십 역할 모델 35

03 섬기는 리더 예수 41

04 예수는 오늘의 우리에게도 적합한 역할 모델인가? 45

05 안에서부터 시작되는 변화의 여정 51

06 예수 같은 리더의 4가지 영역 65

토의 가이드 70

PART 2

훌륭한 리더의 마음

07 예수 닮은 리더십이란 무엇인가? 81

08 예수 같은 리더가 되고 싶은데 마음이 따라 주지 않을 때 87

09 마음이 고장 난 결과 93

10 하나님을 밀어내는 자아의 경고 신호 107

11 마음의 방향 전환 117

토의 가이드 130

PART 3

**존재
습관**

12 하나님의 무조건적인 사랑을 받아들이고
　　그 안에 거하는 습관 139
13 고독을 경험하는 습관 147
14 기도를 실천하는 습관 153
15 성경을 알고 적용하는 습관 161
16 지원 관계를 유지하는 습관 173

토의 가이드 184

PART 4

**훌륭한
리더의
머리**

17 자신의 필수 비전을 수립하라 193
18 예수의 필수 비전 205
19 팀이나 기관의 필수 비전을 수립하라 211
20 필수 비전을 수행하라 227

토의 가이드 238

PART 5

훌륭한 리더의 손

21 리더는 수행 코치다 247

22 목수의 일 255

23 목수의 길 261

24 자아라는 요인 283

토의 가이드 296

PART 6

행위 습관

25 하나님께 순종하며 그분의 무조건적인 사랑을 표현하는 습관 305

26 은혜 습관 311

27 용서 습관 317

28 격려 습관 323

29 공동체 습관 329

30 예수 같은 리더는 자신에게서부터 출발한다 339

토의 가이드 346

PART 7

예수 같은 리더의 다음 단계

31 긍정적 변화를 주도하라 **355**

32 자아 중독자 모임: 하나님만을 높이는 첫걸음 **369**

토의 가이드 380

예수 같은 리더의 다음 단계: 점검표 **382**

예수 같은 리더의 다음 단계: 자원 목록 **383**

감사의 말 **390**

주 **393**

머리말

리더십 역할 모델이 세상에 절실히 필요하다. 리더십에서 가장 중요한 것은 리더 자신이고, 리더의 가장 중요한 요소는 마음이며, 리더의 마음이 가장 중요하게 연결해야 할 대상은 하나님이시다.

리더십에 대한 서적과 세미나는 대부분 경영 기법과 능력과 전략과 수단에 치중하느라 정작 리더십의 가장 중요한 요소인 리더 자신을 소홀히 한다. 우리는 진정한 영속적 변화란 안에서부터 시작된다고 믿는다. 리더가 예수를 따르기로 결단하고 그분을 통해 안팎으로 철저히 변화되면, 그 결단의 결과가 그의 영향권 내에 있는 모든 일과 모든 사람에게 나타난다. 우리의 소신은 분명하다. 예수 없이는 예수 같은 리더가 될 수 없다!

예수 같은 리더의 삶에는 엄청난 혜택이 수반된다. 바로 자유다. 자유에 기초한 리더십 모델은 예수께만 있다. 그분 안에 있으면 한없이 안전하고 그분의 능력이 우리 안에서 역사한다. 세상이 줄곧 우리 앞에 내놓는 해법은 자력과 독립과 경쟁과 주위 압력과 성취에 기초해 있다. 그러나 예수 같은 리더가 되면 혼자 힘으로는 결코 도달하지 못할 수준 높은 영향력에도 도달할 수 있다. 우리는 교만과 두려움에서 해방되고, 겸손히 피드백을 받아들여 자신의 실수를 인정하며, 충분히 강해져서 남의 잘못을 용납하고 과오를 용서할 수 있다. 그래서 사람들을 이끌어 각자의 잠재력을 온전히 실현하도록 돕는 게 가능해진다.
 그런데 예수를 닮은 리더십을 '무르거나' 현실성이 없다고 보는 이들이 있다. 그래서 많은 리더가 이런 리더십을 외면한다. 하지만 그런 사고방식의 결과는 분명하다. 갈등이 끊이지 않아 직원은 불만을 품고 리더는 좌절한다. 가정이 깨지고, 교회가 갈라지고, 팀과 기관은 혼란에 빠져 성과가 초라해진다.
 예수 같은 리더를 상상해 보라. 그런 리더는 자신의 영향권 안에 있는 사람들을 심히 사랑하기에, 그들을 도와 지금의 자리에서 하나님이 원하시는 자리로 옮겨 가게 한다. 그들에게 책임을 묻고, 날마다 격려하고, 도전에 맞서고, 매번 깨끗한 성품으로 진정성 있게 교류한다. 아울러 그들을 그 똑같은 길로 인도하려 한다. 이런 리더가 세상에 가득하다고 상상해 보라!
 굳이 멀리서 찾을 필요가 없다. 리더십의 완전한 역할 모델은 예수다. 우리는 그분을 따르면서 우리 안에서 그리고 우리를 통해 역사할 수 있도록 하면 된다.
 우리가 여러 해 동안 선포한 대로 예수는 사상 최고의 리더십 역할 모델이다. 그러나 우리도 미처 다 몰랐던 부분이 있는데, 그분이 우리에게 베푸는 리더십의 선물은 그 밖에도 많다. 즉 예수는 섬기는 리더로서만 아니라 비전을 제시하시고, 팀을 세우시고, 팀에 동기를 부여하시고, 변화를 주도하는 면에서도 사상 최고다. 사실 리더십의 속성 중에 예수가 제자들을 훈련하면서 모두에게 모범을 보이지 않은 것은 우리가 보기에 하나도 없다. 2천 년도 더 지난 지금도 예수를 따르는 무리는 세계 역사상 그 어떤 리더의 경우보다도 많다.

아울러 우리가 거듭 배우고 있듯, 예수를 닮은 리더십은 사랑에 기초한 리더십이다. 사실 하나님의 뜻은 우리의 리더십과 영향력의 주된 결과로 사람들에게 예수의 사랑이 전해지는 것이다. 예수를 닮은 리더십은 본질상 **마음**의 문제다. 나아가 그것은 **머리**의 지고한 생각이고, 손의 주된 수고이며, **습관**으로 표현되고 재충전된다.

모든 것-사랑=아무것도 아니다. 이것은 우리가 만들어 낸 공식이 아니라 논박할 수 없는 하나님 나라의 법칙이다. 이 법칙을 예수가 온전히 성취하셨다. 나아가 이것은 그분의 리더십 모델을 규정짓는 특징이기도 하다. 예수 같은 리더가 되려면 예수처럼 사랑해야 한다.

다음은 시대를 초월하는 사도 바울의 말인데, 다른 사람의 삶에 영향을 미치는 리더와 스승에게 그대로 적용된다.

내가 사람의 방언과 천사의 말을 할지라도 사랑(이라는 목적)이 없으면 소리 나는 구리와 울리는 꽹과리가 되고 내가 예언하는 능력이 있어 (사람을 이끄는 법에 대한) 모든 비밀과 모든 지식을 알고 또 (내 리더십에 대해) 산을 옮길 만한 모든 믿음이 있을지라도 사랑이 없으면 내가 아무것도 아니요 내가 내게 있는 모든 것으로 구제하고 또 내 몸을 불사르게 내줄지라도 (스스로 높아지려는 이기적 행위일 뿐) 사랑이 없으면 내게 아무 유익이 없느니라(고린도전서 13장 1~3절, 괄호 안 추가).

이 책에서 우리는 "네 마음을 다하고 목숨을 다하고 뜻을 다하여 주 너의 하나님을 사랑하라 … 네 이웃을 네 자신 같이 사랑하라" 하신 의미를 더욱 깊이 파헤칠 것이다(마태복음 22장 37~39절). 우리의 공식 비공식 영향력을 통해 어떻게 사람들이 힘을 얻어 하나님과의 관계를 더 친밀히 가꾸고 그분의 사랑을 깨달을 수 있는지도 살펴볼 것이다. 그 사랑은 성자 예수를 통해 한없이 아름답게 드러났다.

지난 10년 동안 우리가 새로 배웠거나 더 확충한 다음과 같은 교훈도 거기에 포함되어 있다.

- 리더의 마음과 동기가 잘못되어 있으면, 아무리 똑똑한 사고와

숙련된 리더십도 이기적 착취와 조종이라는 기교의 한계를 벗어날 수 없다.
- 예수의 '존재 습관'과 '행위 습관'은, 그분 같은 리더가 되려는 마음을 실천하는 실제적 방법이다.
- 성경의 진리에 개인의 생생한 간증을 곁들이면, 예수 같은 리더가 되라는 메시지에 타당성과 진정성이 더해져 다양한 세대와 문화의 사람들에게 가 닿는다.
- 리더십의 관건은 변화다. 변화를 주도하고, 변화에 반응하고, 변화 과정을 인도하고, 변화를 보강하고, 남에게 변화의 본을 보이는 것이다.
- 예수 같은 리더가 되려면, 예수 그리스도와 성령을 통해 하나님과 교류하는 인격적 관계를 가꾸어야 한다.

필리스 헨드리가 공저자로 합류해 무척 기쁘다. 사랑하는 친구이자 그리스도인인 필리스는 Lead Like Jesus 사역 기관의 총재 겸 CEO다. 예수 같은 리더가 되라는 메시지에 열정을 품고 사랑과 리더십의 위력을 직접 경험한 필리스 덕분에 책이 훨씬 더 풍성해졌다.

이 책을 통해 당신과 예수의 관계가 더 끈끈해지고, 그분을 당신의 주님과 구주로만 아니라 리더십 역할 모델로도 받아들이기를 기도한다. 당신이 변화되면, 주변 사람들도 영향을 받아 그 똑같은 모델로 이끌릴 것이다. 그들은 기업체, 비영리 기관, 사회, 교회, 가정 등의 리더일 수 있다.

리더로서 당신의 역할이 아무리 힘들어 보여도 예수의 이 말씀을 잊지 말라. "수고하고 무거운 짐 진 자들아, 다 내게로 오라. 내가 너희를 쉬게 하리라"(마태복음 11장 28절). 그분의 초청은 지금도 유효하다. 당신에게도 유효하다.

이 운동에 동참하도록 당신을 초대한다. 예수 같은 리더들의 영향이 언젠가는 곳곳의 모든 사람에게 미칠 수 있도록 말이다.

함께 여정에 오르자.

켄 블랜차드
필 하지스
필리스 헨드리

토의 가이드

각 부의 마지막에 <토의 가이드>가 제공된다

이 책에 논한 리더십 원리에 대한 이해와 적용을 돕고자 본문의 핵심 개념을 요약했다. 각 핵심 개념 뒤에는 토의 질문이 이어진다. 이 대화식 토의 가이드를 통해 1부(Part 1)에서 7부(Part 7)까지 부별로 핵심 교훈을 복습할 수 있으며, 나아가 그런 개념을 각 참여자의 리더십 유형에 어떻게 적용할 것인지에 대해서도 생각하고 대화할 수 있다.

진도는 각자의 페이스에 맞추면 된다. 개인적인 공부에도 매우 유용하지만 소그룹에서 함께 나누면 더 풍요로운 내용이므로 소그룹 모임을 적극 권장한다.

먼저 모두가 책을 읽고 배운 내용을 서로 나눔으로써 예수를 닮은 리더십을 더 깊이 이해하고, 또한 기회 있을 때마다 그런 원리를 일상의 리더십 속에 통합하기를 바란다.

토의에 들어가기에 앞서, 당신을 포함한 소그룹 멤버들이 예수와 함께 느긋한 산책에 나선다고 상상해 보라. 그분께 사랑받기에 당신은 안전하게 느껴진다. 중간에 자유로이 멈추어 질문도 하고 주님의 대답을 경청할 수도 있다. 문득 당신의 이름을 부르며 주시는 이 말씀도 들어 보라.

"수고하고 무거운 짐 진 자들아, 다 내게로 오라. 내가 너희를 쉬게 하리라. 나는 마음이 온유하고 겸손하니 나의 멍에를 메고 내게 배우라. 그리하면 너희 마음이 쉼을 얻으리니 이는 내 멍에는 쉽고 내 짐은 가벼움이라"(마태복음 11장 28~30절).

계속되는 당신의 여정을 축복한다.

LEAD LIKE JESUS
REVISITED

-
-
-

성경적 관점의

―― PART 1 ――

리더십

그리스도의 평강이 너희 마음을 주장하게 하라. 너희는 평강을 위하여
한 몸으로 부르심을 받았나니 너희는 또한 감사하는 자가 되라.
그리스도의 말씀이 너희 속에 풍성히 거하여 모든 지혜로 피차 가르치며
권면하고 시와 찬송과 신령한 노래를 부르며 감사하는 마음으로
하나님을 찬양하고 또 무엇을 하든지 말에나 일에나
다 주 예수의 이름으로 하고 그를 힘입어 하나님 아버지께 감사하라

골로새서 3장 15~17절

흔히 생각하는 리더십의 기초는, "결국 중요한 것은 나다"라는 관점이다. 어떤 단체나 기관에서든 사람의 위계가 높아질수록 재물과 인정과 권력의 보상도 커진다. 스스로 높아지려는 교만과 자신을 보호하려는 두려움이 오늘날의 리더십 유형을 지배한다. 마치 양떼가 목자의 이익을 위해서만 존재하는 것처럼 여기는 지도자가 많다. 상호 존중, 사랑의 돌봄, 희생, 열린 마음 등에 기초한 리더십은 대인 관계에서 뒷전으로 밀려나기 일쑤다. 교만과 두려움과 무관심 때문에 친밀함이 고립으로 대체된 결과다. 이는 흉한 소식이다.

기쁜 소식은 더 나은 길이 있다는 것이다. 이 대안 리더십의 근간이자 우리 사역 기관의 중심이 되는 4가지 기본 신념이 있다.

- ◆ 언제든지 타인의 생각이나 행동이나 발달에 영향을 미치면, 그것이 바로 리더십이다.
- ◆ 예수는 사상 최고의 리더십 역할 모델이다.

- 예수가 자신을 따르는 이들에게 인정해 주시는 리더십 유형은 섬기는 리더십이다.
- 효과적인 리더십은 안에서부터, 즉 우리의 마음에서 시작된다.

이 4대 신념을 살펴보는 동안 리더십을 보는 당신의 관점이 완전히 달라지기를 바란다. 리더십이란 자신의 변화로부터 시작되는 여정이며, 그것이 퍼져 나가 한 개인을 이끌고 다음에 소그룹을 이끌고 마침내 기관의 리더가 되는 것임을 알게 되기를 바란다. 아울러 리더가 되려면 4가지 필수 영역인 마음과 머리와 손과 습관이 나란히 일치해야 함도 깨닫기를 바란다.

그럼 출발해 보자!

당신은
리더인가?

01

예수께서 [제자들을] 불러다가 이르시되 "이방인의 집권자들이
그들을 임의로 주관하고 그 고관들이 그들에게 권세를 부리는 줄을
너희가 알거니와 너희 중에는 그렇지 않을지니 너희 중에 누구든지
크고자 하는 자는 너희를 섬기는 자가 되고 너희 중에 누구든지
으뜸이 되고자 하는 자는 모든 사람의 종이 되어야 하리라"

마가복음 10장 42~44절

예수 같은 리더를 주제로 워크숍을 진행할 때 우리가 자주 던지는 질문이 있다. "여러분 중에 자신을 리더로 생각하시는 분이 몇이나 됩니까?" 놀랍게도 20~25%의 사람만이 손을 든다. 기업체, 교육 기관, 정부 부처, 종교 단체의 각급 경영자와 책임자가 매번 청중의 주를 이루는데도 말이다. 대다수 사람이 손을 들지 않는 이유는, 리더십이 직장의 지위나 직함과 관계된다는 생각 때문이다. 자신이 조직도에서 충분히 높지 않다고 느껴져 리더로 자처하지 않는 사람이 많다.

그 도입 질문에 이어 우리는 매번 사람들에게 지금까지 자신의 삶에 가장 큰 영향을 미친 사람, 한 인간으로서 지금의 자신이 있기까지 주된 역할을 했던 사람을 떠올려 보게 한다. 그러고 나서 묻는다. "자신이 거쳐 온 직장의 경영자나 책임자를 꼽으신 분이 몇이나 됩니까?" 손을 드는 사람이 거의 없다. 이어 이렇게 묻는다. "자신의 아버지, 어머니, 할머니, 할아버지, 이모, 삼촌, 친구 등을 꼽으신 분은 몇이나 됩니까?" 거의 모두가 손을 든다. 왜 그럴까? 삶의 영역에 따라 실제로 모든 사람이 리더이기 때문이고, **리더십이란 곧 영향을 미치는 과정이기 때문이다. 우리가 믿기로 사생활에서든 직장에서든 타인의 생각이나 행동이나 발달에 영향을 미치려 할 때마다 당신은 리더 역할을 맡는 것이다.** 그래서 리더십을 피하려면, 스스로 바깥세상과 단절되는 수밖에 없다.

사랑하는 이에게 친밀하게 지도와 격려의 말을 해 주는 것도 리더십이고, 기관의 긴 지휘 계통을 따라 정식으로 지시를 하달하는 것도 리더십이다. 자녀의 성품과 자존감을 길러 주고 대인 관계의 친밀감과 만족도를 높여 주는 것도 리더십이고, 일정한 목표를 달성하거나 주어진 과업을 성취하기 위해 기관의 자원을 분배하는 것도 리더십이다.

요컨대 리더십에는 두 종류가 있다. 하나는 생활 리더십이고, 또 하나는 기관 리더십이다.

배우자나 부모나 가족이나 친구나 시민으로서 생활 리더십을 행사할 기회는 당신에게도 날마다 수없이 주어진다. 이보다 더 중요한 리더십의 역할이 무엇이겠는가? 몇 가지 예를 생각해 보라.

- 남편과 아내가 매일의 재정에 대해 합의를 이루려 한다.
- 엄마가 어린 자녀에게 숟가락질을 가르친다.
- 아들이 연로한 부모에게 주거 형태에 대해 조언하고 인도한다.
- 친구끼리 관계가 소원해질 위험을 무릅쓰고 도덕적 잘못을 지적한다.
- 시민이 노숙인들의 주거 공급을 돕는다.

생활 리더십과 달리 기관 리더십은 대개 공식 지위나 직함에 따라온다. 그 권한으로 당신은 기관에 무엇이 필요한지 파악해서 거기에 부응한다. 이번에도 예를 들면 도움이 될 것이다.

- 기업 간부가 자사의 경쟁력을 높여 줄 만한 내부 정보를 제의받고도 이를 거부한다.
- 중학교 교사가 학생들의 호기심을 북돋아 준다.
- 재활 시설의 간호사가 뇌졸중 환자의 분노에 참을성 있게 대처한다.
- 목사가 슬픔에 잠긴 교인을 위로한다.

◆ 고등학교 풋볼 코치가 시합에 이기는 것보다 선수들의 성품 형성에 더 중점을 둔다.

생활 리더십과 기관 리더십의 주된 차이는 해당 관계의 영속성이다. 생활 리더의 활동은 부모, 배우자, 형제자매, 친구, 시민 등의 영속적 관계 속에서 이루어진다. 그래서 본분과 의무를 쉽게 포기하거나 저버릴 수 없다.

반면 기관 리더의 활동은 한시적 관계와 늘 변하는 환경 속에서 임기 동안에만 이루어진다. 별의별 이유로 사람들이 속속 교체될 수 있다. 이렇게 기관의 안정성이 부족하다 보니 대개 헌신도 어느 정도 제한적이고 조건부인데, 경쟁 구도의 사내 정치에서 이를 확연히 볼 수 있다.

우리 삶을 형성하는 대부분의 유의미한 리더십은, 직함이 딸린 조직도의 리더에게서 오지 않고 사적인 관계의 생활 리더에게서 온다. 초대 교회에서 기관 리더가 되려는 후보자에게 생활 리더십을 전제 조건으로 삼았다는 점은 주목할 만한 교훈이다. 디모데전서 3장 1~7절에 이렇게 나와 있다.

> 미쁘다 이 말이여, 곧 사람이 감독의 직분을 얻으려 함은 선한 일을 사모하는 것이라 함이로다. 그러므로 감독은 책망할 것이 없으며 한 아내의 남편이 되며 절제하며 신중하며 단정하며 나그네를 대접하며 가르치기를 잘하며 술을 즐기지 아니하며 구타하지 아니하며 오직 관용하며 다투지 아니하며 돈을 사랑하지 아니하며 자기 집을 잘 다스려 자녀들로 모든 공손함으로 복종하게 하는 자라

야 할지며 (사람이 자기 집을 다스릴 줄 알지 못하면 어찌 하나님의 교회를 돌보리요) 새로 입교한 자도 말지니 교만하여져서 마귀를 정죄하는 그 정죄에 빠질까 함이요 또한 외인에게서도 선한 증거를 얻은 자라야 할지니 비방과 마귀의 올무에 빠질까 염려하라.

성장기의 예수에게 섬기는 리더십의 모범을 보인 사람 중에 어머니 마리아가 있었다. "주의 여종이오니 말씀대로 내게 이루어지이다"(누가복음 1장 38절). 그녀는 아들에게 순종과 복종과 믿음과 섬김의 유산을 전수했다. 마리아는 섬기는 마음의 정수를 보여 준 화신이다. 생활 속의 어머니 역할이라는 중요한 위치에서 그녀는 아이 예수의 삶과 심령에 영향을 미쳤다. 이 모자 관계는 예수를 리더로 준비하는 하나님의 계획의 일환이었다. 영적 스승 역할의 마리아는 이미 검증된 자원하는 영혼이었고, 아이 예수는 학생으로서 차차 양육되어야 할 영혼이었다.

 한 번 더 생각해 보기

잠시 시간을 내서 그동안 당신의 생각과 행동과 인생길에 가장 큰 영향을 미친 사람들을 떠올려 보라. 당신도 그들의 이름과 얼굴을 회상하다 보면 실감하겠지만, 직함과 지위와 권한에 딸려 오는 기관 리더십은 리더십의 판도에서 일부일 뿐이며 대개 가장 중요한 부분은 아니다.

사상 최고의
리더십 역할 모델

02

인자가 온 것은 섬김을 받으려 함이 아니라 도리어 섬기려 하고
자기 목숨을 많은 사람의 대속물로 주려 함이니라

마가복음 10장 45절

사실 우리는 모두 다 리더다. 그렇다면 리더로서 당신의 역할 모델은 누구인가? 우리는 사상 최고의 리더십 역할 모델을 예수로 본다. 우리가 그렇게 말하면 눈썹을 치켜 올리는 사람이 많다. 근거가 무엇인지 궁금하다는 것이다. 우리는 그런 질문이 반갑다.

몇 년 전 조지아주 애틀랜타에서 예수 같은 리더를 주제로 화상 집회가 열렸을 때, 유명 목사이자 작가로서 공동 진행을 맡았던 존 오트버그(John Ortberg)에게 켄이 물었다.

"캘리포니아주 멘로파크에서 목회하는 목사님이 나라 반대편의 이곳까지 와서 사람들에게 예수가 사상 최고의 리더십 역할 모델이라고 가르치는 이유는 무엇입니까?"

탁월한 이야기꾼인 오트버그는 청중을 보고 씩 웃으며 말했다.

"2천 년 전에 여러분이 도박사였다고 잠시 가정해 봅시다. 도박을 싫어하는 분이 많겠지만 잠깐만 참고 들어 주십시오. 하나 묻겠습니다. 여러분은 어느 쪽이 더 오래갈 거라는 데에 돈을 걸겠습니까? 군대를 거느린 로마 제국입니까, 아니면 열두 명의 경험 없는 제자를 둔 초라한 유대인 랍비입니까?" 다들 미소를 짓는 가운데 존은 이렇게 말을 이었다.

"오랜 세월이 흐른 지금도 다들 자녀 이름은 마태와 야고보와 사라와 마리아라고 짓는데, 개는 네로와 시저라고 부르니 재미있지 않습니까? 이것으로 답변을 대신하겠습니다."

폭소가 터졌지만, 정곡을 찌르는 말이었다. 분명히 예수의 리더십은 효과적이었다. 그분의 교회는 지금도 건재하지만, 로마 제국은 사라졌다. 리더십에서 중요한 것은 리더가 곁에 있을 때가 아니라 **부재중일 때** 벌어지는 일이다. 부모가 주위를 맴도는 한에는 자녀에게 원하는 일을 시키기가 어렵지 않다. 그러나 부모가 없을 때는 자녀가 어떻게 하는가? 기업 리더도 똑같은 문제에 부딪친다. 직원들의 동작을 일일이 감시할 수는 없으며 생각이나 주관은 더 말할 것도 없다. 그래서 오늘날의 훌륭한 기업 리더는 직원들에게 권한을 부여해, 스스로 머리를 써서 일하고 잘 결정하게 한다. 그럴수록 직원들은 일에 온 힘을 다하는 경향이 있다.

예수가 사상 최고의 리더십 역할 모델이라는 증거를 켄이 처음 접한 때는 1980년대 초 《1분 경영》(21세기북스 역간)이 간행되고 나서 로버트 슐러(Robert Schuller)의 텔레비전 프로그램인 〈권능의 시간〉에 출연 요청을 받았을 때였다. 켄의 회고에 따르면 슐러 목사가 인터뷰 중에 이렇게 물었다.

"사상 최고의 1분 경영자가 누구인지 아십니까?"

켄은 멍하니 그를 바라보았다.

그러자 슐러는 "나사렛 예수십니다"라고 말했다.

"정말입니까?" 예수를 위대한 리더십 역할 모델로 생각해 본 적이 없던 켄의 반문에 슐러 목사는 다음과 같이 답했다.

"물론이지요. 우선 그분은 목표가 아주 명확했습니다. 그게 당신의 첫 번째 비법인 '1분 목표 설정'이 아닙니까?"

"맞습니다."

슐러는 씩 웃으며 말을 이었다.

"현장 경영은 당신과 톰 피터스(Tom Peters)가 만들어 낸 게 아닙니다. 예수야말로 이 마을 저 마을로 현장을 다니셨지요. 그러다 무언가 제대로 하는 사람이 보이면 그를 칭찬하거나 치유해 주셨습니다. 그게 당신의 두 번째 비법인 '1분 칭찬'이 아닌가요?"

"그렇지요."

"끝으로 사람들이 바른길을 벗어나면 예수는 주저 없이 일의 방향을 바로잡아 주셨습니다. 환전상들을 성전에서 쫓아내기까지 하셨으니까요. 당신이 말한 '1분 수정'이 그런 것 아닙니까?"

켄은 웃으며 슐러의 말에 수긍했다.

예수가 사상 최고의 리더십 역할 모델이라는 사실이 켄에게 더욱 확증된 계기가 있었다. 윌로크릭교회를 개척한 빌 하이벨스(Bill Hybels) 목사가 자기 교회 교역자들에게 "상황 대응 리더십"[1]을 가르치고 있음을 켄이 알게 된 때였는데, 그것은 1960년대 말에 켄이 폴 허시(Paul Hersey)와 함께 처음 개발한 개념이었다. 왜 상황 대응 리더십을 선택했느냐는 켄의 질문에 빌이 대뜸 하는 말이, 상황에 따라 '다른 대상에게 다른 방식'을 쓰신 예수야말로 사상 최고의 상황대응 리더라는 것이었다. 예컨대 "사람을 낚는 어부"(마태복음 4장 19절)로 부르신 제자들을 처음 파송하실 때만 해도 그분은 어디서 묵고 어떻게 입고 무엇을 할 것인지에 대해 구체적인 지침을 주셨다. 그러나 시간이 가면서 제자들도 성장하고 경험이 쌓여 더는 세세한 지시를 요구하는 달뜬 초심자가 아니었고, 그에 따라 예수도 방식을 조정하셨다. 그러다 이 땅의 사역을 마치실 때는 그분은 제자들에게 "가서 모든 민족을 제자로 삼"으라는 종합 명령만 내리셨다(마태복음 28장 19절).

복음서 — 마태복음, 마가복음, 누가복음, 요한복음 — 와 사도행전을 공부하기 시작하면서 우리는 가망이 없어 보이는 평범한 열두 사람을 운동의 1세대 리더로 변화시킨 예수께 매료되었다. 그 운동은 2천 년이 지난 지금도 계속 세계사의 흐름을 바꾸어 놓고 있다. 사실 깨닫고 보니 그때까지 우리가 리더십에 대해 가르치거나 집필했던 모든 개념과 진리는 성경에서 유래했고, 예수가 제자들을 이끄신 방식 속에 명확히 드러나 있었다.

예수를 따르는 이들에게 그분은 신앙의 리더 이상이다. 그분은 모든 기관, 모든 사람, 모든 상황에 적합한 효과적 리더십의 실제 모델이다.

 한 번 더 생각해 보기

당신은 예수를 위대한 리더십 역할 모델로 생각해 본 적이 있는가? 없다면 그 이유는 무엇인가?

섬기는 리더
예수

03

보라, 내가 택한 종 곧 내 마음에 기뻐하는바 내가 사랑하는 자로다.
내가 내 영을 그에게 줄 터이니 그가 심판을 이방에 알게 하리라

마태복음 12장 18절

예수를 사상 최고의 리더십 역할 모델로 받아들였으니, 이제 그분의 리더십 유형을 구체적으로 생각해 보자. 마태복음 20장에 그분의 리더십이 가장 잘 기술되어 있다. 요한과 야고보의 어머니가 예수를 찾아와 사실상 이렇게 여쭈었다. 자신의 두 아들이 천국에서 하나는 그분의 왼편에, 하나는 오른편에 앉을 수 있겠느냐는 것이었다. 리더십을 온통 위계로 생각한 게 분명했다. 예수는 그 요청을 들어주는 일이 자신의 소관이 아니라고 답하신 뒤에 나머지 열 제자에게 다가가셨다. 그들은 명예의 상석을 자기네보다 먼저 청한 이 어머니 때문에 발끈해 있었다!

> 예수께서 제자들을 불러다가 이르시되 "이방인의 집권자들이 그들을 임의로 주관하고 그 고관들이 그들에게 권세를 부리는 줄을 너희가 알거니와 **너희 중에는 그렇지 않아야 하나니** 너희 중에 누구든지 크고자 하는 자는 너희를 섬기는 자가 되고 너희 중에 누구든지 으뜸이 되고자 하는 자는 너희의 종이 되어야 하리라. 인자가 온 것은 섬김을 받으려 함이 아니라 도리어 섬기려 하고 자기 목숨을 많은 사람의 대속물로 주려 함이니라
> ─마태복음 20장 25~28절

"너희 중에는 그렇지 않아야 하나니"에 강조 표시를 한 이유는, 예수가 명명백백하게 섬기는 리더십을 명하셨기 때문이다. 이 말씀 속에 차선책의 여지는 조금도 없다. 그분이 때나 장소나 상황에 아무런 제한이나 예외도 두지 않으셨기에 우리는 이 명령에서 빠져나갈 수 없다. 예수를 따르는 이들에게 섬기는 리더십은 선택이 아니라 필수다.

우리의 리더십은 예수 안에서 우리가 누구인지를 보여 주는 살아있는 증거다. 우리가 서로를 대하는 방식과 온 세상에 예수의 사랑을 보여 주는 방식 속에서 우리의 정체성이 드러난다. 이런 리더십이 심각한 일처럼 들리고 함축된 의미도 크게 보인다면 제대로 반응한 것이다. 사실이 그렇다.

예수는 어떤 상황 속에도 우리를 결코 혼자 보내지 않으시며, 그분의 계획이 부실하거나 무산될 리도 만무하다. 예수 같은 리더가 되면 그래서 마음에 힘이 솟는다. 예레미야 29장 11~14절에 이런 말씀이 있다.

> 여호와의 말씀이니라. 너희를 향한 나의 생각을 내가 아나니 평안이요 재앙이 아니니라. 너희에게 미래와 희망을 주는 것이니라. 너희가 내게 부르짖으며 내게 와서 기도하면 내가 너희들의 기도를 들을 것이요 너희가 온 마음으로 나를 구하면 나를 찾을 것이요 나를 만나리라. 이것은 여호와의 말씀이니라. 나는 너희들을 만날 것이며 …

예수는 어떤 주제로 말씀하시든 — 마태복음 20장에서는 리더십이었다 — 그 내용이 옳고 효과적이다. 정말이지 그분의 말씀은 우리를 영원히 잘되게 하려고 부어 주시는 무조건적이고 희생적인 사랑의 표현이다. 그래서 예수를 따르는 우리는 그분과 그분의 지침을 상황과 무관하게 신뢰할 수 있다. 또한, 리더 역할을 포함해 매사에 그분께 마음껏 지혜를 구해도 된다. 야고보서 1장 2~8절이 일깨워 주듯이, 예수는 우리 삶의 모든 면에 깊이 동참하기를 원하신다.

내 형제들아, 너희가 여러 가지 시험을 당하거든 **온전히 기쁘게 여기라.** 이는 너희 믿음의 시련이 인내를 만들어 내는 줄 너희가 앎이라. 인내를 온전히 이루라. 이는 너희로 온전하고 구비하여 조금도 부족함이 없게 하려 함이라. **너희 중에 누구든지 지혜가 부족하거든 모든 사람에게 후히 주시고 꾸짖지 아니하시는 하나님께 구하라, 그리하면 주시리라.** 오직 믿음으로 구하고 조금도 의심하지 말라. 의심하는 자는 마치 바람에 밀려 요동하는 바다 물결 같으니 이런 사람은 무엇이든지 주께 얻기를 생각하지 말라. 두 마음을 품어 모든 일에 정함이 없는 자로다.

우리의 한 친구에게 상담자가 계속 이렇게 지적한 적이 있다. "당신은 자신의 머리를 믿다가 이 지경에 이르렀습니다." 그 친구는 어떤 상황에서든 자신이 똑똑해서 스스로 해결할 수 있다고 생각했지만, 사실은 그렇지 못했다. 그는 다양한 청중의 인정을 얻어 내려 했지만, 그중에는 그가 무엇을 해야 하고 어떻게 살아야 하는지 상충하는 견해를 가진 이들도 있었다. 결국 그는 누구의 환심도 사지 못했고, 자신의 청중이 하나님 한 분뿐임을 배웠다.

하나님은 유일하게 중요한 청중일 뿐 아니라 우리 삶의 감독이기도 하시다. 그분은 우리를 지도해 바른길을 걷게 하신다. 우리가 따르기만 한다면 말이다. 당신도 리더로서 그분의 지시와 인도와 가르침을 받기를 바란다.

예수는 오늘의 우리에게도 적합한 역할 모델인가?

04

예수 그리스도는 어제나 오늘이나 영원토록 동일하시니라

히브리서 13장 8절

예수를 리더십 역할 모델로 받아들이지 못하게 막는 흔한 장벽은, 그분의 가르침이 21세기의 특수한 리더십 상황에 적합한가에 대한 회의다. 여러모로 우리는 베드로와 똑같은 상황에 처해 있다. 예수가 그에게 아주 이상한 비정통 방식으로 고기를 잡으라고 명하셨을 때의 일이다. 누가복음 5장 1~11절에 그 상황이 이렇게 기술되어 있다.

> 무리가 몰려와서 하나님의 말씀을 들을새 예수는 게네사렛 호숫가에 서서 호숫가에 배 두 척이 있는 것을 보시니 어부들은 배에서 나와서 그물을 씻는지라. 예수께서 한 배에 오르시니 그 배는 시몬의 배라. 육지에서 조금 떼기를 청하시고 앉으사 배에서 무리를 가르치시더니 말씀을 마치시고 시몬에게 이르시되 "깊은 데로 가서 그물을 내려 고기를 잡으라."
> 시몬이 대답하여 이르되 "선생님, 우리들이 밤이 새도록 수고하였으되 잡은 것이 없지마는 말씀에 의지하여 내가 그물을 내리리이다" 하고 그렇게 하니 고기를 잡은 것이 심히 많아 그물이 찢어지는지라. 이에 다른 배에 있는 동무들에게 손짓하여 와서 도와 달라 하니 그들이 와서 두 배에 채우매 잠기게 되었더라.
> 시몬 베드로가 이를 보고 예수의 무릎 아래에 엎드려 이르되 "주여, 나를 떠나소서. 나는 죄인이로소이다" 하니 이는 자기 및 자기와 함께 있는 모든 사람이 고기 잡힌 것으로 말미암아 놀라고 세베대의 아들로서 시몬의 동업자인 야고보와 요한도 놀랐음이라.
> 예수께서 시몬에게 이르시되 "무서워하지 말라. 이제 후로는 네가 사람을 취하리라" 하시니 그들이 배들을 육지에 대고 모든 것을 버

려두고 예수를 따르니라.

"밤이 새도록 수고하였으되 잡은 것이 없"다고 대답할 때 베드로의 머릿속에 어떤 생각이 지나갔을까? 얼추 이런 생각이었을 것 같다. '예수가 무리에게 하시는 말씀을 나도 여러 번 들었는데 말씀에 큰 권세와 지혜가 있다. 하나님의 말씀에 대한 그분의 지식과 가르치는 실력은 정말 존경스럽다. 하지만 방금 그분이 내게 명하신 일은 어업 운영에 대한 내 지식과 직관에 완전히 어긋난다. 예수는 어업을 모르신다. 물고기와 어업은 내 전공이고 본업이다. 예수가 시키신 일은 현실성이 없다. 게다가 그 말씀대로 하면 시간과 에너지만 낭비할 것이고, 인부들은 내가 미쳤다고 생각할지도 모른다!'

다행히 베드로는 회의에 구애받지 않고 믿음의 걸음 — 순종의 걸음 — 을 내디뎠다. 다름 아닌 예수의 지시였기 때문이다. 이렇게 믿음을 구사한 결과로 그는 기적을 체험했다. 하지만 자신의 실상과 예수가 요구하실 모습 사이에서 괴리감이 느껴져 망연자실했다.

예수는 베드로의 의심과 두려움을 가라앉혀 주신 뒤, 와서 변화되어 더 높은 목적을 위해 살라고 그를 초청하셨다. 그분은 우리도 똑같이 부르신다. 물고기를 아시는 그분이 기관의 직무든 생활의 본분이든 당신의 일도 아신다.

그러니 당신이 기업 컨설턴트를 채용할 때 적용할 기준을 예수의 지식과 경험과 성공에도 똑같이 적용해 보라. 잠시 그분의 지상 사역을 생각해 보라. 생활 리더나 기관 리더로서 당신이라면 예수를 리더십 컨설턴트로 모시겠는가? 리더인 당신에게 닥쳐올 수 있는 아래와 같은 도전을 떠올리면서 이렇게 자문해 보라.

"내가 리더로서 날마다 이런 문제에 부딪치는데, 여기에 대처할 만한 실제적 지식이나 적합한 경험이 예수께 있을까?"

- 불완전한 사람들과 함께 일하거나 함께 살면서 그들을 돌본다.
- 훈련하고 개발하고 위임한다.
- 경쟁상대의 감시에서 벗어날 수 없다.
- 나의 헌신과 성품이 계속 시험대에 오른다.
- 반대와 비판과 거부에 부딪친다.
- 친구와 적의 상충하는 요구에 부딪친다.
- 즉각적인 만족과 인정과 권력 남용에 유혹을 느낀다.
- 이직과 배신 등 심각한 인사 문제에 직면한다.
- 다문화 환경에서 효과적으로 소통한다.
- 현상 유지와 기존 위계에 도전하여 변화를 이루어 낸다.
- 완전히 새로운 미래의 비전을 소통하려 한다.
- 일신상의 큰 위험까지도 무릅쓰고 상부의 잘못을 지적한다.
- 직업이나 관계를 걸고 더 높은 목적을 추구한다.

아마 모든 상황마다 당신의 답은 "그렇다"로 나왔을 것이다. 왜 그럴까? 당신이 부딪치는 모든 상황에 당연히 예수도 부딪치셨기 때문이다. 히브리서에 보면 그분에 대해 이렇게 나와 있다.

> 그가 시험을 받아 고난을 당하셨은즉 시험받는 자들을 능히 도우실 수 있느니라 … 우리에게 있는 대제사장은 우리의 연약함을 동정하지 못하실 이가 아니요 모든 일에 우리와 똑같이 시험을 받으

신 이로되 죄는 없으시니라. 그러므로 우리는 긍휼하심을 받고 때를 따라 돕는 은혜를 얻기 위하여 은혜의 보좌 앞에 담대히 나아갈 것이니라

— 히브리서 2장 18절, 4장 15~16절

예수는 리더십만 경험하신 것이 아니라 일상생활과 업무의 도전도 수십 년간 직접 경험해 오셨다. 그분은 하나님이신데도 스스럼없이 인간의 일을 하셨다. 지상 생애의 첫 30년을 나사렛에서 목수라는 노동자로 보내셨다. 그래서 그분은 먹고사는 어려움을 아신다. 돈을 떼어먹으려는 진상 고객으로 인한 답답함도 아신다. 마감 날짜에 맞추어 고객을 만족시켜야 한다는 부담도 아신다. 평범한 가정에서 대가족의 일원으로 사는 어려움도 아신다. 우리가 일상 세계에서 시달리는 문제라면 그분도 다 아신다.[1]

이번에는 당신의 일을 예수라면 어떻게 당신과 다르게 하실지 생각해 보라. 아래의 성경 말씀에 암시되어 있듯이 그분은 당신 안에서 그리고 당신을 통해 그분의 일을 하기를 원하신다.

- ◆ 나는 포도나무요 너희는 가지라. 그가 내 안에, 내가 그 안에 거하면 사람이 열매를 많이 맺나니 나를 떠나서는 너희가 아무것도 할 수 없음이라(요한복음 15장 5절).
- ◆ 이같이 너희 빛이 사람 앞에 비치게 하여 그들로 너희 착한 행실을 보고 하늘에 계신 너희 아버지께 영광을 돌리게 하라(마태복음 5장 16절).
- ◆ 또 무엇을 하든지 말에나 일에나 다 주 예수의 이름으로 하고 그

를 힘입어 하나님 아버지께 감사하라(골로새서 3장 17절).

 한 번 더 생각해 보기

예수를 당신의 리더십 역할 모델로 받아들이는 데 회의적이라면, 그 이유를 적어 보라. 예수의 어떤 면 때문에 그분 같은 리더가 되는 데 회의적인가? **당신의** 어떤 면 때문에 망설여지는가?

안에서부터 시작되는
변화의 여정

05

주께 합당하게 행하여 범사에 기쁘시게 하고 모든 선한 일에
열매를 맺게 하시며 하나님을 아는 것에 자라게 하시고

골로새서 1장 10절

이렇듯 당신은 자신이 리더임을 인식했다. 타인의 생각이나 행동이나 발달에 영향을 미치면 그것이 바로 리더십이다. 아울러 당신은 예수의 풍성한 인생 경험 전반과 특히 전문적인 리더십 경험도 인식했고, 그래서 그분을 리더십 역할 모델로 삼고 기꺼이 따를 참이다. 첫 제자들도 "나를 따라오라. 내가 너희를 사람을 낚는 어부가 되게 하리라" 하신 예수의 초청 앞에서 똑같은 결단을 해야 했다(마태복음 4장 19절). 그분의 이 단순한 진술에 처음부터 분명히 밝혀져 있듯이, 그분을 따르는 사람은 달라질 수밖에 없다. 예수는 그분을 따라나선 제자들을 변화시키셨다. 양육해 성장하게 하시고 연단하셨다. 다시 말해서 **예수를 닮은 리더십은 변화의 여정이다.** 이 여정이 시작되려면 무엇이든 그분의 명령대로 하려는 각오가 필요하다. 그분의 뜻을 행하겠다고 마음을 드려야 하고, 그분 같은 리더가 되기로 헌신해야 한다.

변화는 대인 교류 속에서 일어난다. 좋은 변화든 나쁜 변화든, 변화의 정도가 크든 작든 마찬가지다. 물론 하나님이 당신의 유익과 그분의 영광을 위해 주권적으로 변화를 감독하시며, 리더인 당신이 이끄는 대상을 그 변화 과정의 도구로 쓰신다. 그렇다면 우리가 이끄는 대상이 누구인지 살펴보자. 아래의 도표에서 보듯이 첫걸음은 자신을 성찰하는 것이다. 모든 영향권에서 예수 같은 리더가 되려면, 자신을 성찰하는 습성을 한가운데에 두어야 한다. 예수만이 당신을 이끌 수 있다는 사실을 받아들이기 전까지는 당신은 그분 같은 리더가 될 수 없다. 그분 자신도 요한복음 5장 19절에 이 진리를 증언하셨다.

"내가 진실로 진실로 너희에게 이르노니 아들이 아버지께서 하시는 일을 보지 않고는 아무것도 스스로 할 수 없나니 아버지께서 행하시는 그것을 아들도 그와 같이 행하느니라."

생각해 보라. 본인부터 시작해야 한다는 이 원리를 우리는 비행기에서 안전 수칙 시범을 볼 때마다 듣는다. 승무원의 말대로 산소마스크는 자신부터 쓰고 나서 남에게 씌워 주어야 한다. 이 원리가 리더십에도 적용된다. 우리의 영향권의 동심원을 잘 보라.

영향권의 동심원

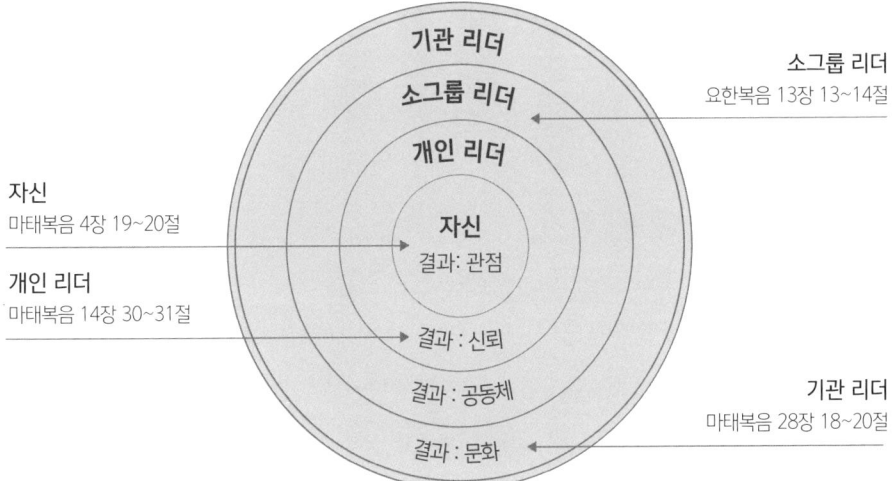

자신

예수 같은 리더가 되려면, 먼저 아래의 두 질문에 답하여 자신을 성찰해야 한다.

1. 나는 누구의 것인가?
2. 나는 누구인가?

첫 질문의 답은, 당신의 삶에 대한 최종 권위와 주요 청중이 누구인지를 규정한다. 최종 권위와 가장 중요한 청중이란, 당신이 다른 누구보다도 신뢰하고 의지하는 대상이다. 당신을 **누구의 것으로** 정하느냐에 따라 모든 것이 달라진다. 예수를 따르기로 선택하면, 당신은 더는 자신의 것이 아니며 자신이나 타인을 기쁘게 하려고 살지 않는다. 대신 당신 삶의 모든 결정에서 예수만이 유일한 권위이자 청중이시다.

 한 번 더 생각해 보기

예수는 오직 하나님만을 위한 삶의 온전한 모본이시다. 세례를 받으신 후 아직 이 땅에서 리더로 활동하시기 전에 그분은 광야로 이끌려 가셔서 사탄의 시험을 받으셨다. 악한 마귀는 그분께 하나님의 뜻을 저버리고 자기만족(돌로 떡덩이를 만듦)과 대중의 인기(성전에서 뛰어내림)와 권력 남용(천하만국을 다스림)에 굴복하라고 유혹했다. 그때마다 예수는 단호히 물리치셨다. 보란 듯이 아버지께 복종하시고 아버지의 뜻에 전적으로 헌신하셨다. **자신이 누구의 것인지를** 아셨다. "예수는 아버지께서 모든 것을 자기 손에 맡기신 것과 또 자기가 하나님께로부터 오셨다가 하나님께로 돌아가실 것을 아시고"(요한복음 13장 3절).

그분은 자신이 하나님께로부터 오셨다가 하나님께로 돌아가실 것을 아셨다. 하나님께 속해 있으니 흔들리실 일이 없었다.

당신이 누구의 것인지를 알면 흔들림 없이 꿋꿋이 일할 수 있다. 예수 같은 리더가 되려면 이것이 기초다. 당신이 하나님께 속해 있음을 알면 아주 홀가분하게 그분께 삶을 완전히 의탁할 수 있다. 당신은 하나님께 삶을 의탁하겠는가?

건강한 자아 성찰을 돕는 두 번째 질문인 "나는 누구인가?"의 답은 당신의 정체성과 삶의 목적을 규정한다. 에베소서 2장 10절에 나와 있는 대로 우리는 "그가 만드신 바라. 그리스도 예수 안에서 선한 일을 위하여 지으심을 받은 자"다. 태어날 때부터 당신의 삶에는 하나님이 주신 목적과 계획이 있었고, 당신은 그 목적을 이루기에 딱 맞게 지어졌다. 당신의 핵심 정체는 예수가 십자가에 매달려 당신을 위해 다 이루신 용서와 구원과 속량에 근거해 있다. 고린도후서 5장 21절은 "하나님이 죄를 알지도 못하신 이를 우리를 대신하여 죄로 삼으신 것은 우리로 하여금 그 안에서 하나님의 의가 되게 하려 하심이라"라고 했다. 성경에 당신의 정체성을 묘사하는 말이 가득하다. 당신은 "사랑받는 자"(골로새서 3장 12절), 용서받은 사람(로마서 4장 7절), 선택된 사람(요한복음 15장 19절), "왕 같은 제사장"(베드로전서 2장 9절), 하나님의 눈동자 같은 존재(시편 17편 8절), "세상의 빛"(마태복음 5장 14절), 예수와 함께한 상속자(로마서 8장 17절), 그분의 친구이며(요한복음 15장 14절) 그 밖에도 많다. 예수는 자신의 삶의 목적에 헌신하셨다. "인자가 온 것은 잃어버린 자를 찾아 구원하려 함이니라"라고 하신 누가복음 19장 10절 말씀에서 이를 똑똑히 볼 수 있다.

한 번 더 생각해 보기

당신의 정체성을 하나님이 말씀하신 대로 참으로 믿는다면, 당신의 리더십은 어떻게 달라지겠는가?

하나님을 당신의 최종 권위이자 청중으로 삼고 당신의 정체성을 성경에 기술된 대로 믿으면, 그 결과로 당신의 관점이 변화된다. "나는 누구의 것인가?"와 "나는 누구인가?"에 그렇게 답하면, 모든 것을 보는 눈이 달라진다. 그러면 그때부터 그 새로운 관점으로 남을 이끌게 된다.

개인 리더

광야에서 하나님의 말씀에 의지해 사탄의 유혹을 물리치고 돌아오신 예수는, 제자들을 불러 3년 동안 이끄셨다. 자신의 삶을 쏟아부어 그들을 훈련하셨다. 예수를 닮은 리더십의 첫 번째 시험은 한 개인의 리더가 되는 것이다. 상대는 매일 함께 일하는 사람일 수도 있고 당신의 자녀일 수도 있다. 바람직한 결과는 신뢰에 기초한 관계다. 베드로가 배에서 뛰어내려 예수와 함께 물 위를 걷기 시작하던 마태복음 14장의 장면이 기억나는가?

바람을 보고 무서워 빠져 가는지라. 소리 질러 이르되 "주여, 나를 구원하소서" 하니 예수께서 즉시 손을 내밀어 그를 붙잡으시며 이르시되 "믿음이 작은 자여, 왜 의심하였느냐" 하시고(30~31절).

예수는 3년을 들여 베드로를 포함한 제자들과의 사이에 신뢰의 문화를 구축하셨다. 그래서 이 대담하고 충동적인 제자는 물에 빠지자 그분께 도움을 청했다.

생활 속의 관계에서 신뢰란 부모와 자녀, 남편과 아내, 형제와 자매, 친구와 동료 시민 사이에 서로의 약한 모습과 돌봄과 헌신과 은혜가 흐르는 물줄기다. 처음에 신뢰를 쌓으려면, 사랑의 마음으로 서로 섬기고 지원하기로 헌신해야 한다. 신뢰가 깊어지려면, 약속을 지키고, 격려와 감사를 표현하고, 지원과 수용을 베풀고, 회개와 사과를 받아들이고, 화해와 회복을 이루어야 한다. 신뢰의 물줄기는 균형이 깨지기 쉬운 생태계와도 같아서, 한번 오염되면 회복하는 데 시간과 노력이 소요된다.

친밀함과 깨어진 신뢰를 회복해 주는 힘은 바로 사랑이다. 사랑이 없으면, 우리는 **아무것도 아니고 아무 유익도 없다.** 사도 바울의 이 말을 읽으며 사랑의 속성인 정화와 치유를 생각해 보라.

내가 사람의 방언과 천사의 말을 할지라도 사랑이 없으면 소리 나는 구리와 울리는 꽹과리가 되고 내가 예언하는 능력이 있어 모든 비밀과 모든 지식을 알고 또 산을 옮길 만한 모든 믿음이 있을지라도 사랑이 없으면 내가 아무것도 아니요 내가 내게 있는 모든 것으로 구제하고 또 내 몸을 불사르게 내줄지라도 사랑이 없으면 내게 아무 유익이 없느니라.

사랑은 오래 참고 사랑은 온유하며 시기하지 아니하며 사랑은 자랑하지 아니하며 교만하지 아니하며 무례히 행하지 아니하며 자기의 유익을 구하지 아니하며 성내지 아니하며 악한 것을 생각하지 아니하며 불의를 기뻐하지 아니하며 진리와 함께 기뻐하고 모든 것을 참으며 모든 것을 믿으며 모든 것을 바라며 모든 것을 견디느니라.

— 고린도전서 13장 1~7절

한 번 더 생각해 보기

◆ 리더로서 당신이 평소에 신뢰를 가꾸는 방법을 3가지만 꼽아 보라.

◆ 당신의 리더십을 잘 신뢰하지 못하게 당신이 사람들을 막고 있는 행동을 2가지만 꼽아 보라.

◆ 당신이 리더에게 신뢰를 잃었던 때를 떠올려 보라. 기분이 어땠는가? 그런 심정이 얼마나 오래갔는가? 그 사람을 어떻게 용서했는가? 왜 용서했는가?

소그룹 리더

사람들을 잘 이끌어 신뢰를 구축하고 유지하면 그 결과로 공동체가 생겨난다. 요한복음 13장 13~14절에서 이에 대한 예수의 온전한 모본을 볼 수 있다.

> 너희가 나를 선생이라 또는 주라 하니 너희 말이 옳도다. 내가 그러하다. 내가 주와 또는 선생이 되어 너희 발을 씻었으니 너희도 서로 발을 씻어 주는 것이 옳으니라.

예수가 공동체를 창출하신 방식을 보면, 먼저 제자들에게 섬길 능력을 길러 주셨고, 그 후에는 그대로 믿고 맡기셨다. 효과적인 리더는 자신이 충실한 청지기가 되어, 이끄는 대상의 에너지와 수고를 잘 관리해야 함을 안다. 그런 리더는 다양성의 위력을 존중하고 팀워크의 위력을 인정한다. 속담에 "백지장도 맞들면 낫다"라고 했다. 예수는 제자들을 파송하실 때 둘씩 팀으로 일하게 하셨다(마가복음 6장 7절). 그렇게 서로 힘을 합하게 하심으로써 그분을 대행할 권한을 부여하신 것이다. 덕분에 그들은 그분께 훈련받은 대로 일을 수행할 수 있었다.

신뢰가 없이는 이런 관계가 형성될 수 없고, 공동체가 생겨나지 않는다. 그룹의 구성원들이 서로 신뢰하지 않으면, 주어진 과업을 수행할 때 서로 힘이 되어 주지 않는다. 팀이 효율성을 잃는 중요한 이유 중 하나는, 리더가 팀원들에게 권한을 부여하지 않기 때문이다.

가정에서는 리더 역할을 하기가 정말 힘들 수 있다. 특히 가족을 가장 잘되게 하려는 리더의 바람과 수고가 리더 자신의 당장 급한 일과 직접 충돌할 때는 더하다. 예를 들어 딸이 제 동생을 놀리고 있다면, 아버지는 직장에 늦더라도 잠시 멈추어 이 교육의 순간을 최대한 살려내야 한다. 가정 리더십의 가장 보람된 결과는, 은연중에 사랑의 관계가 형성되면서 서서히 각자의 성품이 계발되는 것이다.

끝으로, 효과적인 리더는 다양성의 위력을 존중하고 팀워크의 위력을 인정해야 한다. 그래야 충실한 청지기가 되어, 자신과 함께 일하기로 헌신한 사람들의 수고를 헛되지 않게 할 수 있다.

 한 번 더 생각해 보기

직장과 가정에서 당신이 이끄는 대상들은 다음 각 상황에서 당신의 리더십을 어떻게 생각하겠는가?

- ◆ 위기의 때
- ◆ 실패의 때
- ◆ 승리의 때
- ◆ 풍요의 때
- ◆ 결핍의 때

당신의 마음에 드는 평가가 나오겠는가? 혹시 지적받을 만한 약점은 무엇이며, 그것을 당신은 어떻게 보완할 수 있겠는가?

기관 리더

리더가 더 큰 기관에 미치는 영향력의 질은 처음 세 영향권(자신, 한 개인, 소그룹)에서 관점의 변화와 신뢰와 공동체를 이루어 내는 데 달려 있다. 예수 같은 기관 리더가 있으면, 새로운 문화가 생겨나 모든 관계와 모든 성과에 영향을 미친다. 사람들이 리더가 관심을 갖고 자신들의 성장을 도우려는 것을 알면, 신뢰와 공동체라는 새로운 문화가 싹튼다. 그 결과 업무의 성취도와 사람의 만족도가 함께 높아진다.

예수는 관계와 성과를 모두 중시함으로써 효과적인 기관의 문화를 창출하셨다. 우선 그분은 자신의 삶을 아버지의 목적에 맞추셨다. 나아가 제자들과 그들이 세울 기관들을 향한 자신의 목적을 지상 계명과 지상 명령에 명확히 밝히셨다. 그분은 제자들을 준비시켜 처음의 세 영향권에서 일하게 하셨고, 나중에 성령을 보내 기관 리더십 차원에서 그들을 인도하셨다. 후자의 과정은 사도행전에 나와 있다.

제자들을 처음 부르실 때 예수는 "나를 따라오라. 내가 너희를 사람을 낚는 어부가 되게 하리라"라고 말씀하셨다(마태복음 4장 19절). 사역을 마치실 때는 "하늘과 땅의 모든 권세를 내게 주셨으니 그러므로 너희는 가서 모든 민족을 제자로 삼아 아버지와 아들과 성령의 이름으로 세례를 베풀"라고 하셨다(마태복음 28장 18~19절).

우리에게 배턴을 넘기신 것이다. 우리가 살거나 일하는 곳이 어디든, 리더로서 최고의 과업은 예수의 핵심 가치관인 사랑을 재현하는 문화를 창출하는 것이다. 우리의 영향권이 가정이든 교회든 기관이든 다를 바 없다. 이런 사랑은 사람과 기관을 목양해 지금의 자리에서 하나님이 원하시는 자리로 옮겨 가게 한다. 대개는 쉽지 않은 과정이다!

예수 같은 리더는 목자와 종이 되어 각 개인을 기관의 필수 요원으로 존중해야 한다. 이런 리더는 예수의 여러 원리와 실천을 핵심 가치관으로 삼아, 그것을 기관의 훈련과 정책과 제도에 통합한다. 문제가 생기면 기관의 약점을 살피기에 앞서 자신의 리더십부터 성찰한다.

예수 같은 리더들 덕분에 문화가 변화된 대표적 사례로, 장애인과 장애인 가족을 위한 기독교 사역 기관인 조니와 친구들(Joni and Friends)이 있다. 처음에 그곳의 리더들은, 예수를 닮은 리더십이 장기적으로 어떤 영향을 미칠지 전혀 몰랐다. 예수 같은 리더가 되는 법을 딱 1회만 배우려 했는데, 지금은 기관의 모든 직급에 경영 방식으로 정착되었다. 현재 조니와 친구들은, 예수를 닮은 리더십의 여러 개념을 인터뷰 과정, 신입 직원의 훈련과 오리엔테이션, 심지어 갈등 해결 정책에까지 운영의 모든 면에 통합하고 있다.

조니와 친구들의 대표 겸 실무책임자인 더그 마자(Doug Mazza)는 "예수 같은 리더가 되는 것이 우리 기관의 문화의 초석이다. 그 영향은 우리가 하는 모든 일에 미친다"라고 설명한다.

예수를 닮은 리더십의 파장으로 그 기관의 문화가 바뀌었다. 설립자 겸 CEO인 조니 에릭슨 타다(Joni Eareckson Tada)는 이렇게 말한다. "조니와 친구들에 들어오는 신입 직원들은 깜짝 놀란다. 예수 중심의 리더십 훈련이 실시되는 게 신기하다는 것이다. 이런 것은 경영계 어디서도 찾아보기 힘들다. 우리는 모든 상황에서 직원들이 하나님만 높이기를 바라는데, 내 생각에 우리 기관의 문화에 그것을 불어넣는 데 예수를 닮은 리더십이 큰 도움이 되었다."

주의할 점이 있다. 기관을 생각할 때 흔히 가정을 빼놓는데, 사실 가정만큼 중요한 기관은 없다. 생활 속의 관계는 평생의 충절과 헌신을 바탕으로 한다. 자칫 우리는 이런 관계의 복원력을 그리고 잃어버린 신뢰와 친밀함과 사랑을 되찾는 우리의 능력을 과신하는 덫에 빠질 수 있다. 생활 속의 관계일수록 매일 새롭게 가꾸어야 한다. 언제 어떻게 끝나 버릴지 모르기 때문이다. 예수 같은 리더의 문화에서는 사람들 사이에 사랑한다는 말이 늘 수시로 오간다.

당신의 각 영향권에서 리더가 되는 법을 소개했으니, 이제 예수 같은 리더십의 두 번째 측면으로 넘어가 보자. 이 책 나머지의 골격이 되어 줄 그 내용은 바로 리더십의 4가지 영역을 배워서 실천하는 것이다.

예수 같은 리더의
4가지 영역

06

이는 그들로 마음에 위안을 받고 사랑 안에서 연합하여
확실한 이해의 모든 풍성함과 하나님의 비밀인 그리스도를 깨닫게
하려 함이니 그 안에는 지혜와 지식의 모든 보화가 감추어져 있느니라

골로새서 2장 2~3절

예수 같은 리더의 첫 번째 측면은, 리더십이 변화의 여정임을 이해하는 것이다. 예수 같은 리더의 두 번째 측면은, 우리 **마음과 머리와 손과 습관**을 나란히 일치시키는 것이다. 리더십의 이 4가지 영역이 일치되면, 우리의 관점이 바뀌고 사람들의 신뢰를 얻고 공동체가 생겨나고 기관의 문화가 변화된다. 그러나 그 넷이 어긋나 있으면, 우리의 일은 초점을 잃고 관계가 깨지고 공동체가 와해되고 기관의 문화가 나빠져 생산성을 잃는다. 마태복음과 마가복음과 누가복음과 요한복음과 사도행전에 두루 나와 있는 수많은 사례에서 보듯, 예수는 각 영역에서 활동하실 때마다 그 모두가 나란히 일치되어 있었다.

마음

리더십은 일차로 **마음**의 영적 문제다. 타인의 생각과 행동에 영향을 미칠 기회가 올 때마다 당신은 사익을 좇을 것인지 아니면 이끄는 대상을 유익하게 할 것인지 정해야 한다. 간단히 말해서 마음의 질문은 이것이다. 당신은 섬기는 리더인가, 아니면 **이기적인** 리더인가?

예수는 말씀으로 가르치실 때나(제자들에게 섬기라고 명하신 마태복음 20장 25~28절) 행동으로 가르치실 때나(제자들의 발을 씻어 주신 요한복음 13장 3~5절) 명확하고 일관되게 섬기는 리더십의 본을 보이셨다. 우리의 마음은 이기적인 동기를 교묘하게 가리고 정당화하므로, 그것을 들추어내려면 혹독하리만치 정직해야 한다. 존 오트버그는 《평범 이상의 삶》에 "인간의 기만 능력은 경악스러울 정도다"라고 썼다.[1]

머리

예수 같은 리더가 되는 여정은 **마음**의 동기를 살피는 데서 시작된다. 동기가 바르면 이제 또 하나의 내부 영역인 **머리**로 넘어가, 사람을 이끌고 감화하는 데 대한 자신의 신념과 이론을 성찰한다. 모든 훌륭한 리더에게는 명확한 리더십 철학이 있어, 자신의 역할을 보는 시각뿐 아니라 영향을 미치려는 대상과의 관계를 보는 시각도 그 철학으로 규정된다. 예수는 이 땅에서 리더로 활동하시는 내내 그분의 관점을 힘주어 가르치셨다. 예컨대 마가복음 10장 45절에 "인자가 온 것은 섬김을 받으려 함이 아니라 도리어 섬기려 하고 자기 목숨을 많은 사람의 대속물로 주려 함이니라"라고 말씀하셨다.

손

마음과 **머리**에 무엇이 들어있는지는 **손**이 하는 일을 보면 안다. 리더십에 대한 동기와 신념은 행동으로 나타난다. 섬기는 마음이 있다면 사람들을 도와 최고의 잠재력을 실현하게 한다. 즉 목표를 분명히 제시하고 그들의 성과를 관찰한 뒤, 후속 조치로 진전에 대해서는 칭찬하고 부적절한 행동은 수정해 준다.

예수는 3년 동안 제자들에게 자신을 쏟아부으셨다. 자신이 지상 사역을 떠나 천국으로 돌아가신 후에도 그들이 그분의 비전을 온전히 수행할 수 있도록 말이다. 명확한 목표 설정과 수행 평가라는 두 원리는 모든 종류의 기관에 공통된 개념이며, 생활 리더십의 관계에도 똑같이 적합하고 효과적이다. 가정에서도 이런 원리는 가치관과 행동 지침을 정하는 데서부터 산만한 십대 자녀에게 깨끗한 방이 무엇인지를 설명해 주는 데까지 매사에 두루 적용된다.

습관

습관이란 하나님 및 타인과의 관계를 잘 유지하기 위한 여러 활동이다. 예수가 우리에게 모범을 보이신 습관은 두 종류인데, 바로 '존재 습관'과 '행위 습관'이다. 예수 같은 리더가 되기로 헌신한 당신은 시간을 내서 에너지를 재충전하고 관점의 초점을 다시 맞추어야 한다. 예수는 그 일을 5가지 존재 습관을 통해서 하셨다. 바로 고독, 기도, 하나님의 말씀을 공부함, 성경을 실생활에 적용함, 지원 관계이며, 이 모두의 근원과 연료는 하나님의 사랑을 받아들이고 그 안에 거하는 것이다. 한편 예수가 아버지께 순종하고 제자들에게 아버지의 사랑을 나누어 주실 때는 은혜, 용서, 격려, 공동체라는 행위 습관을 통해서 하셨다.

존재 습관은 **마음**의 선한 동기와 성품을 보강해 주므로 이 책의 "2부 훌륭한 리더의 마음" 다음에 나온다. 행위 습관은 예수를 닮은 리더십에서 손의 측면을 보강해 주므로 "5부 훌륭한 리더의 손"에 뒤이어 설명된다. 예수 같은 리더가 되려는 우리도 존재 습관과 행위 습관 둘 다에 힘써야 한다.

당신은 기꺼이 예수 같은 리더가 되겠는가?

예수를 닮은 리더십이 변화의 여정임을 이해하고 **마음과 머리와 손과 습관**으로 그분처럼 이끄는 법을 배운다면, 당신의 리더십이 근본적으로 달라져 영향력이 증폭될 것이다. 이렇게 자신 있게 주장하는 이유는 우리가 똑똑해서가 아니라 이 노력의 중심에 예수가 계시기 때문이다.

토의 가이드

Part 1. 성경적 관점의 리더십(01~06장)

모든 것-사랑=아무것도 아니다. 이것은 우리가 만들어 낸 공식이 아니라 논박할 수 없는 하나님 나라의 법칙이다. 이 법칙을 예수가 온전히 성취하셨다. 나아가 이것은 그분의 리더십 모델을 규정짓는 특징이기도 하다. 예수 같은 리더가 되려면 예수처럼 사랑해야 한다.

핵심 개념 1

리더십이란 곧 영향을 미치는 과정이다. 개인적 관계에서든 직장에서든 타인의 생각이나 행동이나 발달에 영향을 미치려 할 때마다 당신은 리더 역할을 맡는 것이다.

1. 현재 당신이 기관 리더와 생활 리더의 역할을 맡은 상황을 각각 하나씩 떠올려 보라. 이 2가지 리더 역할은 서로 어떻게 다르고 어떻게 비슷한가?

2. 양쪽 모두의 상황에서 예수 같은 리더가 되려면 당신이 솔직하게 자신에게 묻고 답해야 할 기본 질문은 무엇인가?

3. 각 리더 역할의 어떤 면 때문에 당신은 섬김을 받기보다 섬기려는 실천이 힘들어지는가?

핵심 개념 2

"예수께서 제자들을 불러다가 이르시되 '이방인의 집권자들이 그들을 임의로 주관하고 그 고관들이 그들에게 권세를 부리는 줄을 너희가 알거니와 **너희 중에는 그렇지 않아야 하나니** 너희 중에 누구든지 크고자 하는 자는 너희를 섬기는 자가 되고 너희 중에 누구든지 으뜸이 되고자 하는 자는 너희의 종이 되어야 하리라. 인자가 온 것은 섬김을 받으려 함이 아니라 도리어 섬기려 하고 자기 목숨을 많은 사람의 대속물로 주려 함이니라'"(마태복음 20장 25~28절).

1. 예수가 제자들에게 명하신 리더십은 그들이 주변 세상에서 보던 것과는 근본적으로 달랐다. 예수의 제자로서 당신이 현대 사회에서 관찰하고 경험해 온 리더십은 대체로 어떤 형태인가?

2. 예수가 제자들에게 바라시는 리더십이 근본적으로 다른 정도는 1세기에 비해 지금이 더한가 아니면 덜한가? 당신의 대답을 설명해 보라.

3. 경제가 세계화된 지금은 리더의 결정이 더 복잡해졌고 파장도 더 클 수 있다. 그 점을 고려할 때, 당신 생각에 예수가 현대의 리더들에게는 그분의 지침을 어떻게 수정하시겠는가?

4. 리더인 당신의 책무에 예수라면 어떻게 다르게 임하시겠는지 구체적으로 3가지만 꼽아 보라.

핵심 개념 3

예수를 닮은 리더십을 배우는 것은 변화의 여정이며, 출발점은 자신에 대한 성찰이다(5장에 소개한 "영향권의 동심원" 도표를 참조하라). 그 후에 일대일로 개인을 이끌고, 다음에 소그룹을 이끌고, 마침내 기관이나 공동체의 리더가 된다.

1. 당신은 누구의 것인가? 당신은 누구인가? 이 두 질문의 답을 바로 알면 당신의 리더십이 어떻게 달라지겠는가?

2. 직장이나 가정의 일대일 관계에서 당신이 평소에 신뢰를 가꾸는 방법을 3가지만 꼽아 보라.

3. 당신이 리더에게 신뢰를 잃었던 때와 그 경험이 당신의 관계에 미쳤던 영향에 대해 말해 보라.

4. 당신의 가족들은 다음 각 상황에서 당신의 리더십을 어떤 말로 표현하겠는가?
   - 위기의 때
   - 실패의 때
   - 승리의 때
   - 풍요의 때
   - 결핍의 때

5. 리더가 자신과 일대일과 팀 차원에서 먼저 리더십의 자격을 갖추지 않고서 기관 차원에서 변화를 밀어붙이려 하면, 결과가 어떻게 되겠는가?

핵심 개념 4

예수 같은 리더가 되려면 리더십의 4가지 영역인 **마음과 머리와 손과 습관**이 나란히 일치해야 한다. 내부 영역 — **마음**의 동기, 리더십에 대한 **머리**의 관점 — 은 숨겨져 있거나 심지어 목적에 맞추어 위장되기도 한다. 외부 영역 — 리더십을 행동으로 드러내는 **손**, 타인에게 경험되는 **습관** — 은 사람들이 당신을 따를지 여부에 지대한 영향을 미친다.

1. 리더의 **마음과 머리와 손과 습관**이 무슨 뜻인지 각 단어를 자신의 말로 간략히 설명해 보라.

2. 1부에서 당신에게 가장 인상적이었거나 마음에 찔렸거나 중요하게 다가온 개념은 무엇인가? 그것을 어떻게 실행하겠는가? 언제까지 하겠는가?

LEAD LIKE JESUS
REVISITED

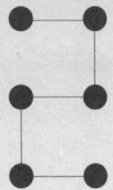

훌륭한 리더의

―――――― PART 2 ――――――

마 음

> 모든 지킬 만한 것 중에 더욱 네 마음을 지키라.
> 생명의 근원이 이에서 남이니라
>
> 잠언 4장 23절

리더십에 대한 서적과 세미나는 대부분 리더의 행동과 유형과 방법론에 초점을 맞춘다. 리더를 밖에서부터 변화시키려 한다. 그런데 예수를 닮은 리더십을 가르치면서 보니, 리더십이 좋아지려면 먼저 안에서부터 변화되어야 한다. 리더십은 일차로 **마음**의 문제다. 마음이 바르지 못하면 예수 같은 리더가 될 수 없다.

마음이 리더십과 무슨 상관이 있을까? 처음부터 끝까지 다 상관된다! 마음에서 **이유**가 나온다. 무엇을 하든 그것을 하는 이유는 마음속에 있다. 마음은 의도와 동기의 출처이고, 당신이란 정체의 중핵이다.

로마서 10장 10절이 이해에 도움이 된다. "사람이 마음으로 믿어 의에 이르고 입으로 시인하여 구원에 이르느니라." 이렇듯 예수에 대한 믿음의 내용은 마음속에 저장되며, 그분이 하나님의 아들이요 당신의 구주라는 그 믿음으로 인해 모든 것이 달라진다. A. W. 토저(A. W. Tozer)의 유명한 말이 일깨워 주듯이 "하나님을 어떻게 믿느냐가 당신의 가장 중요한 점이다."

하나님을 어떻게 믿느냐에 따라 삶과 삶의 도전에 대응하는 방식이 달라진다. Lead Like Jesus 본사에서 있었던 필리스의 전화 통화가 좋은 예다. 발신자는 어느 교회의 경리로 일하던 데비(Debbie)라는 사람이었다. 전날 밤에 그녀는 남편과 함께 직장 상사의 집으로 저녁 초대를 받았고, 상사의 부인도 동석했다.

식사 중에 상사가 말했다. "교회 직원을 새로 채용하는 중인데, 앞으로 당신의 일도 그 사람이 맡을 겁니다."

필리스에게 데비는 "화가 치밀어요! 우리 교회에서 다른 사람들도 그런 취급을 당하는 것을 보곤 했습니다. 옳지 않고 공정하지 않아요"라고 말했다. 큰 충격을 받고 격노한 그녀는 장로들에게 솔직히 다 털어놓고 싶다면서 필리스에게 함께 기도해 달라고 부탁했다.

"데비, 기도하기 전에 몇 가지 물어봐도 될까요?"

필리스의 말에 데비는 "물론이죠"라고 답했다.

"하나님은 선하신 분입니까?"

"예."

"그분께 당신의 인생을 향한 계획과 목적이 있음을 믿습니까?"

"그렇게 **믿었죠**."

"당신을 향한 하나님의 계획이 다른 사람이나 일 때문에 틀어질 수 있다고 믿나요?"

"아니요."

"하나님은 당신을 사랑하십니까?"

"예."

"하나님이 약속대로 삶의 모든 일 — 이번 일까지도 — 을 통해 그분의 영광과 우리의 유익을 이루신다고 믿습니까? 당신의 삶을 세세한 것까지 모두 그분께 맡길 수 있습니까?"

"예."

"좋아요. 기도합시다."

당신도 데비처럼 하나님에 대한 믿음의 핵심 내용을 되짚어야만 할 정도로 큰 도전에 부딪친 적이 있는가? 그런 믿음이 마음속에 쌓여서 당신과 당신 삶의 모든 관계를 빚어낸다.

 한 번 더 생각해 보기

데비의 이야기를 돌아보면서 오늘 당신은 똑같은 질문에 어떻게 답하겠는가?

- 하나님은 선하신 분인가?
- 그분께 당신의 인생을 향한 선한 계획과 목적이 있음을 믿는가?
- 당신을 향한 하나님의 계획이 다른 사람이나 일 때문에 틀어질 수 있다고 믿는가?
- 하나님이 당신을 사랑하신다고 믿는가?
- 하나님이 약속대로 삶의 모든 일을 통해 그분의 영광과 당신의 유익을 이루신다고 믿는가?
- 당신의 삶을 세세한 것까지 모두 그분께 맡길 수 있는가?

성경에서도 확인되듯이 매사의 **이유**는 마음의 믿음에서 시작된다. 성경에 보면 마음이 리더십에 그토록 중요한 까닭은 사랑이 마음속에 담겨 있기 때문이다(베드로전서 1장 22절). 또 우리는 마음으로부터 서로 용서하고(마태복음 18장 35절), 마음에 쌓인 말을 하고(누가복음 6장 45절), 마음에 성경 말씀을 두고(시편 119편 11절), 마음으로 하나님을 구하고 찾는다(예레미야 29장 13절). 마음은 의지와 결정과 영혼을 포괄한다. 마음은 모든 갈망의 근원이자 우리라는 존재의 정수다. 그러니 모든 지킬 만한 것 중에 더욱 우리 마음을 지키라고 하실 만도 하다.

리더들은 변화되고 싶으면 대개 행동에 치중한다. 하지만 마음이 바뀌지 않고는 행동도 바꿀 수 없다. 다이어트나 운동을 하겠다던 지난번 결심을 생각해 보라. 당신은 행동에 초점을 맞추었다. '이번에는 꼭 해 내리라!' 그러나 이 변화를 원하는 **이유**에 초점을 맞추기 전까지는 아무것도 변화되지 않았다. 구체적인 상황이야 무엇이든 간에, 동기를 기억하면 행동의 변화로 이어질 수 있다.

마음이 변화되면 리더가 달라진다. 다음의 실제 사례를 생각해 보라. 스티브 카틴(Steve Cartin)은 치과의료 컨설턴트이면서 목사다. 처음에 그가 우리 집회에 참석한 이유는 사우스캐롤라이나주 시골에 있는 자신의 작은 교회에 도움을 받기 위해서였다. 그런데 하나님께는 더 큰 계획이 있었다. 본인의 말로 들어 보자. "예수 같은 리더가 되는 법을 배우면서 먼저 내 사역이 달라졌다. 이어 내 사업도 달라졌고, 아내와의 관계와 성인 자녀와의 관계도 달라졌다. 예수를 닮은 리더십은 나를 변화시킴으로써 나와 관계된 모든 것을 변화시켰다."

요컨대 예수 같은 리더가 되려면 마음에서부터 시작해야 한다.

예수 닮은 리더십이란 무엇인가?

07

예수께서 이르시되 "네 마음을 다하고 목숨을 다하고 뜻을 다하여
주 너의 하나님을 사랑하라" 하셨으니 이것이 크고 첫째 되는 계명이요
둘째도 그와 같으니 "네 이웃을 네 자신 같이 사랑하라" 하셨으니

마태복음 22장 37~39절

예수를 닮은 리더십이란 어떤 모습일까? 한마디로 **사랑**이다. 그러나 무르고 쉬운 사랑은 아니다. 그런 사랑은 이끄는 대상에게 무엇이든 마음대로 하게 하고, 전략적 사고를 경시하며, 성과에 주력하지 않는다. 그분의 사랑과는 거리가 멀다! 그런 리더십은 쉽기는 하겠지만, 좀처럼 효과적이지 않다. 반면에 예수를 닮은 ― 사랑으로 이끄는 ― 리더십은 아주 어렵다. 영향권 내에 있는 사람들을 심히 사랑하여, 지금의 모습에서 하나님이 원하시는 모습으로 옮겨 가게 해야 하기 때문이다. 그 과정에 고통이 따를 수 있다. 대중매체에서는 보기 힘들지만, 우리가 말하는 이 사랑이 당신 삶의 핵심 가치관이 되어야 한다. 이 사랑은 리더인 당신의 모든 말과 행동에 영향을 미치며, 이 사랑 덕분에 당신은 주변의 모든 것이 무너져 내려도 꿋꿋이 설 수 있다.

사랑이 무엇인지는 앞서 인용한 고린도전서 13장 4~7절에 가장 잘 기술되어 있다. 하나님의 사랑을 담아낸 이 아름다운 본문은 사랑이 하는 일과 하지 않는 일을 우리에게 일깨워 준다. 예수 같은 리더가 되려면 우리에게도 ― 예수처럼 ― 사랑이라는 핵심 가치가 모든 일의 내용과 이유와 방법이 되어야 한다.

예수 같은 리더로서 당신이 인정해야 할 사실이 있다. 하나님은 각 사람을 창조하셨고, 당신을 사랑하시는 것만큼 그들도 사랑하시며, 그분께 그들의 삶을 향한 위대한 계획이 있다는 것이다. 리더인 당신은 예수가 제자들에게 하신 것처럼 사람들과의 관계에 자신을 쏟아부어야 한다. 그분은 제자들을 사랑하여 섬기셨고, 그리하여 하나님이 명하신 모습으로 변화되어 가도록 도우셨다.

사랑에 기초한 리더십의 실제 사례

예수 같은 리더에게는 관계와 성과가 서로 맞물려 있다. 그래서 헌신적으로 사람을 키우면서 또한 성과도 내야 한다. 단 그 과정에서 하나님을 높여야 하고, 자신이 누구이며 누구의 것인지에 대한 기본 정체성에 충실해야 한다. 매일의 직장 생활에서 예수처럼 이끄는 경영 리더를 우리는 많이 알고 있다. 우선 먼저 떠오르는 사람 중에 지미 블랜차드(Jimmy Blanchard)가 있다(켄과는 아무런 관련이 없다). 일하는 내내 그는 신앙과 일을, 또는 섬기는 사람이 되는 것과 리더가 되는 것을 별개로 여기지 않았다. 아울러 성경과 예수를 각각 최고의 리더십 교과서와 자신의 역할 모델로 삼았다.

34년 동안 지미는 조지아주 콜럼버스에 있는 금융 서비스 회사인 시노버스(Synovus)의 CEO로 일했다. 그의 재직 기간에 회사는 최고로 성장하고 번창했다. 어쩌면 우리의 논의에 더 유의미한 것은, 수년 연속 시노버스가 〈포춘〉지의 "입사 선호도 높은 미국 100대 기업"에 선정됐다는 점이다. 지미는 비전이 크고 전략이 뛰어난 경영자답게, 결코 실적 수치에서 눈을 떼지 않는다. 하지만 동시에 사람들을 사랑하여 즐거이 그들의 성장과 발전을 돕는다.

"회사를 이런 식으로 운영하는 이유는 단순히 그게 옳기 때문이다. 여기서 일하는 모든 사람은 마땅히 아주 귀한 존재로 대우받아야 한다. 우리 회사는 이런 가치관 위에 세워졌다. 우리의 정체가 그것으로 규정된다." 늘 섬기는 리더였던 지미의 말이다.

2005년에 〈유에스 뱅커〉지는 지미를 미국 내 "금융 서비스업계의 가장 영향력 있는 인물 25인"에 선정했다. 수상 경력이 화려한 그이지만, 정작 본인이 믿는 최고의 상은 아내 시스(Sis)와의 결혼 생활과 세 자녀와 여덟 손주를 즐거워하는 삶이다. 일하는 내내 그는 좋은 관계를 가꾸고 좋은 성과를 누렸다. 사랑이란 핵심 가치대로 이끌고 섬긴 그를 하나님이 높여 주셨다.

지미가 사람들에게 즐겨 권하는 일이 있다. 고린도전서 13장 4~7절을 읽으면서 "사랑"이란 단어에 각자의 이름을 대입하는 것이다. 그는 씩 웃으며 이렇게 뚱기곤 한다. "읽다가 막히는 대목이 있다면 그 부분에 노력이 필요할지도 모릅니다." 지미의 이야기는 경영 리더가 기업 현장에 신앙을 실천한 훌륭한 사례다.

어느 어머니의 이타적인 사랑

다음은 생활 리더의 사례다. 편모인 캐런(Karen)은 사랑하기 힘든 아들 탐(Thom)을 일편단심 끝까지 사랑했다. 그녀는 아들에게 유익하고 아들의 삶에 중요한 경계선과 기대치를 정해 주었으나 그는 어려서부터 자꾸 선을 넘었다. 그래서 성장기에 가출, 학교 중퇴, 노숙자 생활, 마약 복용 등 안 해 본 게 없었다.

그 기간 내내 캐런은 자신보다 하나님이 아들을 더 사랑하시며 그분께 탐의 인생을 향한 계획이 있음을 알았다. 자신의 책임은 엄마 역할에 충실하며 사랑으로 기도하는 것으로 판단했다.

탐의 행동은 악화일로로 치달았다. 다른 방법을 다 써 보았는데도 아들이 정신을 차리지 않자, 결국 캐런은 엄마 집에서 절도 행각을 벌인 아들을 경찰에 신고해 체포되게 했다. 여러 해 동안 모자가 따로 살면서 점차 상황이 나아지는 듯 보였다. 그러나 불행히도 변화는 오래 가지 못했고, 탐은 처자식을 두고 집을 나가 버렸다.

캐런은 탐을 위해 계속 기도했지만, 그는 소식조차 뜸했다. 하루에도 몇 번씩 똑같은 기도가 되풀이되었다. "주님, 엄마인 저보다 주님이 탐을 더 사랑하심을 압니다. 아들의 몸과 마음을 지켜 주셔서 언젠가는 주님이 원하시는 사람이 되게 하소서. 무슨 수를 써서라도 아들을 변화시켜 주시고, 제게는 기다림과 고통을 견딜 힘을 주소서. 예수님의 이름으로 기도합니다, 아멘."

30년 만에 하나님이 캐런의 기도에 응답하셔서, 현재 탐은 하나님이 뜻하신 사람이 되어 있다. 충실한 아내의 헌신적인 남편이자 두 딸을 끔찍이도 사랑하는 아빠로 살고 있다.

예수 같은 리더는 "너를 위해 기도하겠다"라든지 "하나님이 당신과 함께하실 것입니다"라고 말만 하는 게 아니라, 필요하다면 자기 몸을 내던져서라도 배우자나 자녀나 친구를 사랑한다. 예수처럼 이끌고 사랑하려면, 자신의 약한 모습과 진정성을 보임으로써 말과 행동에 괴리가 없게 해야 한다. 사랑하는 이에게 책임을 물으면서도 동시에 은혜와 용서를 베풀어야 한다.

사랑에 기초한 리더십의 보상은 평생 가는 관계와 믿기 힘들 정도의 변화이며, 물론 이것은 당신이 따르는 그분께 영광이 된다. 이런 리더십에는 당신과 당신의 영향권 내에 있는 사람들을 변화시켜 줄 모델이 필요한데, 그분의 이름이 바로 예수시다.

한 번 더 생각해 보기

위에 소개한 두 사례의 관계와 정황 속에 예수를 닮은 리더십의 핵심이 잘 드러나 있다. 바로 사랑으로 이끄는 것이다. 당신의 경우 예수처럼 이끌고 사랑하기가 어려운 대상은 누구인가? 이 책을 읽는 동안 계속 그 관계를 염두에 두고서, 배우는 내용을 어떻게 적용할지 생각해 보라.

예수 같은 리더가 되고 싶은데
마음이 따라 주지 않을 때

08

내 속사람으로는 하나님의 법을 즐거워하되 내 지체 속에서
한 다른 법이 내 마음의 법과 싸워 내 지체 속에 있는 죄의 법으로
나를 사로잡는 것을 보는도다 오호라 나는 곤고한 사람이로다
이 사망의 몸에서 누가 나를 건져내랴
우리 주 예수 그리스도로 말미암아 하나님께 감사하리로다

로마서 7장 22~25절

당신은 사상 최고의 리더십 역할 모델이신 예수 같은 리더가 정말 되고 싶은데, 그렇지 못하다. 왜 그럴까?

바울도 똑같은 문제가 있었다. 그래서 로마서 7장 15절에 좌절감을 적나라하게 토로했다. "내가 행하는 것을 내가 알지 못하노니 곧 내가 원하는 것은 행하지 아니하고 도리어 미워하는 것을 행함이라." 어디서 많이 듣던 말 같지 않은가?

무엇을 하든 그것을 하는 이유는 마음속에 무엇이 들어 있느냐에 따라 달라진다. 마음은 동기의 근원이다. 당신이 리더가 되려는 동기는 무엇인가? 당신의 리더십에서 중요한 것은 자신인가? 우리가 으레 보는 바로는, 예수 같은 리더가 되지 못하게 막는 가장 고질적인 장벽은 바로 마음의 이기적인 동기다.

아무리 태어날 때부터 자기 본위의 인간이라지만, 우리 중 더러는 평생 거기서 벗어나지 못한다. 마음의 동기가 이기적이면 "되로 주고 말로 받자"가 삶의 좌우명이 된다. 마음의 동기가 이기적인 사람은 자신의 관심사와 안전과 지위와 만족을 남보다 앞세운다. 고속도로나 교회 주차장에서 새치기하고, 의견이 다르거나 이의를 제기하는 사람을 벌하고, 남의 약점과 두려움을 이용해서 자기 뜻을 관철하는 것은 다 마음의 이기적인 동기에서 나오는 행동이다.

하나님을 밀어내는 자아

예수 같은 리더가 되지 못하게 막는 최대의 장벽은 우리 삶에서 하나님을 밀어내는 자아(Edging God Out, 줄여서 EGO)다. 그분을 밀어내는 방법은 우리가 보기에 3가지다. 각각 우리의 예배 대상이신 그분, 우리의 안전과 자존감과 지혜의 근원이신 그분, 일상 업무와 인생 이야기의 청중이자 권위이신 그분을 다른 무엇으로 대체하는 것이다.

하나님의 자리에 다른 것을 둘 때

하나님의 자리에 다른 것을 둘 때 당신은 예배 대상이신 그분을 밀어내는 것이다. 하나님보다 다른 무엇이 더 중요해질 때마다, 그 우상이 "나는 누구의 것인가?"라는 질문의 답이 된다. 당신이 택하는 예배 대상은 사물(돈, 집, 자동차, 회사)일 수도 있고, 사람(배우자나 자녀)일 수도 있고, 권력이나 명예나 인정에 대한 욕구일 수도 있다. 운동, 스포츠 관람, 먹기, 잠자기, 인터넷 서핑 같은 습관도 중독되면 하나님을 밀어내고 우상이 될 수 있다. 그런가 하면 자아에 함몰되어 자신의 존재감을 과시하기에 바쁠 수도 있다. 요한계시록 2장 1~7절에 예수가 에베소 교회를 책망하신 말씀을 보면, 그들은 비록 선행과 인내는 있었지만 "처음 사랑을 버렸"다(4절). 한때 전심으로 하나님을 예배했던 그들이 그분에 대한 열정을 잃은 것이다. 당신이 하나님 대신 예배하는 것이 무엇이든, 그것은 당신의 삶에서 그분을 밀어낼 만큼의 가치는 없다.

하나님 아닌 다른 것을 의지할 때

하나님을 밀어내는 또 다른 방법은 그분의 성품과 무조건적인 사랑보다 다른 무엇을 안전감과 자존감의 출처로 의지하는 것이다. 당신의 지능이나 지위나 성취나 재물이나 거래처나 인맥에서 안전감과 자존감을 얻는다면, 이는 한시적이고 결함이 많은 대상을 의지하는 것이다. 대신 확실하고 영원한 대상을 의지하라. 바로 당신을 돌보시고 지혜를 주시는 하나님이다.

로버트 S. 맥기(Robert S. McGee)가 《내 안의 위대한 나》에서 말했듯이 "만일 사탄에게 자존감의 공식이 있다면 '우리의 행위+타인의 평가=자존감'이 될 것이다."[1] 하지만 우리의 행위는 들쭉날쭉하고, 사람들은 변덕스러워 그들의 인정에 의지할 수 없다. 안전한 자존감을 자신의 행위와 타인의 평가 위에 세우려 한다면, 결국 우리는 자기 회의와 불안의 바다를 표류하게 된다. 안전은 간곳없이 사라져 버린다.

다른 사람을 우리 삶의 주된 청중과 유일한 권위로 떠받들 때

하나님을 밀어내는 세 번째 방법은, 그분 대신 다른 사람을 당신의 일상 업무와 인생 이야기의 주된 청중과 권위로 삼는 것이다. 인생의 무대에서 당신이 연기하는 대상은 누구인가? 하나님은 창세 전부터 당신의 이야기를 쓰셨고, 당신은 평생 그분의 인도하심을 받는 특권을 누릴 수 있다. 그분을 당신의 청중과 권위로 삼는다면 말이다.

우리가 좋아하는 오래된 이야기 하나에 예수를 따르는 우리의 청중이 누구여야 하는지가 아름답게 예시되어 있다. 어떤 유명한 오페라 가수가 왕실의 초청으로 대형 극장의 수많은 청중 앞에서 공연하게 되었다. 몇 달간의 연습 끝에 마침내 그날 밤이 되었다. 장내는 팬과 숭배자로 만원이었다. 공연을 마친 가수는 기립 박수를 받고 여러 차례 커튼콜에 응했다. 마침내 그가 무대에서 내려오자 매니저가 그를 끌어안고 축하해 주었다. 그런데 가수는 칭찬에 감사하기는커녕 매니저에게 자신이 실패했다고 말했다.

매니저는 믿어지지 않아 물었다. "어떻게 그런 말을 할 수 있습니까? 기립 박수를 받고 커튼콜을 세 번이나 했잖아요!"

그러자 가수는 "하지만 맨 앞줄의 한 사람은 일어나거나 손뼉을 치지 않았습니다"라고 말했다.

"다들 공연이 아주 좋았다는 반응인데 왜 한 사람의 의견에 신경을 씁니까?"

"손뼉을 치지 않은 그분이 나의 스승이었습니다."

가수는 다른 누구보다도 자신의 스승을 기쁘게 하고 싶었다. 우리도 똑같은 마음으로 하나님을 기쁘시게 해야 한다.

 한 번 더 생각해 보기

당신은 누구의 칭찬과 인정을 구하는가? 왜 그런가?

마음이 고장 난 결과

09

선한 사람은 그 쌓은 선에서 선한 것을 내고

악한 사람은 그 쌓은 악에서 악한 것을 내느니라

마태복음 12장 35절

자아 문제: 교만과 두려움

하나님은 당신의 예배 대상, 안전과 자존감과 지혜의 근원, 주된 청중이시다. 그런 그분을 밀어내면 자아에 2가지 문제가 발생한다. 바로 교만과 두려움이다. 교만과 해로운 두려움이 관계 속에 들어오면 관계의 독소로 작용한다. 결정을 내릴 때 그 둘에 지배당하면 당신은 리더로서 효율성을 잃는다.

교만이나 두려움에 가득 차 있는 리더는 사건에 **반사적으로 반응한다**. 시간을 들여 무엇이 상대에게 또는 이 관계에 가장 유익한지 생각하지 않는다. 충동적 언행으로 어떤 때는 자신의 상황을 더 악화시킨다. 마냥 교만하거나 두려운 사람은, 비판하고 화내고 말하고 탓하기에 빠르고, 칭찬을 덥석 받는다.

반면 예수 같은 리더가 되려는 사람은 사건에 **침착하게 대응한다**. 행동을 취하기 전에 다만 1~2초라도 일부러 뒤로 물러나 순간의 감정을 다스린다. 사랑하고 섬기려는 마음으로 평소의 가치관에 비추어 그 상황을 점검한다. 예수 같은 리더는 듣기에 빠르고, 비판하고 화내기에 더디고, 칭찬을 남에게 돌리기에 빠르다.

교만

교만은 자아를 부풀린다. 교만은 **내가 더 낫다**는 비교 의식이다. 자신이 아무개보다 교육 수준이 높다거나 더 숙련되어 있다거나 어떤 식으로든 더 우월하다는 생각이 들 때마다, 당신의 마음속에 이미 교만의 씨가 심어진 것이다. 그대로 두면 그 씨가 뿌리를 내리고 자라서 만개한다. 바울이 로마서 12장 3절에서 말하듯 교만은 "(자신에 대해)

마땅히 생각할 그 이상의 생각을 품"는 것이다. 예수의 모습과는 정반대다.

다음은 교만의 파괴 공작이 진행 중임을 알 수 있는 몇 가지 단서다. 당신에게 낯익어 보이는 게 있는지 보라.

- 대화 중에 상대의 아이디어가 실제로 자신의 것보다 나아도 한사코 이를 인정하지 않는다.
- 발언권을 독차지하고, 과도히 공로를 취하고, 자신에게만 이목을 집중시키고, 자랑하고, 과시하고, 직위를 구실로 특별 대우를 요구하며 더 나은 서비스를 바란다.
- 아이디어의 가치를 평가할 때 생각 자체의 질보다 누구의 말인지에 기준을 둔다.
- 상대와 관련된 사안인데도 일부러 의견을 묻지 않음으로써 직위나 자격 면에서 상대를 지나치게 아랫사람으로 취급한다.
- 보상을 얻기 위해 윤리와 관계를 희생시키는 한이 있더라도 보상 자체를 성공의 지표로 더 중시한다.

성경에는 교만에 대한 말씀이 많이 나온다. 잠언 13장 10절에 "교만에서는 다툼만 일어날 뿐이라"라고 했고, 잠언 16장 18절에는 "교만은 패망의 선봉이요 거만한 마음은 넘어짐의 앞잡이니라"라고 했다. 또 잠언 16장 5절에는 "무릇 마음이 교만한 자를 여호와께서 미워하시나니 피차 손을 잡을지라도 벌을 면하지 못하리라"라고 선포되어 있다.

 **한 번 더 생각해 보기**

지난번에 교만이 당신의 리더십에 방해가 되었던 때를 떠올려 보라. 당신의 교만은 무슨 행동이나 말로 시작되었는가? 그때 기분이 어땠는가? 주변 사람들은 당신의 교만한 행동이나 말에 어떻게 반응했는가? 교만하게 행동한 결과는 무엇인가? 하나님께 그 상황에 대한 당신의 생각을 이끌어 달라고 기도한 뒤 그분의 인도하심에 따르라.

어떤 사람들은 교만에 대해 읽으며 이렇게 말할 것이다. "나는 아니다. 내게는 교만이 없다. 나는 내 모든 존재와 소유가 하나님에게서 왔고 잠시 빌린 것임을 안다." 거기까지는 훌륭하다. 하지만 종종 우리가 더 교묘하게 하나님을 밀어내는 방식이 있는데 바로 두려움이다. 대다수 사람은 두려움이 하나님을 밀어내는 방식임을 평소에 인식하지 못하지만, 교만해 보이는 많은 행동의 원인은 두려움이다.

두려움

두려움을 느끼는 역량은 하나님이 주신 선물이다. 두려움을 선용하면 그것이 우리를 보호해 준다. 그러나 막상 두려울 때 우리는 자신의 반응 때문에 오히려 두려움의 유익을 놓칠 수 있다. 그래서 두려움은 삶을 향상해 주기는커녕 태초에 인류가 하나님의 뜻을 벗어난 이후로 인간관계에 독소로 작용해 왔다. 아담과 하와가 금단의 열매를 먹은 결과를 생각해 보라. 그들은 즉시 자의식이 생겨나 벌거벗은 몸을 가렸고, 두려워서 하나님을 피해 숨었다. 그때부터 인간은 숨는 존재가 되었다. 자신의 약점과 악한 행동이 발각될까 봐 두려워서다. 하지만 그래 봐야 하나님은 이미 우리의 약점을 보고 계시며 우리의 악한 행동도 모두 아신다.

그런데도 날마다 우리는 자칫 해로운 두려움에 휩쓸리기 쉽다. 그 어두운 세력이 우리 영혼에 스며들어 관계를 변색시킬 수 있다. 해로운 두려움은 완전히 하나님을 배척하는 마음 상태다. 선한 것이 악하게 변질한 상태다.

하나님을 경외하는 마음과 인간을 두려워하는 마음은 신구약 모두에 선악의 양극단으로 제시된다. 하나님은 우리의 안전의 궁극적 근원이자 우리의 가치를 판단하는 분인 만큼 마땅히 우리는 그분을 경외해야 한다. 그 두려움이 우리를 살린다. 전도서 끝부분에 솔로몬 왕이 내린 결론도 그것이다. "하나님을 경외하고 그의 명령들을 지킬지어다. 이것이 모든 사람의 본분이니라"(전도서 12장 13절).

거룩하신 하나님을 경외하는 마음은 바람직한 두려움일 뿐 아니라 우리의 신앙에 필수이다. 인간에 대한 해로운 두려움과는 전혀 다르다. 해로운 두려움에서 벗어나려면, 먼저 그 근본 원인을 알아야 한다. 그 근본 원인은 바로 우리의 안전과 자존감을 사물이나 인간에게서 얻으려 하는 중독성 의존이다.

중독이란 "해갈 능력이 점점 줄어드는 대상을 향한 점점 심해지는 갈증"이라 정의할 수 있다.[1] 중독은 무언가 좋은 결과를 얻으려는 자발적 시도나 선택으로 시작되지만, 나중에는 강박으로 변해 계속 더 집요해진다. 그러다 결국 완전히 통제 불능이 될 수도 있다. 고통스럽거나 자존감이 떨어질 때 재물과 지위 같은 데로 피하려 하면, 우리의 생각과 행동이 불안과 두려움에 지배당하기 쉽다.

중독된 대상을 잃을 위기에 처하면, 해로운 두려움이 다양한 방식으로 우리 일상의 결정과 관계에 독소로 작용할 수 있다. 다음은 그중 몇 가지 예다.

- 랍(Rob)은 일 중독자다. 속도를 늦추고 자신의 삶의 실상을 돌아보기가 두렵다. 아내나 자녀가 도움을 청해 올 때나 몸이 아파 한동안 꼼짝 못하고 있어야 할 때면, 답답해 죽을 지경이다. 그래서 집요한 공허감을 피하려고 늘 꼭두새벽부터 심야까지 일에 매여 살아간다.
- 재닛(Janet)은 매사가 자기 뜻대로 돼야만 직성이 풀린다. 실패가 두렵다. 그래서 사람들을 훈련해 업무를 위임하느니 차라리 혼자서 도맡아 하다가 탈진한다. 사람들에게 시시콜콜 간섭하면서 계속 자신의 정보에 의존하게 만드는 것도 본인이 퇴물이 되거나 권력을 잃지 않으려는 자구책이다.
- 크레이그(Craig)는 운동 중독자다. 자신에게 병이나 노화의 징후가 하나만 보여도 감정과 관계에 대한 자제력을 상실한다. 특정인의 병이나 노화에도 자신을 투사해 똑같이 반응한다.
- 신시아(Cynthia)는 인정 중독자다. 거부당하는 게 두렵다. 그래서 인사 고과에 부정 평가가 2%만 나와도 속으로 끙끙 앓는다. 자신에 대한 험담을 조금만 엿들어도 마찬가지다.
- 트레이시(Tracy)는 16세의 관계 중독자다. 혼자로 남느니 차라리 나쁜 아이들과 어울려 나쁜 짓도 불사한다.

해로운 두려움이 사례마다 다양하게 표출되었지만, 중심 주제는 똑같다. 바로 하나님을 제외한 다른 모든 것과 모든 사람에게서 인정받으려 한다는 것이다.

 한 번 더 생각해 보기

당신의 말이나 행동으로 타인의 예견된 실수를 막아 줄 수 있었는데도, 거부당하거나 실패할 게 두려워 그냥 가만히 있었던 때를 떠올려 보라. 두려움 때문에 가만히 있으면서 당신 스스로 정당화한 핑계는 무엇인가? 결과적으로 그렇게 두려움에 굴할 만한 가치가 있었는가?

교만과 두려움의 결과

교만과 두려움과 자기 회의가 기관 리더에게 어떻게 작용하는지를 보면 흥미롭다. 리더가 하나님을 밀어내는 자아 병에 중독되어 있으면 리더의 효율성이 뚝 떨어진다.

교만에 지배당하는 리더를 대개 **통제광**이라 한다. 그들은 자기가 무슨 일을 하고 있는지 모를 때조차도 권력욕과 통제욕이 강하며, 자기가 틀렸다는 것을 만인이 확실히 알 때조차도 자기가 옳다고 우긴다. 그들은 남이 유능해 보이는 게 싫다. 다들 그 사람이 리더가 되어야 한다고 생각할까 봐 두려워서다. 그래서 통제광 상사는 여간해서

부하를 지원하지 않으며, 다들 쾌활하고 자신감이 넘치면 꼭 거기에 찬물을 끼얹는다. 통제광은 직장 동료를 지원하기보다 자신의 상사를 더 지원한다. 위계 사다리를 올라가 그 상사의 측근에 들고 싶어서다.

반대쪽 극단에는 **복지부동의 상사**가 있다. 그들에게는 대개 "만년 부재중이다," "늘 갈등을 피한다," "별 도움이 안 된다"라는 표현이 따라붙는다. 두려움과 자기 회의에 시달리는 이런 리더는, 부하 직원이 불안해하거나 업무를 잘 몰라도 대개 그냥 내버려 둔다. 아무 일도 하지 않는 이런 상사는, 자신을 믿거나 자신의 판단력을 신뢰하지 않는 것 같다. 자신의 생각보다 남 — 특히 더 권위 있는 사람 — 의 생각을 더 중시한다. 그 결과 그들은 좀처럼 자신의 의견을 밝히거나 부하를 지원하지 않는다. 불가피한 결정일랑 가장 권력이 센 아무에게나 맡긴다.

당신도 그중 무엇에든 약간 찔렸다면 놀랄 일은 아니다. 누구에게나 조금씩은 교만과 자기 회의가 있게 마련이다. 우리 삶의 주된 구심점이신 하나님을 밀어내는 자아, 그것이 진짜 문제이기 때문이다.

교만과 두려움 때문에 우리 삶에서 하나님을 밀어내면 주로 3가지 결과가 따른다. 분리, 비교, 진실의 왜곡이다. 하나씩 차례로 살펴보자.

분리

교만과 두려움은 늘 우리를 하나님과 서로와 심지어 자신과도 분리하게 한다. 다음은 교만과 두려움의 분리하게 하는 위력을 보여 주는 몇 가지 흔한 예다.

하나님과의 분리

우리는
- 실패가 너무 부끄러워 하나님께 아뢰지 않는다.
- 너무 거만해서 기도하지 않는다.
- 어떻게 응답하실지 너무 두려워 하나님께 여쭙지 않는다.
- 신의 계획에 너무 몰두해 있어 하나님이 그분의 계획을 보여 주실 때까지 기다리지 못한다.

타인과의 분리

우리는
- 도움이 필요하거나 이해가 안 가도 너무 교만해서 말하지 못한다.
- 거부당할 게 너무 두려워 사안에 대한 자신의 입장을 밝히지 않는다.
- 거절이 옳은 답인 줄을 알면서도 너무 두려워 거절하지 못한다.
- 통제력을 잃을까 봐 너무 두려워 정보나 권력을 나누지 않는다.
- 자신의 의견을 너무 확신한 나머지 상충하는 정보를 고려하지 않는다.

자신과의 분리

우리는
- 타인의 평가에 너무 민감해져 자기 내면의 소리를 듣지 못한다.
- 남의 문제를 고쳐 주기에 너무 바빠 자신의 망가진 내면을 보지 못한다.

- 자신의 실패와 해롭거나 어리석은 선택에 대해 변명하기에 급급하다.
- 반성하기를 너무 싫어한다.
- 자신의 일정에 너무 집착하느라 하나님의 때를 기다리지 못한다.

예수 같은 리더가 되는 데 가장 힘든 도전 중 하나는 그분과 친밀해져야 한다는 것이다. 친밀함을 막는 가장 큰 장벽은 약한 모습을 보이는 데 대한 두려움이다. 즉 내가 모르는 답도 있고, 내게 도움이 필요할지도 모르며, 리더로서 내 능력에 의문이 제기될 수도 있음을 인정해야 한다는 두려움이다. 이 두려움이 겉으로는 교만으로 표출된다.

하나님과의 친밀함을 잃고 그분의 무조건적인 사랑에서 멀어지면, 타인과의 친밀함도 두렵게 느껴진다. 커튼 뒤에 숨은 오즈의 마법사처럼 당신도 험상궂은 가면 뒤에 숨어 주위에 벽을 쌓게 된다. 자신에게 필요한 것과 부족한 모습을 과감히 내보이지 못한다. 친밀함이 두려워서 고립되는 리더는 시대와 정황의 변화에 뒤처지기 쉽다.

친밀함에 대한 두려움은 병균처럼 관계나 기관을 약화할 수 있다. 이런 두려움이 리더의 마음과 행동을 통해 기관에까지 들어오면, 특히나 더 고약해 치유하기 어렵다.

비교

교만과 두려움은 분리를 조장할 뿐 아니라 건강하지 못한 수평적 비교를 낳는다. 성공의 올바른 척도는 각자의 삶을 향한 하나님의 계획에 얼마나 잘 따르느냐에 있다. 그런데 우리는 남들과 비교해서 어떤지를 보려고 끊임없이 주변을 두리번거린다. 그것도 대개 물질적 기준으로 말이다.

타인과 비교해서 그 우월감에서 위안을 얻는다면, 이는 우리가 그만큼 교만하고 정서가 불안하며 자신의 결점을 두려워한다는 증거다. 힘써 남에게 배우고 좋은 역할 모델을 본받는 거야 건강한 겸손의 징후다. 하지만 하나님을 밀어내는 자아 문제는 가인이 아벨을 죽인 이후로 인간관계에 독소로 작용했고, 시기나 질투나 낮은 자존감도 거기에 악영향을 끼친다. 리더가 성과를 높이려고 동료 직원들 사이에 경쟁과 대립을 부추기면, 성과도 관계도 둘 다 나빠진다. 리더가 승자의 보상과 패자의 손해를 너무 크게 정하면, '약간의 선의의 경쟁'이 좀처럼 선의의 상태로 유지되지 않는다.

자존감과 안전의 수준을 남과 비교해서 정하려 하면, 최종 결과는 안일이나 불안 둘 중의 하나다. 궁극적 의미에서 비교는 하나님의 약속과 공급을 평가절하한다. 하나님은 그분의 무조건적인 사랑에 근거해 이미 당신의 가치를 인정하셨고 당신의 안전을 보장하셨다. 당신은 그분께 사랑받는 존재다.

진실의 왜곡

교만과 두려움에 중독될 때 나타나는 세 번째 결과는 진실의 왜곡이다. 해로운 두려움의 근본 원인은, 하나님의 방식대로 살아서는 우리가 안전하지 못하며 좋은 것을 놓친다는 거짓말이다. 우리가 이 거짓말을 믿는 이유는 진짜처럼 보이는 거짓 증거 때문이다. 교만과 두려움 때문에 하나님과 모든 타인으로부터 고립되면, 당신의 현실관이 점점 더 비뚤어져 결정을 잘못 내리기가 쉽다.

리더의 효율성에 영향을 미치는 중대한 왜곡 중 하나는 장기적

도덕성을 희생시켜서라도 단기적 성과에 집착하는 것인데, 하나님을 밀어내는 자아에 지배당하면 그렇게 된다. 오늘날의 경영계는 정보 접근성이 빨라지다 보니 그만큼 신속한 결정과 신속한 성과를 요구한다. 실패는 점점 더 용납되지 않는다. 연차 보고서는 한물간 지 오래고, 분기별 평가와 주간 수행 측정도 실시간 데이터 동향과 분석에 밀려 구닥다리가 되었다. 순간 접속 데이터에 기초한 기대 심리와 불안감 때문에, 자아에 중독된 리더에게는 매사가 위기 아니면 절정 경험이 될 수 있다. 부하들은 마치 연중무휴로 근무하다가 조금이라도 진척이 있으면 상사에게 즉각 보고해야 할 것만 같은 심정이다.

예수는 하나님을 밀어낼 때 찾아오는 왜곡되고 거짓된 안전감과 자존감의 위험에 대해 이렇게 말씀하셨다. "너희를 위하여 보물을 땅에 쌓아 두지 말라. 거기는 좀과 동록이 해하며 도둑이 구멍을 뚫고 도둑질하느니라. 오직 너희를 위하여 보물을 하늘에 쌓아 두라. 거기는 좀이나 동록이 해하지 못하며 도둑이 구멍을 뚫지도 못하고 도둑질도 못하느니라. 네 보물 있는 그 곳에는 네 마음도 있느니라"(마태복음 6장 19~21절).

자아에 지배당할 때 생겨나는 왜곡은 매사를 우리 힘으로 통제할 수 있다는 과신에서도 볼 수 있다. 모든 것이 당신에게 달려 있는 것처럼 생각하고 말한다면, 장기적으로 당신은 자신과 자신을 따르는 사람들의 실패를 자초한다. 사실 우리는 다 오류가 많은 인간인지라 일할 때에도 일정한 한계를 벗어날 수 없다. 우리 소관 밖이자 심지어 우리의 의식을 벗어나 있는 여러 요인이 성패를 가를 수 있다. 그렇다고 당신의 노력의 중요성과 가치가 줄어드는 것은 아니지만, 이렇게 시각에 균형이 잡혀 있으면 당신은 마음껏 은혜를 베풀며 겸손히 이끌 수 있다.

하나님을 밀어내는 자아에 대해 지금까지 살펴본 개념을 도표로 요약하면 다음과 같다.

하나님을 밀어내는 자아		
나의 예배 대상이신 하나님	내 안전과 자존감과 지혜의 근원이신 하나님	내 일상 업무와 인생 이야기의 청중이자 권위이신 하나님
표출 방식		
교만 자신에 대한 지나친 고평가, 과도한 자존감 "(자신에 대해) 마땅히 생각할 그 이상의 생각을 품지 말고"(로마서 12장 3절). **자아를 부풀린다** ◆ 발언권을 독차지한다 ◆ 모든 공로를 취한다 ◆ 자랑하고 과시한다 ◆ 자신에게만 이목을 집중시킨다		**두려움** 미래를 불안하게 보고 자신을 보호하려 함 "사람을 두려워하면 올무에 걸리게 되거니와"(잠언 29장 25절). **자아를 투사한다** ◆ 남에게 겁을 준다 ◆ 직위 뒤에 숨는다 ◆ 정보를 나누지 않는다 ◆ 솔직한 피드백을 막는다
결과		
분리 하나님, 타인, 자신과 분리된다	**비교** 남과 비교하여 불만에 빠진다	**왜곡** 진실을 왜곡하여 거짓된 안전감을 얻는다

당신의 마음이 어떻게 하나님을 밀어내 예수 같은 리더가 되지 못하게 막는지 알아보았으니, 이제 하나님을 밀어내는 자아의 몇 가지 경고 신호를 살펴보려 한다. 이런 경고 신호가 보이거든 멈추어 당신의 마음을 점검해야 한다.

 한 번 더 생각해 보기

당신이 하나님을 밀어낸 때가 있다면 언제인가? 결과는 어땠는가?

하나님을 밀어내는
자아의 경고 신호

10

그러므로 우리는 들은 것에 더욱 유념함으로
우리가 흘러 떠내려가지 않도록 함이 마땅하니라

히브리서 2장 1절

경고 신호는 중요하다. 자동차 계기반의 표시등도 있고, 운전 중에 후방에서 들려오는 사이렌 소리도 있고, 폭풍이 닥치기 전 멀리서 울리는 우렛소리도 있다. 의사는 우리의 체온과 혈압을 재서 건강 이상의 경고등을 찾는다. 우리 마음도 하나님에게서 어긋나 있을 수 있으므로 이를 알려 주는 징후를 살펴야 한다.

우리가 교만이나 두려움의 덫에 빠질 때 이를 경고해 주는 신호는 무엇일까? 리더로서 그런 일을 예방하기 위해 우리가 마련할 수 있는 안전장치는 무엇일까?

경고 신호 1 – '나'라는 요인

목사인 내담자는 자신이 큰 교회의 행정 목사로 옮겨 가게 되었다며 상담 시간에 들뜬 표정이었다. 그런데 얼마 전 그는 부인에게서 말투가 퉁명스럽고 인내심이 부족하다는 지적을 받았다. 속에 불만이 가득하다는 것이었다. 본인도 인정하듯 그는 힘든 상황이 닥쳐오면 일단 그렇게 반응하는 버릇이 있었다. 새 직책에 요구되는 모든 일을 자신이 충분히 잘 해낼 수 있을지 두려워서였다.

상담자는 이 목사가 처음에 그 상황을 거론할 때, 거의 모든 문장이 '내가'로 시작된다는 사실에 주목했다. 착 가라앉은 목소리로 보아 그는 자신이 모든 답을 알아야 하고 아무도 실망하게 해서는 안 된다는 부담감이 컸다. "내가 해야 할 일이 …" "내가 사람들을 실망하게 해서는 안 됩니다." "내가 장시간 근무해야 함을 가족들은 이해하지 못합니다." 이런 식으로 '나'라는 요인이 경고 신호를 발하고 있었다. 그가 하나님 대신 자신을 의지하고 있다는 간접적 증거였다.

 한 번 더 생각해 보기

당신의 대화에 '나'라는 요인이 들어와 있는지 귀를 기울여 보라. 자신을 실제보다 **못났거나**(두려움) **잘났다고**(교만) 말하거나 생각하는지 잘 보라. 당신도 종종 화제를 자신으로 되돌리거나 남의 이야기를 끊고 자기 할 말만 하는지 관찰해 보라. 당신의 대화는 '내가, 나의, 나를'로 도배되어 있는가? 당신은 타인 중심인가 아니면 자기 위주인가? 후자라면 그것을 당신이 하나님을 밀어내는 쪽으로 가고 있을 수도 있다는 경고 신호로 간주하라.

리더십의 도전

다음은 에이브러햄 링컨(Abraham Lincoln)과 한 육군 장교의 만남에 대한 실화다.

남북전쟁 중에 수도 방위군 사령관 스캇(Scott) 대령이 링컨 대통령을 찾아갔다. 스캇의 아내가 체서피크만에서 증기선 충돌 사고로 익사한 후였다. 그는 아내의 장례식에 참석하고 자녀를 위로하고자 소속 연대에 휴가를 신청했으나 거부당했다. 전쟁장관 에드윈 스탠턴(Edwin Stanton)에게도 요청해 보았지만 역시 허사였다. 최후의 탄원을 올리기로 한 스캇은 토요일 밤 늦은 시각에 링컨 대통령 집무실의 마지막 내방객으로 받아들여졌다.

스캇의 회고에 따르면 링컨은 그의 사연을 듣고 버럭 화를 냈다.

"나는 쉴 수도 없단 말이오? 나한테는 이런 끝없는 방문에서 벗어날 시간이나 장소조차 없는 겁니까? 왜 이런 일로 여기까지 나를 쫓아오는 겁니까? 문서와 허가증 문제라면 육군성에 가면 다 알아서 해 줄 것 아니오?"

스캇은 스탠턴에게 거부당했다고 답했으나 대통령은 전시에는 누구나 참고 견뎌야 할 짐이 있는 법이라며 똑같이 열변을 토했다. 스탠턴 편을 들며 스캇의 요청을 거부한 링컨은 재차 그에게 육군성에 가보라고 했다. 육군성에서 도와주지 못한다면 전쟁이 끝날 때까지 짐을 떠안고 살아야 한다는 것이었다. 스캇 대령은 시무룩하게 막사로 돌아왔다.

 한 번 더 생각해 보기

마지막 두 문단을 다시 읽고 링컨의 말투와 답변이 자기 위주인지 아니면 타인 중심인지 잘 보라.

이튿날 이른 아침에 스캇 대령의 막사 문을 두드리는 소리가 났다. 대통령이었다. 그는 스캇의 손을 잡고 이렇게 사과했다.

"나는 목숨 바쳐 조국을 지키고 있는 사람을 무례하게 대할 권리가 없소. 특히나 이런 큰 어려움을 당한 사람을 말이오. 밤새 후회가 되어

이렇게 용서를 구하러 왔소." 링컨이 스탠턴에게 조치해 스캇은 아내의 장례식에 참석할 수 있었다.[1]

 한 번 더 생각해 보기

배고프거나 화나거나 외롭거나 피곤할 때는 누구나 결정을 잘못 내리기 쉽다. 그래서 그 4가지 요인이 하나라도 있을 때는 잠시 멈추어야 한다. 링컨과 관련해 다음을 생각해 보라.

- 링컨이 처음에 이기적으로 반응하게 된 안팎의 원인은 무엇인가? 위 4가지 요인 중 무엇이 작용했을지 잘 보라.
- 리더로서 당신이 비슷한 결정에 직면했던 때를 말해 보라. 어떻게 반응했는가? 당신은 섬기는 리더였는가 아니면 이기적인 리더였는가? 그 이유는 무엇인가?
- 이튿날 아침에 링컨의 생각이 바뀐 이유는 무엇인가?

경고 신호 2—'내 것'이라는 시각

"차라리 내가 하는 게 낫겠다"라는 생각이 든 적이 있는가? 어떤 때는 남을 가르쳐 시키는 것보다 자신이 직접 하는 편이 훨씬 쉬워 보인다. 그러나 리더의 필수 역할은 자신의 임기가 끝날 때를 위해 사람을 준비해 뒤를 잇게 하는 것이다. 리더가 남길 유산은 본인의 업적으로 국한되지 않고, 함께 일하며 가르치는 대상의 마음과 생각 속에 남기는 것까지도 포괄한다.

우리의 운영 원리가 '내 것'이란 단어로 압축된다면, 우리가 남길 선한 유산은 많지 않다. 많은 어린아이가 맨 처음에 하는 말이 "내 거야"인데, 때로 우리는 그런 사고에서 벗어나지 못한다.

당신은 자신의 리더 신분이 유기한이라고 생각하지 않았을지도 모른다. 그러나 지난 경험을 돌아보면 알겠지만, 당신에게는 가정이나 직장이나 자원봉사 활동에서 리더로서 영향력을 미칠 기간이 여러 번 있었다. 승계 계획에 얼마나 애를 쓰는지 보면 리더인 당신의 동기를 충분히 알 수 있다. 자아를 부풀리고 투사하기에 ― 하나님을 밀어내기에 ― 바쁜 사람이 많은 시간을 들여 후계자 후보를 훈련하고 개발할 리는 없다. 자아에 지배당하는 리더의 특징은, 자신을 대신할 사람을 키우지 않는다는 것이다. 이끄는 대상의 발전을 저해하는 리더의 행동이 또 있다. 바로 정보를 독점하고, 동료에게 결정권을 주지 않고, 남의 공헌을 인정하지 않는 것이다.

예수는 이 땅에 계실 때 이 부분에서 희생적 열정의 모범을 보이셨다. 제자들을 확실히 준비시켜 자신이 시작하신 운동을 뒤잇게 하셨다. 말씀과 본보기로 그들에게 능력을 입혀 주시고자 그분은 그들과 친밀한 관계 속에 사셨다. 작가 레이턴 포드(Leighton Ford)는 《변화를 일으키는 리더십》에서 이렇게 말했다. "현대의 경영자들이 나오기 오래전부터 예수는 미래를 위해 사람들을 준비시키기에 바쁘셨다. 그분의 목표는 일인 후계자를 뽑으시는 게 아니라 후계 세대를 빚어내는 것이었다. 그래서 그분은 떠날 때가 되어서야 리더십 훈련 프로그램을

속성으로 운영하신 게 아니라 3년 내내 삶이라는 교실에서 교과 과정을 가르치셨다."²

당신은 삶의 교실에서 누구를 키우고 있는가?

경고 신호 3—피드백에 대한 부정적 반응

당신은 피드백을 귀히 여기는가? 우리가 그렇게 물으면 대다수 사람은 "그렇긴 하지만 …"이라고 답한다. "그렇긴 하지만 내가 존경하지 않는 사람의 피드백은 싫다"라거나 "그렇긴 하지만 특정한 사람들의 피드백에 한해서다"라는 것이다.

평소에 당신은 피드백을 정중히 받을지도 모른다. 하지만 어떤 상황에서는 피드백이 유익하지 않거나 당신의 목적과 사명에 어긋날 수도 있다. 긍정적 피드백이야 누구나 좋아하지만, 부정적 피드백은 당신에게 껄끄럽게 느껴질 수 있다. 특히 당신의 안전과 자존감의 기초가 대외 이미지, 평판, 직위, 수행 경쟁, 소유, 대인 관계 등에 있다면 더하다. 당신에게 소중한 그것들이 하나라도 위태롭게 느껴지면 당신은 두려워서 비판에 방어 반응을 보일 수 있다. 아울러 부정적 피드백을 사람들이 당신을 더는 리더로 원하지 않는다는 의미로 잘못 단정할 수 있다. 하지만 늘 그렇지만은 않다. 때로 가장 두려운 것은, 실패가 아니라 당신의 권력과 지위를 잃을 것에 대한 두려움이다. 당신의 자존감과 안전의 기초를 리더의 지위와 권력에 두면 두려움이 더 커진다.

정직하게 자신을 평가해 보면 알겠지만, 당신에게도 하나님을 밀어내는 자아 문제가 있다. 이는 흉한 소식이다. 기쁜 소식은 2가지다. 당신만 그런 것이 아니며, 당신이 맞서 싸우고 있는 이 병증은 치료될 수 있다. 고린도전서 10장 13절에 이런 말씀이 있다.

> 사람이 감당할 시험밖에는 너희가 당한 것이 없나니 오직 하나님은 미쁘사 너희가 감당하지 못할 시험 당함을 허락하지 아니하시고 시험 당할 즈음에 또한 피할 길을 내사 너희로 능히 감당하게 하시느니라.

고든 맥도날드(Gordon MacDonald)는 고전 《내면세계의 질서와 영적 성장》에서 세상에는 두 종류의 사람이 있다고 했다. **쫓기는** 사람과 **부름 받은** 사람이다.[3]

쫓기는 사람은 모든 것을 자신의 소유로 생각한다. 관계도 재산도 지위도 다 자신의 소유다. 사실 그들이 보기에는 관계와 재산과 지위의 총합이 곧 자신의 정체다. 그 결과 쫓기는 사람은 자신의 소유를 지키는 데 시간을 거의 다 들인다. 단적인 예는 가정에서 부모가 자녀에게 자신의 권위에 토를 달지 말고 시키는 대로 하라고 요구하는 경우다. 쫓기는 사람은 '죽을 때 재산이 제일 많은 사람이 승자'라고 믿는다. 그 재산을 하나라도 건드리는 사람은 무사하지 못하다. 쫓기는 사람에게 재산은 정체성의 중요한 표현이며, 때로는 재산이 결국 그들을 소유한다.

반면에 **부름 받은** 사람은 자신에게 있는 모든 것을 주님께서 빌려주셨다고 믿는다. 예컨대 그들이 믿기에 관계란 빌린 것이므로 소중히 여겨야 한다. 알다시피 사랑하는 이들을 내일 또 본다는 보장은 없다.

부름 받은 사람은 재산도 빌린 것이므로 움켜쥘 게 아니라 누리고 넉넉히 나누어야 한다고 믿는다. 끝으로 부름 받은 사람은 자신의 지위와 자신이 이끌고 영향력을 미치는 대상도 하나님께 빌린 것이라 믿는다. 부름 받은 리더는 자신의 소유를 지키는 게 아니라, 빌려주신 자원과 사람들에 대한 충실한 청지기 역할을 한다. 그래서 그들은 피드백도 위협보다는 선물로 보는 편이다. 설령 피드백의 내용이 해롭거나 방식이 부정적이어도, 하나님의 무조건적인 사랑에 기반을 둔 리더는 부정적 감정을 넘어서서 자신의 리더십을 향상해 줄 진실을 애써 찾는다.

 ## 한 번 더 생각해 보기

이상의 경고 신호가 당신이 마음의 문제를 진단하는 데 도움이 되었는가? 건강의 첫걸음은 당신이 교만이나 두려움 때문에 하나님을 밀어내고 있음을 인정하는 것이다. 아래와 같이 자문해 보라.

◆ '나'라는 요인을 생각해 볼 때, 당신은 두려움과 교만 중 무엇 때문에 더 하나님을 밀어내는가? 구체적인 증거를 제시해 보라.
◆ 당신은 '내 것'이란 시각을 극복했는가? 솔직하게 구체적인 예를 들어 보라.
◆ 누군가 당신을 비난하거나 당신의 결정에 이의를 제기할 때 당신의 첫 반응은 무엇인가? 왜 그런가?

방어 자세를 취하는가? 그렇다면 왜인가?

◆ 리더인 당신의 지위에는 피드백에 대한 규칙이 있는가? 누가 당신에게 피드백을 줄 수 있으며, 언제 줄 수 있는가? 당신이 이끄는 대상들도 이 규칙을 알고 있는가?

◆ 위의 질문에 대한 답을 통해 당신의 리더십에 대해 무엇을 알 수 있는가?

마음의
방향 전환

11

이에 예수께서 제자들에게 이르시되 "누구든지 나를 따라오려거든
자기를 부인하고 자기 십자가를 지고 나를 따를 것이니라"

마태복음 16장 24절

예수 같은 리더가 되기란 쉽지 않다. 그렇게 되려는 의도와 헌신이 요구된다. 당신이 모델로 따르는 그분과의 관계를 지속해야 함은 물론이다. 솔직히 많은 시간을 요구하는 정신없는 일정 때문에 누구나 초점을 잃기 쉽다. 하나님 자리에 다른 것을 두려는 유혹은 상존한다. 안전이나 자존감이나 지혜의 근원을, 그리고 당신의 삶의 청중과 권위를 다른 데서 찾고 싶어질 수 있다. 그러나 의지적으로 예수께 초점을 맞추고 그분께 깊이 헌신해 살면, 당신은 하나님을 밀어내는 자아에서 하나님만 높이는 자아(Exalting God Only, 줄여서 EGO)로 옮겨 갈 수 있다.

하나님을 당신의 예배 대상으로 삼으라

우리는 하나님을 다른 모든 것보다 최고의 자리에 모셔야 함을 알면서도 늘 그렇지만은 못하다. 하나님을 하나님 자리에 모시고 우리는 우리 자리를 지켜야 하는데, 이는 언제나 마음의 문제다.

아담과 하와는 자신들이 하나님보다 더 잘 안다고 생각한 나머지, 하나님을 밀어내는 자아의 시조가 되었다. 하나님에 대한 믿음의 내용은 마음속에 저장되는데, 각종 눈부신 것들이 당신을 다른 데로 잡아끌 수 있다. 예컨대 우리는 하나님 대신 성공, 권력, 돈, 가정, 교육, 평판, 선행 등을 예배하는 데 빠져들기 쉽다.

하나님을 정말 알아야만 그분이 참으로 당신의 예배 대상이 되신다. 하나님이 선하시고 조건 없이 당신을 사랑하시며 결코 당신을 떠나지 않으신다는 사실을 알면, 다른 모든 것보다 그분을 더 신뢰할 수 있고 더 마음껏 그분을 예배하게 된다. 큰 곤경에 처할 때 당신이 부를 수 있는 분이 오직 하늘 아버지 ― 별들을 매다셨고, 그분 쪽에서 먼저 당신을 사랑하셨고, 당신을 창조하셨고, 당신의 삶을 향한 온전한 계획이 있으신 분 ― 뿐이라면, 그분을 더 전심으로 예배하게 된다. 하나님을 경험할수록 그분을 알게 되고, 그분을 더 잘 알수록 그분을 향한 예배도 잦아지고 풍성해진다.

 한 번 더 생각해 보기

당신의 삶에 희망이 없어 보이던 때를 떠올려 보라. 사랑하는 이를 사별했거나 이혼했거나 실직했거나 친구나 가족과 멀어졌을 수 있다. 종종 우리는 삶의 힘든 순간에 하나님을 경험함으로써 그분을 더 깊이 알게 된다. 이번에는 말로 다 감사할 수 없을 정도로 삶이 복되고 좋았던 때를 생각해 보라. 자녀나 손주가 태어났거나 오랫동안 추진해 온 승진을 이루었거나 자녀가 하나님을 경외하는 훌륭한 사람과 결혼했을 수 있다. 이처럼 넘치도록 선하신 하나님을 보며 감사할 때도 우리는 그분을 더 잘 알게 된다. 끝으로 당신을 채워 줄 무엇이나 누군가를 찾으려 했지만, 탱크가 비어 있던 때는 언제인가? 예수와의 관계 외에 아무것도 당신을 참으로 만족하게 해 줄 수 없음을 깨달을 때도 우리는 하나님을 더 잘 알게 된다.

성경은 우리에게 이렇게 일깨워 준다.

> 그의 신기한 능력으로 생명과 경건에 속한 모든 것을 우리에게 주셨으니 이는 자기의 영광과 덕으로써 우리를 부르신 이를 앎으로 말미암음이라. 이로써 그 보배롭고 지극히 큰 약속을 우리에게 주사(베드로후서 1장 3~4절).

베드로가 선포했듯이 하나님은 경건하게 사는 데 필요한 모든 것을 우리에게 주셨다. 경건한 삶이란 그분을 더 잘 알아 가면서 그분을 더 온전히 예배하는 삶이다. 그러므로 예수 같은 리더가 되려면 하나님을 알아가는 데 의지적으로 초점을 맞추어야 한다. 이렇게 친밀하게 알면 그분을 예배하려는 의욕이 싹터, 가정이나 직장이나 교회나 공동체에서 섬기는 시간에도 능히 삶으로 예배할 수 있다.

하나님을 당신의 안전과 자존감과 지혜의 근원으로 삼으라

하나님을 당신에게 필요한 모든 것의 근원으로 삼으면, 당신의 관점과 목적과 목표가 달라진다. 안전과 자존감은 날마다 당신이 하기 나름이 아니며, 하나님은 삶의 순간마다 당신에게 지혜를 주신다. 이 사실을 믿으면 평안과 자유를 누릴 수 있다.

세상이 불확실하다 보니 누구나 안전감을 원한다. 삶이 어떻게 풀릴지 감이 잡히고 앞일을 훤히 알 것 같지만, 그러다 일이 터진다. 배우자가 이혼을 청하고, 자신이 실직하고, 삶을 바꾸어 놓거나 생사를 가를 병을 진단받는다. 그러면 당신의 생각과 기대를 새로 고쳐야 한다. 안전의 근원이 하나님이 아닌 한, 더는 안전하게 느껴지지 않을 테니 말이다. 그러나 당신이 하나님만 높이는 사람이라면, "하나님을 의지해도 될까?"라는 물음의 답은 단호한 **긍정**일 수밖에 없다. 그동안 그분을 친밀하게 알아 왔기에 삶의 어떤 상황에서도 그분을 의지할 수 있음을 당신은 안다. 당신의 안전의 근원인 하나님은 결코 당신을 저버리지 않으신다.

 한 번 더 생각해 보기

시편 20편 7절에 "어떤 사람은 병거, 어떤 사람은 말을 의지하나 우리는 여호와 우리 하나님의 이름을 자랑하리로다"라는 말씀이 있다. 당신은 무엇을 의지하는가?

　자존감은 그저 자신에 대한 좋은 감정이 아니라, 건강한 정체감과 목적의식에서 비롯된다. 하나님만 높이는 사람은 자신이 그분의 것임을 잊지 않는다. 자신의 삶을 그분께 의탁하고, 자신의 정체가 그분이 말씀하신 그대로임을 믿는다. 즉 당신은 사랑받고 용서받고 수용된 의롭고 거룩한 존재이며 또한 그 이상이다. 당신의 목적이 확실한 이유는 성경의 모든 약속을 지키실 하나님을 당신이 신뢰하기 때문이다.

에베소서 2장 10절은 "우리는 그가 만드신 바라. 그리스도 예수 안에서 선한 일을 위하여 지으심을 받은 자니 이 일은 하나님이 전에 예비하사 우리로 그 가운데서 행하게 하려 하심이니라"라고 말씀한다. 하나님이 자존감의 근원이 되시면 이제 당신은 더 열심히 더 많은 일을 해야 한다는 부담에 얽매이지 않는다. 실제로 행위자 이전에 **존재자**가 되어 하나님이 지으신 본연의 자신으로 만족할 수 있다. 이 또한 하나님만 높이는 행위다.

하나님을 지혜의 근원으로 삼는다는 말은, 더는 세상의 평가에 초점을 맞추지 않는다는 뜻이다. 당신의 관점과 우선순위는 달라졌다. 성경 말씀대로 당신은 그리스도의 마음을 가졌으며, 성경을 삶의 유일한 각본으로 인정한다. 하나님만 높이면 당신의 초점은 그분께 있다. 그분의 품에 기대어 지혜로운 조언을 듣는다. 이미 그분을 충분히 신뢰하게 되었기에 그분의 응답을 기다린다. 그 기다림 속에서 그분이 당신을 성장시켜 그분을 더 신뢰하게 하심을 당신은 안다.

예수는 하나님 아버지를 모든 것 — 자존감과 안전까지 포함해 — 의 근원으로 의지하는 법에 대한 최고의 모본이시다. 그분은 이렇게 말씀하셨다.

> 아들이 아버지께서 하시는 일을 보지 않고는 아무것도 스스로 할 수 없나니 아버지께서 행하시는 그것을 아들도 그와 같이 행하느니라. 아버지께서 아들을 사랑하사 자기가 행하시는 것을 다 아들에게 보이시고 또 그보다 더 큰 일을 보이사 너희로 놀랍게 여기게 하시리라 … 내가 아무것도 스스로 할 수 없노라. 듣는 대로 심판하노니 나는 나의 뜻대로 하려 하지 않고 나를 보내신 이의 뜻대로

하려 하므로 내 심판은 의로우니라(요한복음 5장 19~20,30절).

하나님을 당신의 일상 업무와 인생 이야기의 청중이자 권위로 삼으라

하나님을 청중으로 삼는다는 말은, 인간이 아니라 하나님을 바라본다는 뜻이다. 그분이 당신의 '일인의 청중'이시고, 다른 사람은 다 당신처럼 배역의 일원이다. 예수 시대의 서기관과 바리새인은 일인의 청중 앞에서 연기하지 않았다. 그래서 그분은 그들을 통렬히 비판하셨다. 사람에게 보이려고 선을 행하는 그들을 위선자라 부르셨다.

> 그들의 모든 행위를 사람에게 보이고자 하나니 … 잔치의 윗자리와 회당의 높은 자리와 시장에서 문안 받는 것과 사람에게 랍비라 칭함을 받는 것을 좋아하느니라(마태복음 23장 5~7절).

하나님을 당신의 삶의 권위로 삼으면, 그분의 말씀에 기본으로 순종하게 된다. 이 결단을 실천하는 첫걸음은 그분이 베푸신 사랑을 그분께 돌려 드리는 것인데, 그것이 바로 순종이다. 예수는 이를 "사람이 나를 사랑하면 내 말을 지키리니 내 아버지께서 그를 사랑하실 것이요 우리가 그에게 가서 거처를 그와 함께 하리라"라고 표현하셨다(요한복음 14장 23절). 얼마나 과분한 복인가!

순종은 하나님을 향한 우리의 사랑에서 태동한다. 그분의 사랑 안에 살아가기로 결단할 때 우리는 하나님만 높이는 것이다. 하나님이 이미 우리를 택하셨고 예수를 통해 자신과 자신의 사랑을 우리에게 알리셨다는 사실을 기억하면, 그 결단이 한결 쉬워진다. 우리의 청중이자 권위이신 예수가 선물이심을 알면, 하나님을 높일 수밖에 없다.

하나님만 높이는 자아의 결과: 겸손과 자신감

하나님이 당신의 예배 대상, 안전과 자존감의 근원, 청중이자 권위가 되면, 교만과 두려움은 겸손과 하나님께 근거한 자신감에 밀려난다. 힘써 하나님만 높이면, 교만과 두려움에 쫓겨 하나님을 밀어내는 게 아니라 우리의 관계와 리더십이 겸손과 하나님께 근거한 자신감으로 새로워진다. 그러려면 먼저 우리가 가야 할 여정의 본질을 이해한 뒤, 거기에 헌신해 첫걸음을 내디뎌야 한다.

겸손

예수 같은 리더는 곧 겸손한 리더다. 이것이 하나님만 높이는 마음의 첫 번째 속성이다. 겸손하려면 **당신이 누구이며 누구의 것인지**를 알아야 한다. 당신은 일정 기간 영향력의 충실한 청지기로 부름을 받았다. 당신이 태어나기 오래전부터 그런 계획이 있었음을 잊지 말라. 하나님의 은혜로 당신의 영향력은 그 기간을 넘어, 주님께서 당신에게 맡겨 돌보게 하신 대상의 마음과 생각 속에 남는다.

> (자신에 대해) 마땅히 생각할 그 이상의 생각을 품지 말고 오직 하나님께서 각 사람에게 나누어 주신 믿음의 분량대로 지혜롭게 생각

하라(로마서 12장 3절).

리더십의 덕목인 겸손은, 자신의 힘으로 일을 해내기에는 한계가 있다 못해 무능하다는 것을 뼈저리게 인식하는 마음 자세다. 승리를 거두었거나 장애물을 극복했을 때, 겸손한 사람은 자신의 지식과 노력보다는 다른 요인과 남에게 공로를 돌린다. 짐 콜린스(Jim Collins)가 《좋은 기업을 넘어 위대한 기업으로》에서 말했듯, 마음이 겸손한 리더는 성공의 참 원인은 밖에서 찾아 박수를 보내고 실패의 책임은 자신에게서 찾아 받아들인다.[1] 리더의 자존감이 낮아서 그러는 게 아니다! 사실 켄과 노먼 빈센트 필(Norman Vincent Peale)이 공저한 책에 따르면 "겸손한 사람은 자신을 하찮게 생각하는 게 아니라 그냥 자신에 대한 생각을 덜 한다."[2]

아울러 예수 같은 리더가 되려면, 그분이 정해 두신 만고불변의 여러 기준을 겸손히 수용하고 존중해야 한다. 그 기준대로 해야만, 당신은 참된 영속적 성과를 낼 수 있다. 예수는 제자들에게 "나는 포도나무요 너희는 가지라. 그가 내 안에, 내가 그 안에 거하면 사람이 열매를 많이 맺나니 나를 떠나서는 너희가 아무것도 할 수 없음이라"라고 말씀하셨다(요한복음 15장 5절).

그러나 사람 앞에서 겸손한 인상을 주는 것과 하나님과 그분의 목적 앞에서 참으로 겸손한 것은 다르다. 하나님이 당신에게 주신 것이나 당신이 해낸 일에 대해 짐짓 경건해지려고 겸손해서는 안 된다. 프레드 스미스(Fred Smith)가 《진주를 팔아 지혜를 사라》에서 잘 말했듯, "겸손한 사람은 자신의 능력을 부인하지 않는다. 그 능력이 자신에게서 난 게 아니라 자신을 통해 흘러감을 인정할 뿐이다."[3]

겸손한 사람은 타인의 중요성을 인식하고 강조한다. 겸손은 자신을 깎아내리는 게 아니라 남을 세워 주는 것이다. 자신과 남에게 "나는 하나님 보시기에 귀한 존재다. 당신도 마찬가지다"라고 말하는 것이다.

예수가 보여 주신 겸손은, 자존감이나 사랑이나 힘이나 능력이 부족해서 나온 결과가 아니다. 그분의 겸손은, 자신이 누구이고 누구의 것이며 어디서 와서 어디로 가고 있는지를 아셨다는 사실에서 비롯되었다. 그것을 아셨기에, 그분은 막힘없이 사람들을 사랑하고 존중하실 수 있었다.

하나님께 근거한 자신감

예수의 겸손은 아버지와의 안전한 관계에 기초해 있었기에, 그분은 하나님께 근거한 자신감으로 모든 상황에 대처하실 수 있었다. 이것이 하나님만 높이는 마음의 두 번째 속성이다. 예수는 아버지가 무조건 자신을 사랑하심을 늘 아셨다. 거기서 생겨난 자신감으로 그분은 이 땅에 오신 목적에 끝까지 집중하셨다.

목사이자 작가인 노먼 빈센트 필이 자주 말했듯이, 자존감의 가장 힘든 시험은 자신이 완전하지 못함을 하나님께 고개 숙여 인정하고 예수를 구주로 받아들이는 것이다. 노먼이 켄에게 한 말에 따르면, 사람들은 때로 "기독교는 나약한 자들을 위한 것입니다"라고 말한다. 그러면 노먼은 "절대 그렇지 않습니다. 인간의 자아는 자신의 약점을 하나도 인정하려 들지 않거든요"라고 답하곤 한다. 대인군자만이 자기를 믿는 자신감에서 하나님께 근거한 자신감으로 옮겨 갈 수 있으며, 물론 이는 우리보다 크신 사랑의 하나님이 계시기에 가능한 일이다.

하나님께 근거한 자신감의 부산물 중 하나는 "모든 지각에 뛰어난 하나님의 평강"이다(빌립보서 4장 7절). 우리 삶을 예수께 의탁하면 그분이 우리에게 그 평안을 주시기로 약속하셨다. "평안을 너희에게 끼치노니 곧 나의 평안을 너희에게 주노라. 내가 너희에게 주는 것은 세상이 주는 것과 같지 아니하니라. 너희는 마음에 근심하지도 말고 두려워하지도 말라"(요한복음 14장 27절).

하나님만 높이면 분명히 당신은 다른 부류의 리더가 된다. 겸손과 하나님께 근거한 자신감이 당신의 리더십의 특징이 되어, 당신의 영향권 내에 있는 사람들에게 감화를 끼친다. 교만과 두려움이 더는 당신을 지배하지 못한다. 당신은 아무에게도 아무것도 입증할 필요가 없다. 하나님을 알고 예배하며 그분을 자신의 근원과 청중과 권위로 신뢰하는 것만으로 만족할 수 있다. 예수는 포로 된 자에게 자유를 주러 오셨는데, 해방은 우리 자신을 전적으로 하나님께 드리고 그분만을 높일 때 찾아온다.

하나님만 높이면 우리의 관점이 달라진다. 하나님을 밀어낼 때는 그분과 타인과 자신으로부터 분리되고, 남과 비교하게 되며, 거짓된 안전감만 남는다. 그러나 하나님만 높이는 사람은, 분리와 고립 대신 공동체와 투명한 관계 쪽으로 나아간다. 남과의 비교를 그만두고 자신이 누구이며 누구의 것인지로 자족한다. 그리고 하나님과 자신에 대한 왜곡된 생각에서 벗어나, 하나님의 사랑이라는 진실에 기초해 결정하고 리더십을 행사한다.

하나님만 높이는 자아		
나의 예배 대상이신 하나님	내 안전과 자존감과 지혜의 근원이신 하나님	내 삶의 모든 결정의 청중이자 심판관이신 하나님

표출 방식	
겸손 사모하되 결코 이루었다고 자처할 수 없는, 남에게서 관찰되는 덕목. "아무 일에든지 다툼이나 허영으로 하지 말고 오직 겸손한 마음으로 각각 자기보다 남을 낫게 여기고"(빌립보서 2장 3절). 자신이 아니라 남에게 공로를 돌린다 하나님 나라의 관점	**하나님께 근거한 자신감** 하나님의 성품과 선하심을 믿고 안심함. 믿음으로 한 걸음씩 나아감. "그러므로 우리가 담대히 말하되 '주는 나를 돕는 이시니 내가 무서워하지 아니하겠노라. 사람이 내게 어찌하리요' 하노라"(히브리서 13장 6절). 남을 잘되게 한다 남을 보호한다

결과		
공동체 하나님 및 타인과 가까워진다	**자족** 어떤 상황 속에서도 만족한다	**진실** 진실에 기초해 결정을 내린다

한 번 더 생각해 보기

당신이 예수와 함께 앉아 있다고 상상해 보라. 당신의 일터와 모든 대인 관계 속에서 하나님 나라를 대변하도록 그분이 당신을 파송하기 직전이다. 여기 당신이 떠날 준비가 되어 있음을 확인하고자 예수가 던지실 법한 몇 가지 질문이 있다.

- 너는 나를 사랑하느냐?
- 나를 신뢰하느냐?
- 사람들을 섬김으로써 나를 섬기겠느냐?
- 너의 행위나 사람들의 평가와 무관하게 내가 언제나 너를 사랑하는 것을 믿느냐?
- 인정과 권력과 즉각적 만족을 제쳐 두고 옳은 길을 감으로써 기꺼이 나를 높이겠느냐?

토의 가이드

Part 2. 훌륭한 리더의 마음 (07~11장)
마음이 변화되면 리더가 달라진다.

핵심 개념 1

당신의 마음이 리더십과 무슨 상관이 있을까? **처음부터 끝까지 다 상관된다!** 마음에서 **이유**가 나온다.

1. 당신은 하나님에 대한 믿음의 핵심 내용을 되짚으며 기초를 점검해야 할 정도로 큰 도전에 부딪친 적이 있는가? 그런 믿음이 마음속에 쌓여 당신을, 그리고 당신 삶의 모든 관계를 빚어낸다.
다음의 기본 질문에 답해 보라.

- 하나님은 선하신 분인가?
- 그분께 당신의 인생을 향한 선한 계획과 목적이 있음을 믿는가?
- 당신을 향한 하나님의 계획이 다른 사람이나 일 때문에 틀어질 수 있다고 믿는가?
- 하나님이 당신을 사랑하신다고 믿는가?
- 하나님이 약속대로 삶의 모든 일을 통해 그분의 영광과 당신의 유익을 이루신다고 믿는가?
- 당신의 삶을 세세한 것까지 모두 그분께 맡길 수 있는가?

2. 예수를 닮은 리더십의 핵심은 바로 사랑이다. 당신의 경우 예수처럼 이끌고 사랑하기가 어려운 대상은 누구인가?

3. 그 관계를 굳건하게 하기 위해 오늘 당신이 내디딜 한 걸음은 무엇인가?

핵심 개념 2

섬김을 받기보다 섬기라 하신 예수의 명령에 따르려면, 당신의 그 선한 의도가 날마다 도전에 부딪칠 것을 알아야 한다. 우리의 원수는 쉬지 않고 꾀어 우리 자신을 섬기게 하려 한다. 곁길로 빠지려는 그 유혹을 더 잘 물리치려면, 하나님을 밀어내는 이기적인 자아의 역동을 이해해야 한다.

1. 사람들이 안전이나 정체감을 얻고자 예배하고 의지하는 대상을 하나님 외에 3가지만 꼽아 보라. 왜 인간은 그런 것들이 안정적이거나 믿을 만하지 못한 줄 알면서도 거기에 의지하는 것일까?

2. 하나님께 생각을 인도해 달라고 기도하면서, 지난번에 교만이 당신의 리더십에 방해가 되었던 때를 떠올려 보라. 어떤 상황이었는지 간략히 말해 보라. 당신의 교만을 유발한 요인은 무엇인가? 잘못을 깨닫는 순간 기분이 어땠는가? 당신의 상황 처리에 사람들은 어떻게 반응했으며, 그렇게 상황을 잘못 처리한 결과는 무엇인가? 이제라도 사과해야 할 대상이 있는가? 하나님이 당신에게 깨우쳐 주신 것은 무엇이며, 지금 그분은 당신이 어떻게 하기를 원하시는가?

3. 까다롭고 골치 아픈 결정을 내려야 할 때, 다음 중 당신을 선한 의도에서 벗어나 "공격 아니면 도피" 반응에 빠지게 할 소지가 가장 높은 두려움은 무엇인가?

- ◆ 거부당할 것에 대한 두려움
- ◆ 자신의 부족한 모습에 대한 두려움
- ◆ 죽음에 대한 두려움
- ◆ 실패에 대한 두려움
- ◆ 친밀함에 대한 두려움
- ◆ 미래에 대한 두려움

- 성공에 대한 두려움
- 외로움에 대한 두려움
- 통제력을 잃을 것에 대한 두려움
- 상실에 대한 두려움
- 창피당할 것에 대한 두려움
- 발표나 연설에 대한 두려움
- 결핍에 대한 두려움
- 고통에 대한 두려움
- 비웃음을 살 것에 대한 두려움
- 갈등에 대한 두려움
- 시험에 대한 두려움

이런 두려움을 퇴치해 주는 하나님 말씀의 진리는 무엇인가? 도움이 될 성경 구절을 여기에 기록하고, 그중 하나를 색인 카드에 적어서 가지고 다니거나 차의 계기반에 붙여 놓으라.

4. 감정이 이성을 압도해 당신이 선한 의도 대신 두려움에 떠밀려 행동했던 때를 말해 보라. 결과가 어땠는가?

5. 당신의 대화에 '나'라는 요인이 들어와 있는지 귀를 기울여 보라. 자신을 실제보다 **못났거나**(두려움) **잘났다고**(교만) 말하거나 생각하는지 잘 보라. 얼마나 자주 화제를 자신으로 되돌리거나 남의 이야기를 끊고 자기 할 말만 하는지 관찰해 보라. 당신의 대화는 "내가, 나의, 나를"로 도배되어 있는가? 이런 관찰과 답변을 통해 당신 자신에 대해 무엇을 알 수 있는가? 당신은 더 타인 중심인가 아니면 더 자기 위주인가? 후자라면 혹시 당신이 하나님을 밀어내는 쪽으로 가고 있는 것은 아닌가?

핵심 개념 3

의지적으로 예수께 초점을 맞추고 그분께 깊이 헌신해 살면, 당신은 하나님을 밀어내는 자아에서 하나님만 높이는 자아로 옮겨 갈 수 있다.

1. 당신의 교만과 두려움이 진정한 겸손과 하나님께 근거한 자신감으로 대체된다고 상상해 보라. 그러면 당신의 리더 역할과 모든 관계가 어떻게 달라지겠는가?

2. 현재 당신의 하나님관에서 그분의 무조건적인 사랑과 약속을 당신의 안전과 자존감의 근원으로 받아들이지 못하게 막는 요소가 있다면 무엇인가?

3. 오늘 당신이 예수와 함께 앉아 있다고 상상해 보라. 당신의 일터와 모든 대인관계 속에서 하나님 나라를 대변하도록 그분이 당신을 파송하기 직전이다. 그분이 던지실 법한 다음 질문에 답해 보라.
   - 너는 나를 사랑하느냐?
   - 나를 신뢰하느냐?
   - 사람들을 섬김으로써 나를 섬기겠느냐?
   - 너의 행위나 사람들의 평가와 무관하게 내가 언제나 너를 사랑할 것을 믿느냐?
   - 인정과 권력과 즉각적 만족을 제쳐 두고 옳은 길을 감으로써 기꺼이 나를 높이겠느냐?

   긍정의 답이 많을수록 당신은 더 잘 준비된 것이다.

4. 2부에서 당신에게 가장 중요하게 다가온 개념은 무엇인가? 그것을 당신의 삶 속에 실행하기 위해 무엇을 하겠는가? 언제까지 하겠는가?

LEAD LIKE JESUS
REVISITED

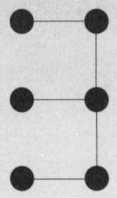

존재

―――― PART 3 ――――

습관

> 예수를 너희가 보지 못하였으나 사랑하는도다.
> 이제도 보지 못하나 믿고 말할 수 없는 영광스러운 즐거움으로
> 기뻐하니 믿음의 결국 곧 영혼의 구원을 받음이라
>
> 베드로전서 1장 8~9절

어떻게 하면 하나님만 높일 수 있을까? 다른 것이나 사람이나 상황이 우리의 우선순위에서 가장 중요한 것을 몰아내고 예배 대상으로 들어앉기가 아주 쉬워 보인다. 세상은 아주 요란하고 집요하게 이런저런 약속을 외쳐 댄다. 이럴 때 어떻게 해야 하나님을 당신의 안전과 자존감과 지혜의 근원으로 더 잘 의지하고, 더 일관되게 그분을 당신의 청중과 권위로 삼을 수 있을까?

주어진 정황에서 **성공**이 무엇을 의미하든 간에, 성공의 비결에 대한 온갖 메시지를 당신도 어려서부터 들었다. 광고와 SNS 메시지가 최고의 직업, 좋은 자동차, 멋진 외모, 권력의 지위, 성공, 꿈에 그리던 내 집 따위를 규정한다. 다른 길로 가라고 잡아끄는 힘이 이토록 강한 이때 어떻게 해야 당신의 마음을 지켜 하나님을 높일 수 있을까?

예수 역시 이 땅에서 리더로 활동하는 동안, 하나님이 정해 두신 길을 벗어나라는 압력과 유혹에 끊임없이 부딪치셨다. 성경에서 그분이 어떻게 끝까지 사명을 고수하셨는지 읽어 보면 배울 것이 많다. 그분의 삶에서 부정적 세력을 물리쳐 준 중요한 5가지 **존재 습관**이 보인다. 우리도 이런 습관을 본받을 수 있다.

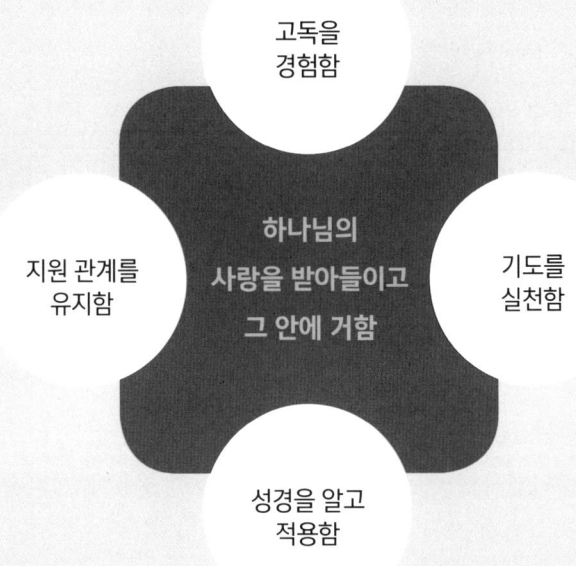

보다시피 중심이 되는 습관은 하나님의 사랑을 받아들이고 그 안에 거하는 것이다. 나머지 4가지 습관 — 고독을 경험하고, 기도를 실천하고, 성경을 알고 적용하며, 지원 관계를 유지하는 것 — 은 다 하나님의 무조건적인 사랑을 받아들이고 그 안에 거하도록 돕기 위한 것이다.

예수를 리더십 역할 모델로 따르려는 우리에게는 이런 습관이 필수다. 그분이 이 5가지 습관을 통해 이끄셨듯이 우리도 예수 같은 리더가 되려면 그렇게 해야 한다.

이런 습관이 왜 필수일까?

존재 습관을 실천하면 평안을 얻는다. 평안이 리더의 자질로 낯설어 보인다면, 평강의 왕이신 예수가 어떻게 사역 기간 내내 평정심을 보이셨는지 생각해 보라. 평안은 리더의 매력적인 자질이며, 많은 리더가 평화를 약속하여 권좌에 오른다. 예수는 아버지 안에서 평안을 아셨고, 사방이 온통 대립이나 혼돈으로 보일 때도 평화를 실천하셨다. 리더의 확실한 절제력이 느껴질수록 사람들은 리더가 하는 일에 더 신뢰를 보낸다.

릭 워렌(Rick Warren)이 《목적이 이끄는 삶》에서 지적했듯이 "성품은 사실상 습관의 총합이다." 그러므로 예수 같은 성품을 기르려면 그분의 습관을 잘 보아야 한다. 예수를 더 닮고 싶다면 길은 하나뿐이다. 의지적으로 시간을 떼어 하나님과 함께 있어야 한다.

이렇게 하나님과 함께 고독이나 기도나 성경 공부에 시간을 들이는 취지는 그분과의 관계를 더 굳건하게 키우고 가꾸는 데 있다. 하나님과 함께 시간을 보내면, 그분을 더 잘 알게 되고 당신을 향한 그분의 사랑을 더 온전히 이해하게 된다. 의지적으로 하나님과 친하게 지내면, 당신만 변화될 뿐 아니라 결과적으로 그 영향이 주변 모든 사람에게 미친다.

게다가 사실 우리 스스로는 마음을 제대로 간수할 수 없다. 하나님은 그분의 큰 목적을 위해 당신을 창조하셨고, 다른 누가 사랑하는 것보다 당신을 더 사랑하시며, 당신의 첫날이 시작되기도 전부터 마지막 날까지 다 아셨다. 그런 그분이 당신에게 함께 있자고 부르신다. 하나님과 함께 지낼 때 비로소 당신은 그분이 창조하신 본연의 자신이 된다. 예수를 더욱 닮아 간다.

하나님의 무조건적인 사랑을
받아들이고 그 안에 거하는 습관

12

하나님이 우리를 사랑하시는 사랑을 우리가 알고 믿었노니
하나님은 사랑이시라 사랑 안에 거하는 자는 하나님 안에 거하고
하나님도 그의 안에 거하시느니라

요한일서 4장 16절

우주의 하나님이 실제로 당신과 나로 더불어 사랑의 관계를 맺으려 하신다니, 상상이 잘 안 된다. 상상하기 힘든 이유는, 우리가 우리 자신을 너무나 잘 알기 때문이다. 우리는 자신의 치부를 안다. 얼마든지 교만하고 두려워하고 비열하고 그보다 더 심해질 수 있는 게 바로 우리다. 조건적인 관계야 우리도 알지만, 아무 조건도 없는 이 불가항력의 사랑은 우리로서는 이해하기 힘들다. 에베소서 3장 17~19절에 이런 말씀이 있다.

> 믿음으로 말미암아 그리스도께서 너희 마음에 계시게 하시옵고 너희가 사랑 가운데서 뿌리가 박히고 터가 굳어져서 능히 모든 성도와 함께 지식에 넘치는 그리스도의 사랑을 알고 그 너비와 길이와 높이와 깊이가 어떠함을 깨달아 하나님의 모든 충만하신 것으로 너희에게 충만하게 하시기를 구하노라.

얼마나 놀라운 약속인가! 우리가 사랑함은 그분이 먼저 우리를 사랑하셨기 때문이며(요한일서 4장 19절), 예수와의 관계는 바로 그 진리 위에 세워진다. 당신이 의지적으로 시간을 떼어 하나님과 함께 있으면, 그분을 더 잘 알게 되고 그분과의 관계의 기초가 더 탄탄해진다. 그분의 무조건적인 사랑을 더 충분히 받아들이고 그 안에 더 온전히 거할 수 있다.

그러나 하나님의 사랑을 받아들이고 그 안에 거하는 간단한 4~5단계는 없다. 이 습관은 당신이 한 달에 교회를 몇 번 나가고, 매일 얼마나 자주 기도하고, 선교 헌금을 얼마나 하고, 일주일에 사업 거래를 몇 개나 성사시키는지 따위와는 아무런 관계가 없다. 부모나 목사나 기업 리더로서 당신의 성공과도 무관하다. 하나님의 사랑은 선물이다. 그분의 사랑을 받아들이고 그 안에 거하려면, 당신을 향한 그분의 사랑이 가능함을 기본으로 믿어야 한다. 하나님이 당신을 사랑하시는 게 가능함을 믿으면, 당신은 그분께로 이끌리게 되어 있다. 십자가에 달리신 아들의 죽음과 우리 마음속에 역사하시는 성령을 통해 하나님은 우리에게 그분의 사랑이 믿어지게 해 주신다.

 한 번 더 생각해 보기

당신이 하나님께 사랑받는다고 느껴지던 때를 떠올려 보라. 그때의 상황이 어땠는가? 하나님과 단둘이 있었는가? 모임 중이었는가? 음악을 듣고 있었는가? 성경을 읽다가 그랬는가? 자녀의 첫걸음마를 보던 참이었는가? 사업을 새로 시작할 때였는가? 노을을 바라보고 있었는가?

지금 그분의 사랑을 느끼기 위해 당신이 할 수 있는 일은 무엇인가? 단순히 하늘 아버지께 그분의 사랑을 보여 달라고 구하는 것도 한 방법이다.

사랑은 우리를 관계 속으로 끌어들인다. 사실 당신과 내가 가장 자주 끌리는 대상은, 우리를 사랑하는 사람들이다. 특히 그 사랑의 이유가, 우리가 그들에게 무엇을 해 주어서가 아니라 그냥 있는 그대로의 우리 모습 때문이라면 더하다. 두 팔을 벌리고 당신을 맞이하러 달려오는 자녀나 손주를 당신도 어쩌면 경험해 보았을 것이다. 당신을 사랑하여 양팔을 활짝 벌린 아이, 거기에 엄청난 기쁨이 있다.

필리스가 최근 패스트푸드 식당에서 경험한 일은 그녀에게 조건 없는 사랑이 무엇인지 일깨워 주었다. 그녀가 음료수 기계 쪽으로 가고 있는데, 컵을 채우는 아빠를 기다리고 있던 세 살쯤 된 여자아이가 눈에 띄었다. 아이가 필리스를 보고 달려와 미소를 짓기에 그녀도 미소로 답했다. 아이의 아빠가 다가와 설명하기를 이렇게 딸이 낯선 사람에게 달려가기는 처음이라고 했다. 필리스는 자신이 아이가 아는 누군가와 비슷해 보이나 보다고 말했다. 그런데 아빠와 함께 멀어지던 아이가 문득 돌아서더니 다시 달려와 이번에는 두 팔로 필리스의 다리를 안았다. 아빠가 깜짝 놀라 다시 와서는 딸이 왜 이러는지 모르겠다며 사과했다. 그리고 딸을 번쩍 들어 올려 안고 갔다. 필리스는 그 아이가 그토록 사랑하는 사람이 누구든 간에, 자신이 그 사람과 비슷해 보인다는 게 복으로 느껴졌다. 아주 긴 하루를 마친 그녀에게 이 경험은 선물로 다가왔고, 그래서 하나님이 아이를 보내 자신을 향한 그분의 사랑을 상기시켜 주셨다고 믿기로 했다.

이 땅에서 볼 수 있는 최대치의 무조건적인 사랑은 자녀를 향한 부모의 사랑일 것이다. 세미나 중에 우리가 자녀를 사랑하는 부모들은 손을 들어 보라고 하면 모든 손이 올라간다. 하지만 자녀가 성공할 때만 자녀를 사랑하는 부모는 손을 들어 보라고 하면 일제히 손이 내려간다. 당신도 자녀를 무조건 사랑하지 않는가? 그런데 어떤 인간관계는 우리에게 조건적 사랑을 가르쳤고 아픔과 상처를 남겼다. 그런 경험이 우리와 하늘 아버지와의 관계마저 변색시킬 수 있다.

그러나 하나님의 사랑은 다른 어떤 사랑과도 다르다. 아래에 열거한 하나님의 약속을 빈칸에 자신의 이름을 넣어서 읽어 보라.

- _____ , 나는 너를 이름으로 안다.
- _____ , 내가 영원한 사랑으로 너를 사랑한다.
- _____ , 너를 위해 내 목숨을 버렸다.
- _____ , 너를 위한 큰 계획이 내게 있다.
- _____ , 아무것도 너를 내 사랑에서 끊을 수 없다.
- _____ , 네 눈물을 내가 다 닦아 주겠다.
- _____ , 구하라 그러면 받을 것이다.
- _____ , 나는 네가 생명을 얻고 더 풍성히 얻기를 원한다.
- _____ , 내가 너를 심히 기뻐한다.
- _____ , 네가 어디로 가든지 나는 너와 함께 있다.
- _____ , 나는 결코 너를 버리거나 떠나지 않는다.

우리가 사는 세상은 교만과 두려움을 부추긴다. 일시적 유행, 풍조, 더 많이 소유하라는 사회적 압력 등을 통해 우리를 꾀어, 의미와 안전감을 스스로 얻을 수 있다고 믿게 만든다. 하지만 그런 것들은 덧없어서 우리가 의지하기에는 늘 위험한 대상이다. 하나님의 무조건적인 사랑과 틀림없는 약속은 정반대다. 예수처럼 살고 이끄는 데 필요한 자원은 하나님과의 관계 속에서만 확실히 무제한으로 공급된다.

당신을 향한 하나님의 사랑을 알면, 자신이 누구이며 누구의 것인지에 대한 확신이 생긴다. 당신은 하나님의 것이다. 그분께 선택되어 사랑받고 용서받은 의로운 존재이며 또한 그 이상이다. 하나님의 사랑을 받아들이고 그 안에 거한다는 말은, 당신에게 있는 모든 것이 하나님의 선물임을 인정한다는 뜻이다. 이런 후한 은혜 앞에 교만은 존재

할 수 없으며, 어떤 두려움도 당신에게서 그분의 안전하고 무조건적인 사랑을 빼앗아 갈 수 없다.

하나님의 사랑이 당신의 행위에 —**그 분의 의로운 기준에 얼마나 부합하게 사는지에** — 달려 있다면, 당신은 영영 불안에서 헤어날 수 없다. 대안은 하나님의 무조건적인 사랑을 받아들이는 것이다. 당신의 공로나 성취나 통제로는 그분의 사랑을 조금도 더 얻어 낼 수 없음을 인정하라. 당신에게 필요한 모든 사랑이 예수 안에서 이미 무한대로 주어졌다. 이 진리는 아주 위력적이다. 당신이 하나님께 무조건 전적으로 사랑받는 존재임을 믿으면, 사랑과 평안과 안전과 보호를 약속하는 세상 것들에 현혹될 일이 없다.

그런데 하나님의 사랑을 받아들이고 그 안에 거하는 것은 일회적 결단이 아니라, 매일 매시간 순간마다 실천해야 할 습관이다. 세상은 당신이 자격 미달이라고 말하고, 당신은 불가피해 보이는 임박한 실패가 두려워 무력해진다. 그럴 때 하나님의 사랑을 받아들이고 그 안에 거하는 습관이 길러져 있으면, 당신이 무조건 사랑받는 존재임을 기억하는 데 도움이 된다. 하나님의 사랑을 일깨워 주는 성경 구절들을 흠뻑 빨아들이고, 하나님의 사랑을 더 실감나게 해 주는 음악을 듣고, 하나님의 사랑을 당신에게 나누어 주는 사람들과 함께 시간을 보내라. 무슨 수를 써서라도 그분의 사랑이 마음 깊이 새겨지게 하라.

하나님의 사랑이란 선물을 받아들여야만 예수 같은 리더가 될 수 있다. 예수를 닮은 리더십의 기초는 우리를 향한 그분의 사랑이다. 먼저 우리가 받지 않고는 남에게 사랑이나 평안이나 희망이나 안전을 줄 수 없다.

당신은 이렇게 생각할지 모른다. "리더십에 대한 책에 왜 하나님의 무조건적인 사랑을 받아들이고 그 안에 거해야 한다는 말이 나오는가?" 좋은 질문이다. 답은 이렇다. 하나님의 사랑은 당신을 변화시켜 결국 당신의 리더십까지 변화시킨다. 리더십을 보는 당신의 눈이 달라진다. 이제 리더십의 관건은 권력과 통제가 아니라, 당신의 영향권 내에 있는 사람들에 대한, 그리고 하나님이 당신에게 맡겨 주신 일에 대한 청지기 사명이 된다. 사람을 보는 눈도 달라진다. 그들을 당신이 원하는 성과를 내기 위한 수단으로 보는 게 아니라, 하나님이 그들도 당신과 똑같이 사랑하심을 깨닫게 된다. 일은 예배 행위가 되고, 당신의 일터는 하나님 나라의 전초 기지가 된다. 이제 당신은 피드백을 겁내지 않는다. 더는 두려움에 지배당하는 리더가 아니며, 남들이 당신을 두려워하게 만들지도 않는다. 하나님의 무조건적인 사랑을 받아들이고 그 안에 거하면, 당신이 달라지면서 예수 같은 리더가 되는 데 도움이 될 다른 4가지 존재 습관의 기초가 다져진다.

 한 번 더 생각해 보기

이번 장 서두에 말했듯이, 우리는 자신을 알기에 하나님이 우리를 무조건 사랑하실 수 있다고 상상하기 어렵다. 잠시만 의심을 제쳐 두고, 당신이 전능하신 하나님께 무조건 사랑받고 있다는 진리를 온전히 받아들인다고 상상해 보라. 당신의 공로나 자격으로는 이런 사랑을 얻어낼 수 없고, 당신이 그 사랑을 늘리거나 잃을 수도 없음을 인정하라. 당신을 향한 하나님의 사랑을 절대적으로 확신하며 산다면, 지금과는 다르게 살고 싶은 부분은 무엇인가?

이번에는 하나님의 무조건적인 사랑을 조금도 의심의 여지 없이 경험했던 때를 떠올려 보라. 그 순간의 참 의미를 그분과 당신만이 알 정도로 아주 개인적이고 구체적인 경험이면 좋다. 그때 기분이 어땠으며, 그 순간을 회상하는 지금은 기분이 어떤가? 하나님께 아뢰고 싶은 말은 무엇인가?

고독을 경험하는
습관

13

새벽 아직도 밝기 전에 예수께서 일어나 나가
한적한 곳으로 가사 거기서 기도하시더니

마가복음 1장 35절

이제부터 논하려는 습관 중에 현대 세계에서 가장 막연한 것은 고독이다. 우리가 사는 세상은 시끄럽고 바쁘고 쉴 새 없이 통신이 이루어진다. 이런 세상에서 고독은 워낙 반문화적이라 체득하기 힘든 행동이다. 게다가 고독이 우리를 끌어들이는 자리는, 평소 우리가 수많은 활동으로 오히려 피하려 하는 자리다. 그 자리는 하나님과 단둘이 있는 무위(無爲)의 상태다. 행위를 멈추고 그냥 **존재하는** 그 기분은 흔치 않을뿐더러 대개 불안을 야기한다. 하지만 "가만히 있"을(시편 46편 10절) 기회를 적극적으로 모색한다는 것이 이상하게 느껴져도, 꾸준히 그렇게 하면 그 결과로 삶이 변화될 수 있다. 침묵 속에 명징함이 있는 법이다.

고독이란 한동안 모든 대인 만남을 끊고 완전히 하나님과 단둘이 있는 상태라고 정의할 수 있다. 우리 삶에는 할 일도 많고 손이 가는 관계도 많다. 고독은 그런 시끄러운 삶의 뒷문으로 나가서 맑은 공기를 쐬는 시간이다. 하나님이 친히 정해 두신 본연의 생활 리듬을 통해 새 힘을 얻고 회복되는 시간이다. 당신의 영혼을 향해 당신이 그분께 사랑받는 존재라고 말씀하시는 하나님의 "세미한 소리"를 듣는 시간이다(열왕기상 19장 12절). 때로는 아무것도 하지 않는 것이 당신의 사람들과 자신을 위해 할 수 있는 최고의 일이다.

예수가 모범을 보이셨듯이 그분의 리더십에서 고독은 전략적 필수 요소였다. 다음의 예를 생각해 보라.

- 리더십과 대중 사역의 시험에 대비하실 때 그분은 광야에서 40일을 홀로 지내셨다(마태복음 4장 1~11절).
- 따르는 무리 중에서 열두 사도를 택하시기 전에 그분은 밤새도

록 산에서 홀로 지내셨다(누가복음 6장 12~13절).
- 세례 요한이 죽었다는 소식을 들으셨을 때 그분은 배를 타고 빈 들로 물러나셨다(마태복음 14장 13절).
- 기적으로 5천 명을 먹이신 후 그분은 혼자 산에 올라가셨다(마태복음 14장 23절).

이렇듯 리더로서 준비하고 중요한 결정을 앞두고 죽음을 애도하고 칭찬과 명성에 대처할 때, 예수는 혼자 있는 시간이 얼마나 소중한지 우리에게 모범을 보이셨다. 덕분에 그분은 끝까지 하나님과 동행할 수 있으셨다.

날마다 고독 속에서 하나님과 함께 시간을 보내면, 리더로서 까다로운 결정도 잘 내릴 수 있다. 예수는 고독한 새벽 시간에 아버지께 사역의 인도하심을 받아 최선의 시간 사용법을 분별하셨다. 마가복음 1장 32~38절에 이렇게 나와 있다.

> 저물어 해 질 때에 모든 병자와 귀신 들린 자를 예수께 데려오니 온 동네가 그 문 앞에 모였더라. 예수께서 각종 병이 든 많은 사람을 고치시며 많은 귀신을 내쫓으시되 귀신이 자기를 알므로 그 말하는 것을 허락하지 아니하시니라.
> 새벽 아직도 밝기 전에 예수께서 일어나 나가 한적한 곳으로 가사 거기서 기도하시더니 시몬과 및 그와 함께 있는 자들이 예수의 뒤를 따라가 만나서 이르되 "모든 사람이 주를 찾나이다."
> 이르시되 "우리가 다른 가까운 마을들로 가자. 거기서도 전도하리니 내가 이를 위하여 왔노라" 하시고.

이 대목을 눈여겨보았는가? "새벽 아직도 밝기 전에 예수께서 일어나 나가 한적한 곳으로 가사 거기서 기도하시더니." 이런 행동이 그분의 결의를 굳혀 주어, 그분은 병을 고치고 귀신을 쫓아내는 인기 있는 선행 대신 본래 자신이 하러 오신 주된 일 — 죄 사함을 전파하여 하나님과 화목하게 하시는 일 — 에 소중한 시간을 바치셨다. 병자들과 귀신들린 사람들을 두고 가셔야만 했던 그분의 애틋한 긍휼을 상상해 보라. 더 남아서 치유의 권능을 베푸시어 모두를 기쁘게 하고 자신도 안도하고 싶으셨을 그 세찬 유혹을 상상해 보라. 길 잃고 고생하는 인류를 향해 얼마나 마음의 짐이 무거우셨까!

예수가 단순한 선행을 물리치고 하나님께 받은 사명을 끝까지 고수하실 수 있었던 이유는 우리가 믿기로 하늘 아버지와 단둘이 보내신 시간 덕분이었다. 기대에 부풀어 그분을 바라보던 무리의 희망과 아픔마저도 뒤로하고, 그분은 고독과 기도 속에서 하나님께 인도하심과 새 힘을 받으셨다.

 한 번 더 생각해 보기

의지적으로 꽤 긴 시간을 고독 속에서 하나님과 함께 보냈던 적이 언제인가? 용무를 제쳐 두고 기도 제목조차 없이 말이다. 조용히 하나님의 임재 안에 앉아 그분의 세미한 소리에 귀를 기울인 적이 마지막으로 언제인가? 기억나지 않는다면, 이를 당신의 삶과 리더십이 지지부진한 답보 상태일 수 있는 이유의 단서로 간주하라. 기억은 나지만 그때가 일주일도 더 전이라면, 최대한 일찍 다시 하나님과 함께 시간을 보내야 한다.

바로 지금 몇 분 동안 하나님과 단둘이 있어라. 손바닥을 밑으로 가게 해서 양손을 무릎 위에 올려놓으라. 당장의 걱정거리를 생각해 보라. 걱정거리가 떠오르거든 상상 속에서 그것을 십자가 밑에 내려놓으라. 걱정거리가 더는 떠오르지 않거든 하나님이 주시려는 것을 받는 자세로 손바닥이 위로 가게 손을 뒤집어라. 자비, 사랑, 은혜, 능력 등 그분의 속성을 묵상하라. 시편 46편 10절을 이런 식으로 암송하라.

너희는 가만히 있어 내가 하나님 됨을 알지어다.

가만히 있어 알지어다.

가만히 있어.

있어.

기도를 실천하는 습관

14

예수께서 한 곳에서 기도하시고 마치시매 제자 중 하나가 여짜오되
"주여, 요한이 자기 제자들에게 기도를 가르친 것과 같이
우리에게도 가르쳐 주옵소서"

누가복음 11장 1절

5가지 존재 습관 중에 우리가 계발하기에 가장 막연한 것은 '고독'일지 몰라도, 탈학습을 거쳐 옛 습성과 방식을 가장 많이 고쳐야 할 습관은 '기도'다. 그래서 예수께 가르침을 청할 많은 것 중에 "기도를 … 우리에게도 가르쳐 주옵소서"가 성경의 기록상 제자들의 유일한 요청임은 어쩌면 당연한 일이다(누가복음 11장 1절).

그들은 예수의 기도 능력을 보고는 자신의 기도도 똑같은 결과를 낳기를 소원했다. 그러나 ― 그들이 배워야 했듯이 ― 기도란 기교가 아니라 하나님과의 대화다.

기도는 의지의 필수 행위이기도 하다. 정말 진지하게 예수처럼 살고 이끌려는 사람은 기도하게 되어 있다. 기도가 없이는, 리더인 우리의 계획과 노력을 하나님 나라를 위한 그분의 계획과 연결할 수도 없고, 예수가 성령을 보내실 때 약속하신 영적 자원을 받아 누릴 수도 없다. 우리는 기도로 하나님의 뜻을 구하고, 믿음으로 응답을 기다리고, 응답이 오면 그분의 지시에 순종하고, 결과에 자족해야 한다. 그러면 당신의 리더십은 예수와 매우 비슷해질 것이다.

인간의 삶에 미치는 기도의 능력은 그야말로 무한하다. 오스왈드 챔버스(Oswald Chambers)는 이렇게 썼다. "당신의 삶의 문을 활짝 열고 은밀한 곳에 계시는 아버지께 기도하면, 삶의 모든 대외적인 일에 하나님의 임재의 흔적이 두고두고 선명하게 남는다."[1] 우리에게 따르라고 남기신 예수의 모본을 살펴보면, 기도하는 삶의 대외적인 결과를 알 수 있다.

예수의 겟세마네 기도

예수는 배반당하시던 밤에 겟세마네에서 힘든 시간을 보내셨는데, 우리가 닮아야 할 그분의 기도 모본이 그때보다 더 절절하게 기록된 곳은 성경에 다시없다. 그때의 부담과 짓눌림은 그분으로서도 거의 견디시기 힘들 정도였다.

> 이에 예수께서 제자들과 함께 겟세마네라 하는 곳에 이르러 제자들에게 이르시되 "내가 저기 가서 기도할 동안에 너희는 여기 앉아 있으라" 하시고 베드로와 세베대의 두 아들을 데리고 가실새 고민하고 슬퍼하사 이에 말씀하시되 "내 마음이 매우 고민하여 죽게 되었으니 너희는 여기 머물러 나와 함께 깨어 있으라" 하시고
> 조금 나아가사 얼굴을 땅에 대시고 엎드려 기도하여 이르시되 "내 아버지여, 만일 할 만하시거든 이 잔을 내게서 지나가게 하옵소서. 그러나 나의 원대로 마시옵고 아버지의 원대로 하옵소서" 하시고
> (마태복음 26장 36~39절).

겟세마네 동산에서 드리신 예수의 기도는 리더에게 탁월한 본보기가 된다. 4가지 교훈적 측면을 살펴보자.

1. **예수는 어디서, 그리고 왜 기도하셨는가?** 그분은 따로 혼자서 기도하셨다. 하나님과 단둘인 상태에서 자신의 마음을 아버지께 막힘없이 쏟아 놓으셨다. 한숨과 탄식으로 자꾸 끊기는 말도 아버지께서는 다 알아들으심을 그분은 아셨다.

2. **예수는 어떤 자세로 기도하셨는가?** 그분은 얼굴을 땅에 대고 아버지 앞에 엎드리셨다. 그분의 고뇌와 극도의 슬픔과 겸손이 그렇게 표현된 것이다. 다른 때는 무릎을 꿇고 또는 하늘을 우러러 눈을 뜨고 기도하신 적도 있다. 몸자세보다 마음 자세가 중요하지만, 하나님 앞에 몸으로 엎드리면 마음 자세에도 도움이 된다.

3. **예수는 기도로 무엇을 구하셨는가?** 그분은 "만일 할 만하시거든 이 잔을 내게서 지나가게 하옵소서"라고 구하셨다(39절). 십자가의 고난을 면할 수 있겠느냐고 물으신 것이다. 그러나 보다시피 그분은 이 요청에 "만일 할 만하시거든"이라는 단서를 붙이셨고, 또 "그러나 나의 원대로 마시옵고 아버지의 원대로 하옵소서"라는 말씀으로 결정을 아버지께 맡기셨다(39절). 자신이 당해야 할 모진 고난을 잘 아시면서도 자신의 뜻을 아버지께 복종시키셨다. 예수는 자원하여 아버지의 뜻에 따르셨다.

4. **예수의 기도는 어떻게 응답되었는가?** 하나님은 그분의 원대로 — 아버지의 원대로 — 하시겠다고 응답하셨다. 십자가라는 고난의 잔은 예수에게서 지나가지 않았다. 그 간구조차도 그분이 아버지의 뜻에 기꺼이 따르실 마음으로 하셨기 때문이다. 그분의 기도에 그렇게 응답하신 하나님은 예수가 이루러 오신 사명을 이루시도록 그분에게 힘을 주셨다. "천사가 하늘로부터 예수께 나타나 힘을 더하더라"(누가복음 22장 43절).

리더로서 옳은 이유로 옳은 길을 가려면, 조롱이나 배척이나 분노의 쓴잔을 마셔야 할 수 있다. 그런 고통은 누구나 피하려는 게 인지상정이다. 그러나 예수 같은 리더가 되려면, 그분의 품에 더 바짝 기대어 어떻게 믿음으로 나아가야 할지 그분께 들어야 한다. 그분은 당신에게 힘을 주시고, 능히 그분을 신뢰하게 하시며, 끝까지 옳은 길을 가는 데 필요한 용기를 더하신다.

선제 기도의 능력

예수 같은 리더가 되려면, 기도가 궁여지책이 아니라 우리의 첫 반응이 되어야 한다. 매 순간 삶의 도전에 대응하는 우리에게 선제 기도는 당장 가져다 쓸 수 있는 가장 강력하고 유용한 자원이다.

기도의 무한한 가능성을 필(Phil)의 시에서 볼 수 있다.

> 그냥 전제하라
> 내가 기도하면 정말 누군가가 들어 주신다고 **그냥 전제하라**. 그분이 내게 관심을 두고 내 생각을 알고 싶어 하신다고 전제하라.
> 기도하면 내가 달라진다고 **그냥 전제하라**. 우주가 어떻게 돌아가고 누가 주관하시는지에 대한 내 관점도 달라진다고 전제하라.
> 내가 잠시 의심을 버리고 이 가능성을 고려한다고 **그냥 전제하라**. 내가 태어나기도 전부터 나를 아셨던 어떤 분이 나를 사랑하시되, 내가 과거에 아무리 못된 짓을 했어도 상관하지 않으시고 아무런 조건이나 단서도 없이 그냥 있는 그대로의 나를 사랑하신다고 전제하라.

새로운 도전이나 오래된 유혹이 닥쳐올 때 기도가 궁여지책이 아니라 나의 첫 반응이라고 **그냥 전제하라.**

사람들에게 흘려보낼 사랑이 분명히 내 삶 속에 날마다 무궁무진하게 공급된다고 **그냥 전제하라.**

그냥 전제하라.

그냥 전제하는 이 모든 내용이 실제로 사실이라고 우리는 믿는다. 당신에게도 사실이라고 그냥 전제하라.

ACTS 방식의 기도

사람들은 으레 우리에게 기도하는 법을 묻는다. 다시 말하지만, 기도는 기교가 아니라 본질상 하나님과의 대화다. 아버지와 대화하는 자신만의 방식을 우리 모두 개발해야 한다. 그래도 시작하기에 좋은 틀을 원하는 이들에게, 우리는 ACTS 방식을 권한다. 이 단순한 머리글자는 기도의 4가지 기본 요소인 경배(Adoration), 자백(Confession), 감사(Thanksgiving), 간구(Supplication)를 기억하는 데 도움이 된다. 이 방식은 많은 초보자의 기도에 도움이 될 뿐 아니라 풍파에 단련된 베테랑들에게도 나침반 역할을 해 왔다. 당신도 며칠 동안 시도해 보라.

경배. 모든 기도는 경배로 시작되어야 한다. 주님께 그분을 사랑하며 그분 자신을 인해 감사드린다고 아뢰라. "여호와여, 위대하심과 권능과 영광과 승리와 위엄이 다 주께 속하였사오니 천지에 있는 것이다 주의 것이로소이다. 여호와여, 주권도 주께 속하였사오니 주는 높으사 만물의 머리이심이니이다"(역대상 29장 11절).

자백. 거룩하신 하나님의 임재 안에 들어가면 우리의 죄가 깨달아진다. 우리는 다 하나님의 영광에 이르지 못하는 존재다. 그러므로 하나님을 경배할 때 우리의 첫 반응은 자백이다. "만일 우리가 우리 죄를 자백하면 그는 미쁘시고 의로우사 우리 죄를 사하시며 우리를 모든 불의에서 깨끗하게 하실 것이요"(요한일서 1장 9절).

감사. 감사란 하나님의 모든 창조와 구원을 인해 진심으로 그분께 고마움을 표하는 것이다. 특히 당신에게 해 주신 모든 일을 감사하라. "받은 복을 세어 보아라. 크신 복을 네가 알리라"라고 한 옛 찬송가 가사처럼 말이다.² 오늘 하나님께 감사드린 것만 내일 당신에게 다시 주어진다면 어떻게 될까? 치약, 공기, 물, 옷, 가정, 직장 등 감사할 것은 얼마든지 많다. 다음 성경 말씀에 주목하라. "너희의 마음으로 주께 노래하며 찬송하며 범사에 우리 주 예수 그리스도의 이름으로 항상 아버지 하나님께 감사하며"(에베소서 5장 19~20절).

간구. 기도의 마지막 부분이다. 그런데 우리 대부분은 여기서 시작해서 너무나 많은 경우 이것을 벗어나지 못한다. 간구란 우리에게 필요한 것을 구하는 것이다. 먼저 다른 사람들의 필요에 대해 기도한 뒤 하나님께 자신의 필요를 채워 달라고 구하라. 바라는 게 많아도 괜찮다. 하나님의 말씀에 나와 있듯이 우리는 담대히 구할 수 있다. "구하라 그리하면 너희에게 주실 것이요 찾으라 그리하면 찾아낼 것이요

문을 두드리라 그리하면 너희에게 열릴 것이니"(마태복음 7장 7절).

 ## 한 번 더 생각해 보기

"당신의 기도 생활은 어떻습니까?" 리더 후보의 실상을 가장 잘 드러내 주는 질문 중 하나다. 답을 들어 보면 그 리더가 어디로 어떻게 이끌지 충분히 알 수 있다.

당신에게도 똑같이 묻는다. **당신의** 기도 생활은 어떤가?

성경을 알고
적용하는 습관

15

모든 성경은 하나님의 감동으로 된 것으로
교훈과 책망과 바르게 함과 의로 교육하기에 유익하니
이는 하나님의 사람으로 온전하게 하며
모든 선한 일을 행할 능력을 갖추게 하려 함이라

디모데후서 3장 16~17절

성경을 통해 당신은 하나님과 그분의 방식을 알게 된다. 말씀의 책장 속에서 그분은 당신을 초대해, 그분을 알고 그분의 사랑을 경험하게 하신다. 하나님이 당신을 사랑하시고, 당신을 향한 큰 계획이 있으시며, 특정한 목적을 이루기에 딱 맞게 당신을 창조하셨음을 당신은 성경에서 깨닫는다. 성경 공부는 우리를 향한 하나님의 계획을 실현하도록 우리를 준비시켜 준다. 성경은 또 우리에게 서로를 대하는 법, 사랑받은 대로 사랑하는 법, 그리고 물론 예수 같은 리더가 되는 법도 가르쳐 준다.

성경을 알고 적용하는 습관을 기를 수 있는 5가지 실제적 방식을 살펴보자. 듣기, 읽기, 공부, 암송, 묵상이 그것이다. 오늘부터 당신도 성경을 통해 하나님을 알아 가는 모험에 나서기를 기도한다.

말씀을 들으라

다른 사람에게 듣는 것도 말씀을 받는 한 방법이다. 어린아이나 글을 읽을 수 없는 사람도 성경을 들을 수는 있다. 예수는 "들을 귀 있는 자는 들으라"라고 말씀하셨다(마가복음 4장 23절). 귀로 듣다 보면 마음으로도 듣게 된다. 나중에 바울은 "믿음은 들음에서 나며 들음은 그리스도의 말씀으로 말미암았느니라"라고 썼다(로마서 10장 17절). 오늘날에는 하나님의 말씀을 들을 기회가 많은데, 그중에 오디오북과 다양한 SNS도 있다.

마태복음 13장 3~23절에 나오는 씨 뿌리는 자의 비유에 보면, 말씀을 듣는 사람에 네 부류가 있다. 무관심한 사람은 말씀을 듣고도 깨닫지 못한다(19절). 피상적인 사람은 말씀을 듣고 일단 받지만, 말씀이 마음에 뿌리를 내리지 못한다(20~21절). 마음이 산만한 사람도 말씀을 듣고 받지만, 세상 염려와 다른 욕심에 말씀이 막힌다(22절). 그러나 재생산하는 사람은 말씀을 듣고 받을 뿐 아니라 깨달아 결실한다(23절). 당신은 그중 어떤 부류인가?

 한 번 더 생각해 보기

들은 내용을 적용하는 방법의 하나는 각 성경 본문을 듣고 자기 생각을 기록한 다음 이렇게 자문하는 것이다.

- 하나님이 나에게 주신 말씀은 무엇인가?
- 내 삶은 하나님의 기준과 가르침에 얼마나 부합하는가?
- 그분의 메시지에 삶을 일치시키기 위해 내가 취할 행동은 무엇인가?
- 이번 본문에서 내가 더 공부해야 할 진리는 무엇인가?
- 오늘 내가 다른 사람에게 나눌 수 있는 진리는 무엇인가?

말씀을 읽으라

하나님의 말씀을 배우는 두 번째 방법은 읽는 것이다. "이 예언의 말씀을 읽는 자와 듣는 자와 그 가운데에 기록한 것을 지키는 자는 복이 있나니 때가 가까움이라"(요한계시록 1장 3절).

꼭 천천히 생각하면서 읽어야 한다.

짤막한 성경 본문을 정하라. 한꺼번에 너무 많이 읽으면 의미를 생각하기가 힘들거나, 하나님이 당신과 당신의 상황에 맞춤형으로 주시는 말씀을 잘 듣지 못할 수 있다. 시편 103편의 다음 두 구절처럼 무난한 분량으로 시작하라. "내 영혼아, 여호와를 송축하라. 내 속에 있는 것들아, 다 그의 거룩한 이름을 송축하라. 내 영혼아, 여호와를 송축하며 그의 모든 은택을 잊지 말지어다"(1~2절).

말씀을 균형 있게 읽어라. 당신이 읽는 하나님의 말씀에 꼭 구약과 신약을 모두 포함하라. 하나님은 기록된 말씀의 모든 단어를 통해 당신에게 말씀하신다. 예수는 "모세의 율법과 선지자의 글과 시편에 나를 가리켜 기록된 모든 것이 이루어져야 하리라 한 말이 이것이라 하시고 이에 [제자]들의 마음을 열어 성경을 깨닫게 하"셨다(누가복음 24장 44~45절). 성경에 예수를 가리키는 본문이 많이 들어 있다. 당신도 여기 누가복음에 언급된 부분을 비롯해 성경 전체에서 그분에 대해 읽고 싶어질 것이다. 말씀을 매일 당신의 삶에 적용하라. 말씀이 당신과 당신의 삶에 어떤 의미인지를 보여 달라고 하나님께 기도하라. 예수는 "너희가 나를 사랑하면 나의 계명을 지키리라"라고 말씀하셨다(요한복음 14장 15절).

하나님의 말씀을 삶에 적용할 때마다 당신은 그분과 더 친밀해진다. 적용하지 않을 때마다 마치 길가에 뿌려진 씨처럼 사탄이 말씀을 훔쳐 갈 수 있다. 하나님의 말씀을 읽었으면 기도와 순종으로 반응하라. 성경의 가르침대로, 순종은 늘 하늘 아버지를 향한 사랑의 표현이다.

말씀을 공부하라

말씀을 공부한다는 것은, 말씀의 의미와 적용에 대해 더 많이 배운다는 뜻이다. 하나님의 말씀을 더 깊이 알면, 우리도 신약의 다음과 같은 모범을 따를 수 있다. "베뢰아에 있는 사람들은 데살로니가에 있는 사람들보다 더 너그러워서 간절한 마음으로 말씀을 받고 이것이 그러한가 하여 날마다 성경을 상고하므로"(사도행전 17장 11절).

공부하면 그때부터 하나님의 말씀을 더 효과적으로 다룰 수 있다. 성경 공부는 성경을 깊이 있게 들여다보는 작업이며, 목표는 그냥 개괄하거나 통독할 때보다 더 많이 배우는 데 있다. 예컨대 성경의 한 본문을 다른 본문과 비교하거나 한 질문의 답을 찾아 성경 전체를 살피는 것이 공부에 해당한다. 주석과 참고서를 통해 정보를 더 보충하는 것도 대개 성경 공부에 포함된다.

말씀을 암송하라

하나님의 말씀을 외우면, 말씀은 당신 안에 살고 당신은 말씀 안에 살아 하나님의 약속이 당신의 재산이 된다. 시편 저자는 그 진리를 이렇게 고백했다. "청년이 무엇으로 그의 행실을 깨끗하게 하리이까. 주의 말씀만 지킬 따름이니이다. … 내가 주께 범죄하지 아니하려 하여 주의 말씀을 내 마음에 두었나이다"(시편 119편 9, 11절).

예수가 광야에서 시험받으신 기사에 그분이 우리에게 보이신 모범이 나온다(마태복음 4장 1~11절). 그분은 성경을 성령의 검으로 삼아 사탄을 물리치셨다. 사탄이 성경을 오용해 유혹을 가중할 때조차도 말이다. 성경을 외워 두면, 죄를 이기는 데 유익할뿐더러 당신의 신앙에 대해 묻는 사람에게 답할 때도 유용하다. 입에서 술술 나오는 말씀은, 묵상에도 도움이 되고 매 순간 일상생활의 길잡이도 된다. 끝으로 성경을 암송하면, 하나님이 주신 이 명령에 순종할 수 있다. "너희 속에 있는 소망에 관한 이유를 묻는 자에게는 대답할 것을 항상 준비하되"(베드로전서 3장 15절).

필리스가 여덟 살 때 어떤 단체에서 그녀의 학교를 찾아와 학생들에게 수영과 테니스와 캠프파이어와 마시멜로 샌드위치가 포함된 2주간의 하계 캠프에 갈 기회를 제의했다. 성경 구절 300개를 외우기만 하면 참가비는 무료였다.

필리스는 도전해 보고 싶었다. 부모도 좋은 헌신이라며 도와주기로 했다. 그래서 필리스는 매일 아침 6시에 일어나 성경을 한 구절씩 외운 뒤 교회 목사이던 아버지 앞에서 암송했다. 필리스의 아버지는 아침마다 "주님, 이 성경 구절들이 필리스의 기억에 남게 하소서. 마음속에 그것을 씨앗처럼 심어 주소서"라고 기도했다. 매주 주말이면 필리스는 그 주간의 요절을 아버지 앞에서 다 외웠고, 그러면 그는 용지에 서명하여 암송을 확인해 주었다.

학년말에 필리스는 300구절을 다 외워 2주간의 캠프에 참가할 자격을 얻었다. 그런데 그녀가 미처 생각하지 못한 2가지 중요한 사실이 있었다. 하나는 자신이 그때까지 집을 떠나 본 적이 없다는 것이었고, 또 하나는 필리스 외에는 그 학교에 암송한 사람이 없어 캠프에 가도 아는 사람이 없으리라는 것이었다.

캠프가 시작된 첫 주 수요일에 필리스는 울면서 집으로 전화해 자기를 데려가 달라고 어머니에게 사정했다. 어머니는 토요일까지 있어 보라고 설득했다. 집에 돌아온 필리스는 그렇게 열심히 노력하고도 보상을 누리지 못한 것에 실망했다.

그때는 자신도 미처 몰랐지만, 진짜 보상은 ― 두루 많은 중에 특히 ― 세상에 두려워할 일이 전혀 없다는 교훈이었다. 이사야 43장 1절에서 그녀는 하나님이 자신을 이름으로 아신다는 것과 자신이 그분의 것임을 배웠다. 예레미야 33장 3절에서는 하나님이 자신에게 응답하여 "크고 은밀한 일"을 보이실 것을 배웠다. 에베소서 3장 20절에서는 자신이 "구하거나 상상하는"(NIV) 모든 것에 "더 넘치도록" 능히 하실 하나님을 배웠는데, 필리스는 상상력이 풍부한 사람이다.

그토록 열과 성을 다해 마음에 심은 씨앗을 하나님이 장차 어떻게 쓰실지 여덟 살 난 필리스로서는 알 턱이 없었다. 그러나 먼 훗날 결혼한 지 22년 되는 해에 남편이 그녀 앞에서 쓰러졌을 때, 필리스는 어릴 적에 외웠던 예레미야 29장 11절 말씀이 떠올랐다. "너희를 향한 나의 생각을 내가 아나니 평안이요 재앙이 아니니라. 너희에게 미래와 희망을 주는 것이니라."

그녀가 딸과 함께 대기실에 앉아 있는데 의사가 문간에 와서 말했다. "죄송합니다. 심장병은 첫 징후만으로도 이렇게 목숨을 앗아가기도 합니다."

즉시 필리스의 귓전에 그 말씀이 들려왔다. "너희를 향한 나의 생각을 내가 아나니 평안이요 재앙이 아니니라. 너희에게 미래와 희망을 주는 것이니라." 하지만 동시에 '이 일은 미래와 희망처럼 느껴지지 않는데'라는 생각도 들었다. 그러자 마치 머릿속에 상영되는 영화처럼 잠언 3장 5~6절이 등장했다. "너는 마음을 다하여 여호와를 신뢰하고 네 명철을 의지하지 말라. 너는 범사에 그를 인정하라, 그리하면 네 길을 지도하시리라." 그래서 그녀는 "주님을 신뢰하겠습니다"라고 소리 내어 고백했다.

본인이 상상조차 못했던 일이지만, 필리스는 3년이 조금 지나 재혼했다. 그 후로 19년 동안 그녀는 성경에서 배워 가면서 무조건의 사랑으로 두 가정을 하나로 융합하고 가족들을 섬겼다. 그러던 중에 남편이 폐암에 걸렸다. 담배도 피우지 않고 보기에도 건강한 사람이 어떻게 그럴 수 있을까? 건장한 거구의 남편이 혼자 힘으로 걷다가 지팡이와 보행기와 휠체어를 거쳐 호스피스 병상에 눕기까지, 그 몇 달 동안 필리스는 하나님을 의지했다. 성경을 통해 알고 있던 하나님을 날마다 상기했다. "그분은 나를 사랑하시고, 나를 향해 큰 계획이 있으시며, 나를 결코 떠나지 않으신다." 남편이 새 생명을 얻어 떠난 후에도 필리스는 여전히 온 마음으로 하나님을 신뢰할 수 있었다. 놀랍게도 하나님은 여정의 모든 구간을 위해 필리스를 여덟 살 때부터 말씀으로 준비시켜 주셨다. 아버지의 기도가 응답되었다. 그녀의 마음속에 심겨진 성경 구절들은 진리의 씨앗이 되어 삶 속에 깊이 뿌리를 내렸다.

 한 번 더 생각해 보기

1. 평소에 당신에게 와 닿았던 성경 구절을 몇 개 고르라.
2. 각 구절을 메모지에 적어 잘 보이는 곳에 두고, 다른 일을 하는 동안 복습하라.

3. 곰곰 생각하면서 모든 단어를 음미하라.
4. 메시지가 머릿속에 새겨질 때까지 자주 복습하라. 그 후에 다음 구절로 넘어가라.

하나님의 말씀을 묵상하라

당신이 말씀 안에 살고 말씀이 당신 안에 사는 또 다른 방법은 말씀의 진리를 생각 또는 묵상하는 것이다. 시편 저자는 "복 있는 사람은 … 여호와의 율법을 즐거워하여 그의 율법을 주야로 묵상하는도다"라고 말했다(시편 1편 1~2절).

하나님의 말씀을 묵상하려면, 성경 구절 하나를 정해서 집중적으로 그 구절의 모든 내용을 더 온전히 이해해야 한다. 본문을 읽고 나서 핵심 구절을 하나 고르라. 묵상하는 동안 깨우쳐 달라고 성령께 기도하라. 다음은 하나님의 말씀을 묵상하는 몇 가지 실제적 방법이다.

1. 정한 구절의 전후 문맥을 읽어 주제와 배경을 파악하라. 그 정보가 해석에 도움이 된다. 본문을 요약해서 기록하라.

2. 이 구절을 자신의 말로 쓰고 그 풀어 쓴 표현을 소리 내어 읽으라.

3. 이제 이 구절을 계속 반복해서 읽되 매번 각기 다른 단어에 강세를 두라. 예를 들어 "내게 능력 주시는 자 안에서 내가 모든 것을 할 수 있느니라"라는 구절(빌립보서 4장 13절)이라 하자. 처음에는 "내게"라

는 단어에, 다음에는 "능력"이라는 단어에 강세를 두고 나머지도 쭉 똑같이 하라. 그러면 단어마다 의미가 풍성해진다.

4. 구절의 의미를 반대로 뒤집어 말해 보라. 예컨대 "내게 능력 주시는 자가 없으면 나는 아무것도 할 수 없느니라." 이제 이 구절이 당신에게 어떤 울림을 주는가?

5. 이 구절에서 최소한 두 개의 중요한 단어를 쓰라. 성경을 당신 삶의 현 상황에 접목하려면, 그 두 단어에 대해 "누가? 어디서? 무엇을? 어떻게? 왜?"와 같은 질문을 던져 보라. 예컨대 "나는 무엇을 할 수 있는가?" 모든 것을 할 수 있다. "왜 그런가?" 내게 능력 주시는 자 덕분이다. "누가 내게 능력을 주시는가?" 예수시다.

6. 이 구절을 당신의 것으로 만들라. 성령께 이 진리를 통해 당신의 삶의 어떠한 필요나 도전이나 기회나 실패에 대해 말씀해 달라고 기도하라. 그다음 당신의 삶과 연결해 이 구절에 어떻게 반응할 것인지 결단하라. 구체적으로 해야 한다.

7. 기도 시간에 이 구절을 가지고 하나님께 나아가라. 본문에 당신의 이름이나 상황을 대입하라.

8. 이 구절의 진리가 강조되어 있는 다른 본문을 찾아보라. 이해되지 않는 내용이나 삶에 적용하기 힘들게 느껴지는 개념이 있다면 적어 두라. 그 부분에 대해서는 가르침이나 도움을 청하라.

9. 이 구절을 활용해 다른 사람을 도울 길을 적어 두었다가 그대로 실천하라.

 한 번 더 생각해 보기

당신은 시간을 들여 성경을 읽음으로써 적극적으로 하나님의 인도하심을 구하고 있는가? 현재 그분이 당신에게 하고 있으신 말씀은 무엇인가?

지원 관계를
유지하는 습관

16

한 사람이면 패하겠거니와 두 사람이면 맞설 수 있나니
세 겹 줄은 쉽게 끊어지지 아니하느니라

전도서 4장 12절

예수가 사도로 부르신 열두 사람 중 베드로와 야고보와 요한은 그분의 소그룹이었다. 그분은 이들 셋과 특별히 가까운 사이로 지내셨던 것 같다. 우선 그분은 변화산에 그 셋을 데리고 가셔서 자기 존재의 실상을 남몰래 보여 주셨다(마태복음 17장 1~9절). 예수가 회당장의 죽은 딸을 살리실 때도 그 셋이 함께 있었다(마가복음 5장 21~43절). 이 소수의 친구들과 관련된 가장 가슴 아픈 일화는 예수가 체포되어 십자가를 향한 최후의 여정에 오르시던 밤에 벌어졌다. 그분은 그들을 동산 안으로 더 깊숙이 따라오게 하셨다(마태복음 26장 37~38절). 그런데 베드로와 야고보와 요한은 십자가를 앞두고 고뇌하시는 친구로부터 곁에서 지원해 달라는 부탁을 받고도 잠에 빠졌다.

이 마지막 장면에서 아주 생생히 볼 수 있듯이, 리더십은 영혼을 고갈시키는 대인 교류만 많고 영혼을 채워 주는 친밀함은 별로 없는 외로운 길일 수 있다. 리더에게는 안전한 항구와도 같은 관계가 필요하다. 세상에 맞서는 데 필요한 모든 갑옷과 무기를 내려놓고, 무방비 상태로 편안하게 흉금을 터놓고 대화하는 자리가 필요하다. 이런 안전한 관계가 없으면, 리더의 사고와 정신이, 피해 의식과 순교자 콤플렉스에 빠져 쇠약해지기 쉽다. 이 쌍둥이 악마가 그동안 각계각층의 수많은 리더를 무너뜨리곤 했다. 그 둘을 그대로 방치해 원한에 찌들거나 하나님을 밀어내는 자아를 즉각적 만족으로 달래면서 이를 정당화했기 때문이다.

예수는 영적 사귐의 중요성을 강조하셨다. 그래서 자신이 아버지와의 연합과 교제 속에서 누리는 기쁨을 제자들도 얻도록 기도하셨다. 그분은 제자들에게 이렇게 말씀하셨다.

> 아버지께서 나를 사랑하신 것같이 나도 너희를 사랑하였으니 나의 사랑 안에 거하라 … 내 계명은 곧 내가 너희를 사랑한 것같이 너희도 서로 사랑하라 하는 이것이니라. 사람이 친구를 위하여 자기 목숨을 버리면 이보다 더 큰 사랑이 없나니 너희는 내가 명하는 대로 행하면 곧 나의 친구라. 이제부터는 너희를 종이라 하지 아니하리니 종은 주인이 하는 것을 알지 못함이라. 너희를 친구라 하였노니 내가 내 아버지께 들은 것을 다 너희에게 알게 하였음이라(요한복음 15장 9, 12~15절).

자신이 어떻게 하고 있는지 자신의 관점으로만 평가하면, 우리는 편리한 합리화에 빠지거나 부지중에 맹점에 부딪칠 수밖에 없다. 양쪽 다 우리의 진실성과 우리가 이끄는 대상의 신뢰를 신속히 무너뜨릴 수 있다.

진실을 말해 줄 사람

우리에게 진실을 말해 줄 믿을 만한 사람이 우리 모두에게 필요하다. 그래야 우리가 곁길로 벗어나지 않을 수 있다. 될 수 있으면 리더인 우리의 직접적 영향권 내에 있지 않은 사람이 좋다. 당신의 주변에 자진해서 직언하는 사람이 없거나, 있더라도 당신이 그들을 피하거나 경시해 왔다면, 이제 달라져야 할 때다. 직언하는 사람이야말로 당신의 성장에 가장 요긴한 자원이다. 켄의 아버지가 켄에게 으레 하던 말이 있다. "내가 해군에서 배웠는데, 주변 사람들이 너에게 아무런 문제도 말하지 않는다면 조심해야 한다. 네가 곧 옆으로 밀려날 테니 말이다. 그것은 반란의 전조다. 자신들이 무시당한다는 생각에 그들이 이미 너에게 진실을 차단했다는 뜻이다."

이기적인 리더는 메신저를 묵살함으로써 소중한 피드백을 잠재울 때가 너무 많다. 그런 리더는 결국 해고당한다. 리더에게 유익한 정보를 줄 사람들이 있었는데도 리더가 기회를 막았기 때문이다. 직원들은 그 리더의 역량을 향상해 줄 아이디어를 소통할 수 없었고, 결국 자신들마저 성장할 기회를 잃었다.

피드백은 선물이다. 선물을 받으면 당신은 뭐라고 말하는가? 일단 "감사합니다!"라고 말한다. 이어 몇 가지를 더 물어서 피드백의 내용과 이유를 파악하라. "그런 생각이 드신 계기가 무엇인지요?" "이것이 문제가 된 지 얼마나 되었습니까?" "실명은 밝히지 마시고, 동료 직원들의 생각은 어떤지 더 말씀해 주시겠습니까?" "이 상황에 대해 제가 누구와 대화하면 좋겠습니까?" 이렇게까지 물으면 더 좋다. "지금까지는 왜 아무도 제게 이 문제를 말하지 않았을까요?"

당신 쪽에서 들어 주리라는 확신만 있다면, 상대는 기꺼이 솔직하게 진실을 말한다. 듣는다고 해서 무조건 상대의 말대로 한다는 뜻은 아니다. 다만 그들은 당신이 들었다는 사실을 알고자 한다. 그 과정에서 당신이 유연한 모습을 조금만 보여도, 풍성하고 값진 의견 교환이 이루어질 수 있다.

두 사람이 한 사람보다 나음은 그들이 수고함으로 좋은 상을 얻을 것임이라. 혹시 그들이 넘어지면 하나가 그 동무를 붙들어 일으키려니와 홀로 있어 넘어지고 붙들어 일으킬 자가 없는 자에게는 화가 있으리라(전도서 4장 9~10절).

당신에게 권하노니, 아는 사람들에게 연락해 감시 관계나 감시 그룹을 결성하고 정기적으로 만나 직언을 들어라.

타인의 피드백에 마음을 여는 것만이 성장의 길은 아니다. 자신의 약한 모습과 결점과 죄를 상대에게 기꺼이 드러내는 것도 성장의 길이다. 우리는 다 하나님이 원하시는 모습에 미달이며, **자신이** 원하는 모습에도 미달이다! 그러니 두려워하지 말고 특정한 약점을 나누라. 이런 열린 자세야말로 자신이 이끄는 대상과의 관계를 구축하는 가장 확실한 길 중 하나다. 당신이 완전하지 못함을 그들도 안다. 그러니 완전한 척하지 말라. 대개 그들은 당신이 밝히기 오래전부터 당신의 부족함을 알고 있다. 사우스웨스트 항공사의 명예 사장인 콜린 배럿(Colleen Barrett)은 그것을 이렇게 표현했다. "사람들은 당신의 실력에 감탄하지만, 당신의 약한 모습을 사랑한다."[1]

그러나 약한 모습을 드러낸다 해서 당신의 속생각을 몽땅 쏟아낸다는 뜻은 아니다. 업무와 관련된 정보나 리더로서 노력 중인 힘든 부분만 나누면 된다. 남의 말을 경청하지 않는다는 직언을 들었다면, 팀 앞에서 이런 식으로 말하면 훌륭하다. "제가 잘 듣지 않는다고 아무개가 친절하게 피드백을 들려주셨습니다. 여러분이 제게 말할 때면 제가 말을 끊고 곧장 제 입장을 밝힌다고 하더군요. 여태 몰랐지만 이제 알았으니 고치고 싶습니다. 제가 더 잘 경청할 수 있으려면 여러분이 도와주셔야만 합니다." 잠언 27장 6절에 "친구의 아픈 책망은 충직으로 말미암는 것이나 원수의 잦은 입맞춤은 거짓에서 난 것이니라"라고 말한 것과 같다.

소그룹 교제

켄과 필이 빌 하이벨스와 공저한 《멘토링으로 배우는 예수님의 리더십》에 보면, 중심인물 중 하나가 자신이 리더로서 출발은 좋았으나 나중에 문제에 빠진 경위를 "결국 자존심 때문에 고립을 자초했다"라고 설명한다.[2]

예수를 더욱더 닮으려고 헌신한 리더로서 우리가 꼭 주목해야 할 것이 있다. 그분은 리더십에 흔히 따라오는 고립과 소외에 맞서 싸우셨다. 지상 사역 내내 그분은 모든 부류의 사람과 모든 부류의 관계를 맺으셨고, 그분이 가시는 곳마다 수백 수천의 사람이 그분께로 모였다. 하지만 그분은 열두 사람을 제자로 뽑아 자신의 사명을 맡기셨고, 중요한 고비 때면 그중 세 명의 절친한 측근 — 베드로와 야고보와 요한 — 에게 의지하셨다.

일상생활 속에서 예수 같은 리더로 성장해 가려면, 당신에게도 비슷한 지원 관계가 필요하다. 하나님을 밀어내는 자아에 지배당하여 두려움에 떠밀리는 리더가 되라는 유혹과 손짓은 계속될 것이며, 아마 더 심해질 것이다. 그래서 지원과 감시가 이루어지는 안전한 항구 같은 관계의 가치는 아무리 강조해도 지나치지 않다. 신약의 한 저자는 그것을 "서로 돌아보아 사랑과 선행을 격려하며 모이기를 폐하(지) … 말고 오직 권하"자고 표현했다(히브리서 10장 24~25절).

한 번 더 생각해 보기

주변에서 당신에게 직언할 만큼 당신을 사랑하는 특별한 사람들을 꼽아 보라. 그런 특별한 관계를 가꾸고 강화하기 위해 당신이 하고 있는 일은 무엇인가?

당신 쪽에서 감시해 주어야 할 주변 사람들은 누구인가? 당신은 그들에게 직언할 만큼 그들을 사랑하는가?

다음은 감시 관계인 측근 간의 대화에서 나눌 수 있는 몇 가지 질문이다.

- 지금 당신의 삶에서 하나님의 역사하심이 보이거나 느껴지는 부분은 어디인가?
- 근래에 하나님이 당신에게 분명히 보여 주신 진리나 명령이나 방향 수정은 무엇인가?
- 당신이 시작해야 할 행동은 무엇인가? 무엇이 당신을 막고 있는가?
- 당신이 그만두어야 할 행동은 무엇인가? 무엇 때문에 그만두지 못하는가?
- 당신의 말과 행동 사이에 괴리가 있다면 무엇인가?

당신의 결단은 무엇인가?

세상이 하나님을 보아야 하는데, 어떤 사람들의 경우 그분을 볼 수 있으려면 우리를 통해서 보는 길밖에 없다. 그래서 우리 각자는 결단해야 한다. 우리는 다른 모든 사람 같은 리더가 될 것인가, 아니면 5가지 존재 습관을 실천함으로써 예수 같은 리더가 될 것인가?

전직 프로 풋볼 선수인 로지 그리어(Rosey Grier)는 Lead Like Jesus 행사에서 강연한 적이 있는데, 예수 같은 리더가 되려면 준비되어 있는 게 중요하다며 자신의 생생한 사례를 들려주었다.

풋볼 선수로서 제가 하고 싶었던 것이 무엇인지 아십니까? 공을 들고 달리는 것이었습니다. 그런데 제가 너무 거구라서 자이언츠팀에서는 그것을 허락하지 않았습니다. 저는 그 팀 소속으로 슈퍼볼에 다섯 해 출전한 후 로스앤젤레스 램스 팀으로 이적했는데, 거기서도 공격수가 아니라 수비수로 배정되었습니다.

어느 날 그린베이 패커스와 시합할 때였습니다. 그 팀이 자기 쪽 5yd 지점에서 우리 쪽 5yd 지점까지 질주해 왔기에 우리는 작전 타임을 불렀습니다. 우리 선수들이 모여 "득점하지 못하게 블리츠(상대 팀 쿼터백에게 우르르 달려들어 진행이나 패스를 막는 전술-역주)로 나가자"라고 말했습니다.

상대 팀은 우리의 블리츠 작전을 몰랐으므로 쿼터백이 당당하게 "전원 공격!"을 외쳤습니다. 그래서 디컨 존스와 멀린 올슨과 라마 런디와 저는 그를 쫓아가기 시작했지요. 그가 공을 들고 뒤로 빠지면서 눈을 감는 순간, 디컨과 존스와 라마가 그를 덮쳤고, 저는 더 덮칠 자리가 없었습니다.

그때 공이 불쑥 튀어 올랐습니다. 천금 같은 기회였지요. 평생 내가 들고 달리고 싶었던 공이 저 위에 보였습니다. 물론 머릿속에서는 "공이라고 외쳐야 한다!"라는 소리가 들려왔지요. 하지만 그 전 주에 제가 "공이다!"라고 외쳤을 때 정작 공을 들고 사이드라인을 따라 달리기 시작한 사람은 멀린이었거든요. 그때 저는 몹시 화가 났었습니다! 그래서 그를 쫓아가 "이봐 멀린, 나도 좀 공을 들고 달려 보자"라고 말했더니 그는 "왜 이래, 내가 끝까지 갈 건데!"라고 하더군요. 그래서 저는 그를 수비해 주지 않았고, 그도 끝까지는 가지 못했습니다. 이제 저는 공중에 뜬 공을 보며 결정해야 했습니다. 이번에는 공이라고 외치고 싶지 않았습니다. 제가 직접 95yd를 달려가 터치다운을 하고 싶었으니까요. 하지만 거기 서서 공중으로 두 손을 뻗었는데 제 머릿속에서 예의 그 목소리가 말하더군요.

"너, 공을 **잡을** 수나 있어?"

그리고 보니 저는 공을 잡는 연습을 해 본 적이 없었습니다. 터치다운을 향해 95yd를 달릴 기회가 왔는데도 저는 그럴 수가 없었습니다. 준비되어 있지 않았기 때문입니다.

이미 결단하지 않았다면 오늘이 당신의 결단의 날이다. 당신은 예수 같은 리더가 되겠는가? 그렇다면 예수가 본을 보이신 5가지 존재 습관을 실천함으로써 리더십을 경주할 준비를 하겠는가?

한 번 더 생각해 보기

오늘 당신은 예수 같은 리더가 될 준비가 얼마나 되어 있는가? 존재 습관에 대한 다음 질문에 답해 보면 그 답도 대략 나올 것이다.

- **하나님의 무조건적인 사랑을 받아들이고 그 안에 거함** — 오늘 당신을 향한 하나님의 무조건적인 사랑이 느껴지는가? 아니라면 그 이유가 무엇이라고 보는가?
- **고독** — 당신은 꾸준히 예수와 단둘이 있을 각오가 되어 있는가? 그렇다면 일관성을 유지하기 위한 당신의 계획은 무엇인가? 아니라면 당신이 왜 주저한다고 생각하는가?
- **기도** — 기도 생활을 보강하고 꾸준히 예수와 소통하기 위해 당신은 무엇을 하겠는가?
- **성경 공부** — 당신은 시간을 들여 주님의 거룩한 말씀을 공부함으로써 그분의 인도하심을 적극적으로 구하고 있는가? 아니라면 그 이유가 무엇인가?
- **지원 관계** — 당신은 뜻이 맞는 친구들과 함께 마음을 열고 약한 모습을 내보일 수 있는 소그룹이 있는가? 없다면 그런 관계를 어디서 찾을 수 있겠는가? 있다면 그런 관계를 가꾸고 강화하기 위해 무엇을 하고 있는가?

토의 가이드

Part 3. 존재 습관(12~16장)

예수를 리더십 역할 모델로 삼은 이들에게는 이런 존재 습관이 필수다. 그분이 이 중요한 5가지 존재 습관을 통해 이끄셨듯이 우리도 예수 같은 리더가 되려면 그럴 수밖에 없다.

핵심 개념 1

하나님의 사랑을 받아들이고 그 안에 거하려면 당신을 향한 그분의 사랑이 가능함을 기본으로 믿어야 한다. 하나님이 당신을 사랑하시는 게 가능함을 믿으면 당신은 그분께로 이끌리게 되어 있다. 십자가에 달리신 아들의 죽음과 우리 마음속에 역사하시는 성령을 통해 하나님은 우리에게 그분의 사랑이 믿어지게 해 주신다.

1. 당신이 하나님께 사랑받는다고 느껴지던 때를 떠올려 보라. 그때의 상황이 어땠는가? 지금 그분의 사랑을 느끼기 위해 당신이 할 수 있는 일은 무엇인가? 단순히 하늘 아버지께 그분의 사랑을 보여 달라고 구하는 것도 한 방법이다.

핵심 개념 2

현대 세계에서 가장 막연한 습관은 단연 고독이다. 그만큼 세상이 시끄럽고 바쁘며 연중무휴로 통신이 이루어지기 때문이다. 고독은 워낙 반문화적이라서 체득하기 힘든 행동이다.

1. 지난번에 당신이 꽤 긴 시간을 고독 속에서 하나님과 함께 보냈던 적이 언제인가? 용무를 제쳐 두고 기도 제목조차 없이 말이다. 조용히 하나님의 임재 안에 앉아 그분의 "세미한 소리"에 귀를 기울인 적이 마지막으로 언제인가?

2. 더 자주 하나님과 단둘이 있지 못하게 당신을 막는 것은 무엇인가? 당신에게 이런 고독의 가장 큰 장벽은 무엇이며, 그동안 그것을 극복하는 데 당신에게 통했던 방법은 무엇인가?

핵심 개념 3

기도는 의지의 필수 행위다. 정말 진지하게 예수처럼 살고 이끌려는 사람은 기도하게 되어 있다. 기도가 없이는 리더인 우리의 계획과 노력을 하나님 나라를 위한 그분의 계획과 연결할 수 없다.

1. 당신의 기도 생활을 언제, 어디서, 무엇을, 어떻게, 왜의 관점에서 말해 보라. 당신의 경우 기도의 가장 풍성한 측면은 무엇인가? 당신의 기도 생활에 개선이 필요한 부분은 무엇인가?

2. 당신은 아마 사람과 상황에 **대해** 기도할 것이며 그것도 중요하다. 그러나 다음번에 중요한 도전이나 유혹에 부딪치거든, 관련된 사람을 **위해** 우선 기도해 보라. 그러면 당신이 그들에게 다가가 교류하는 방식이 어떻게 달라질 수 있겠는가?

3. 삶 속에서 접하는 각 사람, 상황, 리더십의 기회에 대한 당신의 기도 전략은 무엇인가? 없다면 지금 전략을 세우라. 언제, 어디서, 무엇을, 어떻게, 왜의

질문으로 시작하면 좋다. 아울러 당신이 찾아가서 기도 전략과 알찬 기도 생활에 대해 조언을 구할 수 있는 대상은 누구인가?

핵심 개념 4

하나님이 당신을 사랑하시고, 당신을 향한 큰 계획이 있으시며, 특정한 목적을 이루기에 딱 맞게 당신을 창조하셨음을 당신은 **성경에서** 깨닫는다. 성경은 또 우리에게 서로를 대하는 법, 사랑받은 대로 사랑하는 법, 예수 같은 리더가 되는 법도 가르쳐 준다.

1. 어떤 결정을 앞둔 상황에서 당신의 성경 지식 때문에 선택이 달라졌던 때를 말해 보라. 결과가 어땠는가?

2. 당신은 시간을 들여 성경을 읽고 공부하고 묵상함으로써 적극적으로 하나님의 인도하심을 구하고 있는가? 현재 그분이 당신에게 하고 있으신 말씀은 무엇인가?

3. 당신이 좋아하는 성경 구절을 그룹에서 나누고 그 구절을 좋아하는 이유를 말해 보라.

핵심 개념 5

리더십은 영혼을 고갈시키는 대인 교류만 많고 영혼을 채워 주는 친밀함은 별로 없는 외로운 길일 수 있다. 무방비 상태로 편안하게 흉금을 터놓고 대화할 수 있는 **안전한 항구 같은 관계**가 없으면, 리더인 우리의 사고와 정신이 피해의식과 순교자 콤플렉스에 빠져 쇠약해지기 쉽다.

1. 주변에서 당신에게 직언할 만큼 당신을 사랑하는 특별한 사람들을 꼽아 보라. 그런 특별한 관계를 가꾸고 강화하기 위해 당신이 하는 일은 무엇인가? 당신 쪽에서 감시해 주어야 할 주변 사람들은 누구인가? 당신은 그들에게 직언할 만큼 그들을 사랑하는가?

2. 남이 당신에게 쉽게 진실을 말할 수 있도록 당신이 하는 일 3가지는 무엇인가? 진실을 듣고 싶지 않아서, 남이 당신에게 직언하기 힘들도록 당신이 하는 일 3가지는 무엇인가?

3. 당신의 직언을 바라는 주변 사람은 누구인가? 당신이 이해하기에 그 역할이란 어떤 것인가? 구체적으로 말해 보라. 그 역할을 당신은 어떻게 예수와 협력하고 있는가?

4. 3부에서 당신에게 가장 중요하게 다가온 개념은 무엇인가? 그것을 당신의 삶 속에 실행하기 위해 무엇을 하겠는가? 기한을 언제까지로 정하겠는가?

LEAD LIKE JESUS
REVISITED

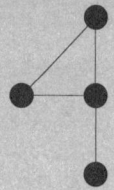

훌륭한 리더의

―――― PART 4 ――――

머리

> 너희는 이 세대를 본받지 말고 오직 마음을 새롭게 함으로
> 변화를 받아 하나님의 선하시고 기뻐하시고 온전하신 뜻이
> 무엇인지 분별하도록 하라
>
> 로마서 12장 2절

훌륭한 리더가 되는 여정은 **마음**의 동기와 의도로부터 시작된다. 마음이 바르지 못하면 당신의 리더십은 결코 예수의 리더십을 닮을 수 없다. 그러나 하나님이 우리의 주된 권위이자 청중이고, 우리가 그분만을 기쁘게 하기 위해 존재함을 깨달으면, 우리의 선한 의도가 **머리**로 이동한다. 머리는 인생과 리더십을 보는 우리의 관점이 저장되는 곳이다. 특히 모든 훌륭한 리더는 자신이 **누구의 것인지만** 아니라 **누구인지도** 안다. 자기 인생의 목적을 하나님이 자기 안에 이미 심어 두셨음을 안다. 에베소서 2장 10절에 "우리는 그가 만드신 바라. 그리스도 예수 안에서 선한 일을 위하여 지으심을 받은 자니 이 일은 하나님이 전에 예비하사 우리로 그 가운데서 행하게 하려 하심이니라"라고 말한 것과 같다.

그래서 훌륭한 리더의 머리에 대한 이번 4부는 당신의 삶의 필수 비전을 세우는 데서부터 출발한다. 당신과 당신의 영향권 내에 있는 사람들은 그 비전을 보아 당신이 누구이고(당신의 목적) 어디로 가고 있으며(당신의 미래상) 그 여정의 길잡이가 무엇인지를(당신의 가치관) 알 수 있다.[1]

먼저 당신에게 집중해 당신의 삶의 비전이 타인에게 어떤 영향을

미칠지 살펴본 뒤, 당신의 팀이나 기관에 수립해야 할 필수 비전으로 넘어갈 것이다. 물론 이 모든 논의의 초점은 그분 자신과 우리를 향한 예수의 뜻에 있다.

자신의 필수 비전을
수립하라

17

내가 복음을 전할지라도 자랑할 것이 없음은

내가 부득불 할 일임이라

고린도전서 9장 16절

이번 장의 목표는 삶의 필수 비전을 수립하도록 당신을 돕는 데 있다. 당신을 따르는 이들의 수고를 잘 이끌고 조율하려면 이 비전이 중요하다. 그것이 있어야 그들과 당신의 관계가 당신의 정체에 대한 잘못된 기초 위에 세워질 일이 없다.

우리의 경험상 자신의 필수 비전이 명확한 사람은 별로 없다. 하지만 하나님께는 우리 각자를 위한 필수 비전이 있다. 필수 비전은 당신의 목적을 알려 주고, 당신의 미래상을 비추어 주며, 당신의 가치관을 환기한다. 이런 비전이 없고서야 당신의 시간으로 무엇을 할 것인지 어떻게 결정하겠는가?

당신의 삶의 목적

우리 모두의 공통된 목적이 있다. "너희가 먹든지 마시든지 무엇을 하든지 다 하나님의 영광을 위하여 하라"(고린도전서 10장 31절). 그러나 우리 각자의 특수한 목적도 있다. 즉 개개인의 존재 이유다. 목적이 목표와는 다름에 주의하라. 목적에는 시작이나 끝이 없다는 점에서 그렇다. 목적은 종착지가 아니라 당신의 인생 여정의 의미다. 목적은 당신의 소명, 당신이 창조된 이유, 당신의 열정과 재능이 만나는 지점이다. 리더십의 정황에서 목적에는 당신이 이끄는 대상을 가장 잘되게 하려는 섬김이 포함되어야 한다. 그렇지 않으면 당신의 '리더십'은 예수 같은 리더와는 정반대인 조종과 착취로 변한다.

다음은 삶의 목적 초안을 잘 작성하는 데 도움이 될 간단한 과정이다.[1] 우선 당신에게 좋게 느껴지는 자신의 특징을 열거해 보라. 하나님이 당신에게 주신 고유의 특성이다.

다음과 같은 명사를 사용하라.

인내심	판매 실력	활력
열정	지성	예술적 소질
체력	매력	역할 모델
재치	문제 해결 능력	창의력
유머 감각	외교적 수완	가르치는 능력

예컨대 켄은 **"유머 감각, 대인 관계 능력, 가르치는 능력, 역할 모델"**을 꼽았다.

_____

_____

_____

_____

_____

다음, 당신이 사람들과 잘 교류하는 방식을 열거하라. 이는 하나님이 당신에게 주신 독특한 성격과 관계된다. 다음과 같은 동사를 사용하라.

| 가르친다 | 격려한다 | 사랑한다 |
| 감화를 끼친다 | 계획을 짠다 | 코치한다 |

제작한다	자극한다	돕는다
관리한다	행동한다	글을 쓴다
교육한다	이끈다	
동기를 부여한다	판매한다	

켄은 "**교육한다, 돕는다, 감화를 끼친다, 동기를 부여한다**"를 골랐다.

___

___

___

___

___

___

끝으로, 당신에게 완전한 세상이란 어떤 곳인지 머릿속에 그려 보라. 예수의 얼굴에 미소가 번지게 할 그 세상에서는 사람들이 어떻게 말하거나 행동하겠는가? 그 완전한 세상을 글로 표현해 보라.

켄에게 완전한 세상이란 **모든 사람이 삶 속에서 하나님의 임재를 인식하고, 자신이 섬김을 받기 위해서가 아니라 섬기기 위해 존재함을 아는 곳**이다.

___

___

___

___

이제 당신의 명사 둘과 동사 둘과 당신이 정의한 완전한 세상을 모두 종합해 보라. 그러면 당신의 삶의 목적을 설정할 좋은 출발점이 나올 것이다.

켄의 삶의 목적은, **단순한 진리에 대한 사랑의 교사와 역할 모델이 되어 자신과 타인을 돕고 동기를 부여하여, 삶 속에서 하나님의 임재를 인식하게 하고 각자 섬김을 받기 위해서가 아니라 섬기기 위해 존재함을 알게 하는 것이다.**

아직 초안임을 잊지 말라. 이것을 당신 주변의 중요한 사람들에게 나누고 그들이 어떻게 반응하는지 보라. 자유롭게 수정하라. 삶의 목적을 설정하는 일은 지속적인 과정이다.

당신의 미래상

미래상이란 당신의 인생이 가고 있는 방향이며, 여러모로 자신이 기억되고 싶은 방식이기도 하다. 사실 미래상의 본질은 당신의 비석에 새겨질 묘비명일 수도 있다. 섬뜩하게 들릴지 모르지만, 자신의 부고를 당신의 미래상으로 생각하면 실제로 도움이 된다.

우리에게 이 개념이 처음 떠오른 것은 다이너마이트를 발명한 알프레드 노벨(Alfred Nobel)이 19세기 말에 겪었던 일을 읽고 나서였다. 그의 형 루드비히(Ludvig)가 프랑스에서 사망했을 때 신문사에서 실수로 루드비히 대신 알프레드의 부고를 내보냈다. 그 바람에 알프레드는 살아서 자신의 부고를 읽는 특이한 경험을 했다. 그런데 당혹스럽게도 기사는 다이너마이트의 발명으로 인한 파괴에 초점이 맞추어져 있었다. 자신이 그렇게 기억되리라는 생각에 참담해진 알프레드는 친구들과 사랑하는 이들을 모아 놓고 물었다. "파괴의 반대는 무엇입니까?" 거의 만장일치로 "평화"라는 답이 나왔다. 그래서 알프레드는 자신의 삶을 수정하고 거액의 재산을 출연해 노벨상을 제정했다. 파괴가 아니라 평화로 기억되고 싶었다.

당신의 미래상을 알아내기 위해 자신의 부고를 작성해 보라. 이것은 삶의 목적 초안처럼 그렇게 신속히 되는 일은 아니다. 시간을 충분히 들여 작성한 뒤 사랑하는 이들에게 나누어 보라. 겁주기 위해서가 아니라 피드백을 듣기 위해서다. 그들에게 "나를 이렇게 기억하고 싶습니까?"라고 물어보라.

켄이 작성한 그의 부고를 아래에 사례로 제시한다. 아내 마지(Margie)에게 이것을 나누었을 때 그녀는 처음에는 약간 침울해지는가도 싫었지만, 곧 열심히 거들어 주었다.

켄 블랜차드는 단순한 진리에 대한 사랑의 교사이자 살아 있는 모범이었다. 리더십과 경영과 삶에 대한 저서와 강연으로 자신과 타인을 돕고 동기를 부여하여, 삶 속에서 하나님의 임재에 깨어나게 하고 각자 섬김을 받기 위해서가 아니라 섬기기 위해 존재함을 깨닫게 했다. 그는 계속 남에게 감화를 끼치고 도전하고 준비시켜 예수처럼 살고 사랑하고 이끌게 했다. 사랑이 많았던 그는 하나님의 자녀, 아들, 형제, 배우자, 아버지, 할아버지, 삼촌, 사촌, 친구, 동료로서 성공과 의미와 복종 사이에 균형을 이루려 애썼다. 자신과도 영적으로 화목하여, 자신을 목적에서 이탈시키려는 사람과 일에 대해서는 사랑으로 거절할 줄을 알았다. 바쁘다(BUSY)는 말이 사탄의 멍에에 매여 있다(Being Under Satan's Yoke)는 뜻임을 익히 잘 알고 있었다. 그는 또 활력이 넘치는 사람으로서 모든 사건 속에서 긍정적인 면을 찾아냈다. 무슨 일이 벌어지든 거기서 교훈이나 메시지를 건졌다. 켄 블랜차드는 하나님의 무조건적인 사랑을 신뢰했고, **자신이 하나님께 사랑받는 존재임을** 믿었다. 그는 진실성을 중시했고, 언행이 일치했으며, 체중 84kg의 뛰어난 골프 천재였다. 가는 곳마다 세상을 더 나은 곳으로 변화시킨 그였기에 그리운 존재로 남을 것이다.

본인이 인정했듯이 이 부고에 언급된 일부 내용은 목표 내지 결과적 희망 사항이다. 자신을 목적에서 이탈시키려는 사람과 일을 사랑으로 거절한다는 부분도 거기에 해당하는데, 그런 곤란한 제안은 아직한 번도 듣지 못했다고 한다. 84kg의 뛰어난 골프 천재가 되는 것도 진행형의 포부다.

당신도 즐겁게 부고를 써 보라. 자신에 대한 진실과 더불어 삶의 몇 가지 결과적 희망 사항을 써서 나누어 보라.

당신의 핵심 가치관

인생에서 가장 중요한 것은 무엇이 가장 중요한지 결정하는 일이라는 말이 있다. 가치관이란 당신이 가장 중요하게 여기는 신념이다. 당신은 그것에 확신을 품고 다른 대안 대신 그것을 선택한다.

아이일 때는 대개 부모나 다른 성인이 가치관을 정해 주지만, 때가 되면 누구나 자신에게 가장 중요한 것을 직접 선택해야 한다. 당신의 직장 리더는 사람보다 성과를 중시하는데 당신은 그 반대일 수 있다. 중시하는 게 누구나 다 똑같지는 않다. 어떤 사람은 재물과 권력에 가치를 부여하고, 어떤 사람은 안전이나 생존에 더 마음을 쏟는다. 성공도 하나의 가치이고 진실성과 관계도 마찬가지다. 다음은 개인의 가치관을 일부 나열한 표본이다. 당신이 가치 있게 여기는 것이 목록에 들어 있지 않다면 빈칸에 써넣으라.

진실	독창성	안전
지혜	봉사	자원
권력	존경	사랑
헌신	자유	탁월성

용기	질서	재미
인정	진실성	감수성
신바람	영성	관계
학습	평화	성공
창의력	협력	
정직	충성심	
행복	유머	

당신의 삶을 주님께 넘겨 드리면 그분이 가치관을 새로운 관점에서 보게 해 주신다. 그 사실을 고려해 위의 목록에서 당신에게 가장 의미 있는 가치 10개에 동그라미를 쳐 보라. 상위 가치의 범위를 좁히기가 어렵다면 둘을 하나로 합하라. 예컨대 켄은 두 단어를 결합해 **영적 평화**를 자신의 중요한 가치관으로 꼽았다.

가치관을 정할 때는 일단 긴 목록인 10개로 시작하라. 하지만 그보다 적으면 더 좋다. 특히 가치관을 당신 행동의 길잡이로 삼고자 한다면 말이다. 가치가 5개를 넘으면 너무 많아서 행동을 둔화시킬 수 있다고 보는 입장도 있다.[2]

이제 동그라미를 친 그 10개의 가치를 보면서, 그중 당신의 삶에 더 의미 있는 5개에 밑줄을 그어 보라. 선택하기 어려울 수 있으니 천천히 하라.

그다음에 할 일은 시간이 그보다도 더 오래 걸릴 수 있다. 최종 선택된 5개의 가치를 심사숙고하면서 가장 중요한 것(1위)부터 가장 덜 중요한 것(5위)까지 **순위를 매기라.**

1위 가치가 당신의 핵심 가치관이다. 즉 무슨 일을 하든지 그것만은 당신의 참모습으로 지키고 싶은 부분이다. 예컨대 당신의 1위 가치가 진실성이라면 진실성 없는 삶은 아예 고려 대상이 못 된다.

왜 가치에 순위를 매겨야 할까? 가치가 서로 역동적 긴장 속에 존재하기 때문이다. 예컨대 당신이 경제 성장을 중시하지만, 핵심 가치관이 진실성이라면 재정에 이득이 될 만한 모든 활동을 당신은 진실성이란 렌즈로 볼 것이다. 수익보다 진실성을 더 중시하기 때문이다.

켄은 영적 평화, 진실성, 사랑, 기쁨의 순으로 가치를 부여했다.

당신이 특정한 가치대로 살고 있는지를 어떻게 알 수 있을까? 우선 그 가치를 최대한 구체적으로 정의해야 한다. 각각의 가치를 정의하지 않으면 당신에게나 다른 누구에게나 별 의미가 없다. 예컨대 **정의** 같은 가치는 사람에 따라 다르게 정의될 수 있다. 어떤 사람에게는 '균등한 기회', 어떤 사람에게는 '공정한 절차', 어떤 사람에게는 '내 몫의 보장'을 뜻할 수 있다.

그러므로 조용히 시간을 내서 당신이 선택한 각 가치를 정의하고, 그 하나하나에 대해 다음 문장의 괄호 안을 채워 넣으라.

"나는 (이것을) 가치 있게 여기며, (이렇게 할) 때마다 그 가치대로 사는 것이다."

켄이 선택한 가치 중에 기쁨은 정의하기 어려운 개념이다. 켄은 그 문장을 이렇게 완성했다.

> 나는 기쁨을 가치 있게 여기며, 다음과 같이 할 때마다 그 가치대로 사는 것이다.
>
> ◆ 어린아이처럼 재미있게 노는 내 모습을 자연스럽게 표출할 때

- 아침에 깨어나 내게 주어진 많은 복, 주변의 아름다움, 내 삶 속의 사람들을 인해 감사할 때
- 미소 짓고 행복해하며 소리 내어 웃고 농담할 때
- 어떤 행위에 몰입하여 자신을 망각할 때

일단 당신의 목적과 미래상과 가치관을 잘 파악했으면, 그것을 글로 써서 잘 보이는 곳에 붙여 두고 아침마다 읽어라. 그러면 그것이 매일의 비전이 된다. 밤에는 그 글을 보며 자신이 얼마나 잘했는지 점검하라.

총천연색 펜으로 일기를 쓰면서 시까지 적어 넣는 사람들을 보면 누구나 주눅이 든다. 하지만 당신도 하루를 마치거든 자신의 필수 비전을 점검하면서 간단히 일기를 써 보라. 그날 잘한 부분은 스스로 인정하고, 다시 하고 싶은 부분은 **수정**하라(다음날 한두 사람에게 사과해야 할 수도 있다). 다시 말해서 필수 비전을 수립해 놓고 아예 쳐다보지도 않아서는 안 된다.

목표

개인의 필수 비전을 수립할 때 목표 설정은 어디에 들어맞는지 의아할 수 있다. 목표는 대개 삶의 필수 비전의 일부로 간주하지 않지만, 일상 속에서 이루고 싶은 일을 정하는 데는 도움이 된다.

목표를 설정할 때는 2가지를 기억해야 한다. 첫째로, 목표를 너무 많이 세우지 말라. 3~5가지면 웬만한 사람이 한 번에 집중할 수 있는 최

대치다. 우리는 80:20의 법칙을 믿는다. 당신이 원하는 삶의 80%는 자신이 주의를 집중하는 일 중에서 약 20%를 통해 이루어진다. 그러므로 당신에게 가장 큰 영향을 미칠 그 20%의 영역에서 목표를 세우라.

둘째로, 관찰과 측정을 할 수 있는 목표라야 한다. 측정할 수 없으면 관리할 수도 없다. 바람직한 행동이 무엇인지 알아야 한다. 목표 상의 주력 행동을 관찰할 수 있어야 한다. 예컨대 살을 뺄 생각이라면 현재의 체중과 자신이 바라는 체중을 알아야 한다. 그래야 매주 진척 상황을 추적해 자신을 칭찬하든 아니면 노력을 수정해 다시 시도하든 할 수 있다.

 한 번 더 생각해 보기

이번 장에는 당신이 해야 할 일과 생각할 거리가 많이 제시되었다. 당신이 답한 내용을 차근히 살펴보면서 자신에 대해 새롭게 알게 된 부분을 돌아보라. 삶의 목적과 미래상과 가치관과 목표를 정하는 일이 지속적인 과정임을 잊지 말라.

끝으로 다음 두 질문을 생각해 보라. 이번에 수립한 당신의 필수 비전을 구체적으로 어떻게 공공선으로 연결할 수 있겠는가? 그 비전을 이루는 과정에서 어떻게 하나님을 영화롭게 할 수 있겠는가?

예수의
필수 비전

18

인자가 온 것은 잃어버린 자를 찾아 구원하려 함이니라

누가복음 19장 10절

요한복음 17장에 제자들을 위한 예수의 기도가 기록되어 있는데, 거기서 그분의 삶의 필수 비전에 대한 중요한 통찰을 얻을 수 있다. 이 땅에서 리더로 활동하는 동안 그분은 자신이 이루도록 보냄 받으신 일에 끝까지 집중하셨다. 그래서 "아버지께서 내게 하라고 주신 일을 내가 이루어 아버지를 이 세상에서 영화롭게 하였사오니"라고 기도하실 수 있었다(요한복음 17장 4절). 전폭적인 순종과 헌신으로 본분에 매진하신 것이다. 그분은 남들이 바라는 다른 사업이나 계획을 떠맡지 않으셨다.

리더가 자신을 따르는 이들에게 베풀 수 있는 최고의 혜택 중 하나는 목적의 일관성이다. 상황이 힘들어지거나 단기적 성공이 유혹으로 다가올 때면 사람들은 리더의 반응을 살핀다. 초점을 잃었거나 실패했을 때도 마찬가지다. 리더는 시종일관 자신의 사명과 가치관에 충실할 것인가, 아니면 포기하고 순간의 중압감에 굴할 것인가?

 한 번 더 생각해 보기

리더인 당신을 궤도에서 벗어나게 할 소지가 가장 높은 요인을 3가지만 꼽아 보라. 그렇게 궤도나 방향을 바꾸면 당신이 이끄는 대상의 사기에 어떤 영향을 미치겠는가?

예수는 책임지고 하나님의 진리를 선포하셨을 뿐 아니라 또한 제자들을 준비시키셨다. 즉 사명을 수행하기 위해 꼭 알아야 할 것을 그들에게 충분히 이해시켜 주셨다. "지금 그들은 아버지께서 내게 주신 것이 다 아버지로부터 온 것인 줄 알았나이다. 나는 아버지께서 내게 주신 말씀들을 그들에게 주었사오며 그들은 이것을 받고 내가 아버지께로부터 나온 줄을 참으로 아오며 아버지께서 나를 보내신 줄도 믿었사옵나이다"(요한복음 17장 7~8절).

리더는 시간과 수고를 들여, 따르는 이들에게 반드시 리더의 계획을 이해하고 받아들이게 해 주어야 한다. 그렇지 않으면 자칫 리더는 좌절에 빠지고, 사명은 성취되지 않고, 따르는 이들은 어찌할 바를 몰라 낙심하기 쉽다.

아주 의미심장하게도 예수가 배반당하시던 밤에 제자들에게 가르치신 마지막 교훈은 처음 시작하실 때와 똑같이, 섬기는 리더가 되라는 것이었다. 누가복음 22장에서 그것을 볼 수 있다.

> 또 떡을 가져 감사 기도 하시고 떼어 그들에게 주시며 이르시되 "이것은 너희를 위하여 주는 내 몸이라. 너희가 이를 행하여 나를 기념하라" 하시고 저녁 먹은 후에 잔도 그와 같이 하여 이르시되 "이 잔은 내 피로 세우는 새 언약이니 곧 너희를 위하여 붓는 것이라." … 또 그들 사이에 그중 누가 크냐 하는 다툼이 난지라. 예수께서 이르시되 "이방인의 임금들은 그들을 주관하며 그 집권자들은 은인이라 칭함을 받으나 너희는 그렇지 않을지니 너희 중에 큰 자는 젊은 자와 같고 다스리는 자는 섬기는 자와 같을지니라"(누가복음 22장 19~20, 24~26절).

한 번 더 생각해 보기

그 격정의 순간을 제자들과 함께 보내시면서 예수가 보여 주신 그윽한 성품과 오래 참으시는 사랑을 생각해 보라. 몇 시간 후면 그분을 버리고 부인할 그들인데도 말이다. 그분이 누누이 가르쳐 오신 리더십을 그들이 둔해서 깨닫지 못하는데도, 그분은 절망하지 않으셨다. 오히려 궁극의 '섬기는 리더'로서 그분은 제자들이 사명을 수행하는 데 가장 필요한 것을 그들에게 주셨다. 다시 한번 섬기는 리더십을 가르치셨다.

그분은 제자들을 지속적으로 보호해야 할 책임도 느끼셨다. 죽으시기 전 마지막으로 그들을 감화해 사명을 위해 준비시키시던 그 순간까지도 그러셨다. 그래서 아버지께 이렇게 아뢰셨다. "내가 그들과 함께 있을 때에 내게 주신 아버지의 이름으로 그들을 보전하고 지키었나이다. 그중의 하나도 멸망하지 않고 다만 멸망의 자식뿐이오니 이는 성경을 응하게 함이니이다"(요한복음 17장 12절).

여정이 힘들고 위험할수록 리더는 따르는 이들의 건강과 안전을 위해 더 기꺼이 늘 깨어 있어야 한다. 만전을 기해 그들을 사명에 맞게 잘 훈련하고 준비시켜야 한다. 일련의 운영 가치를 명확히 제시한 뒤, 그것을 결정의 길잡이로 활용하는 법까지 본을 보여야 한다. 그래야 리더가 없을 때도 그들이 그 가치대로 결정을 내릴 수 있다. 깨어 있는 리더는 따르는 이들이 반대나 부당한 비난에 부딪칠 때 그들을 옹호해야 한다. 또 그들의 신뢰를 저버려서는 안 된다. 그러려면 그들에게 진실을 말해야 하고, 아직 그들 스스로 감당할 수 없는 영역에서 기꺼이 그들을 섬겨야 한다. 끝으로 예수의 경우는 따르는 이들의 선한 목자로서 자신의 목숨까지 버려 아무도 멸망하지 않게 하셨다(요한복음 10장 11,28절).

예수는 이 땅에서 리더로 활동하실 기한 너머를 내다보시며, 제자들에게 필요한 것을 힘써 채워 주셨다. 그분이 불러 이루게 하신 사명을 그들이 뒤이어 수행할 수 있도록 말이다. 지상 사역의 마지막 밤에 그분은 이렇게 기도하셨다.

> 나는 세상에 더 있지 아니하오나 그들은 세상에 있사옵고 나는 아버지께로 가옵나니 거룩하신 아버지여, 내게 주신 아버지의 이름으로 그들을 보전하사 우리와 같이 그들도 하나가 되게 하옵소서 … 내가 비옵는 것은 그들을 세상에서 데려가시기를 위함이 아니요 다만 악에 빠지지 않게 보전하시기를 위함이니이다(요한복음 17장 11, 15절).

참으로 위대하고 영속적인 비전은 일개 리더의 시대를 뛰어넘는다. 이상적으로 리더는 차세대 리더들을 배출해 앞날의 도전에 맞서게 하며, 이를 위해 자신의 힘닿는 한 모든 지혜와 지식과 영적 자원을 공급한다. 이것이 훌륭한 리더십의 열매다.

그러므로 예수가 첫 제자들을 위해 드리신 기도를 그 이후의 사람들 — 그분을 따르는 오늘의 우리도 포함된다 — 을 위해서도 드리셨다는 사실은 매우 의미심장하며, 우리에게 크나큰 힘이 된다. "내가 비옵는 것은 이 사람들만 위함이 아니요 또 그들의 말로 말미암아 나를 믿는 사람들도 위함이니"(요한복음 17장 20절).

'무모한 **양자택일**'의 논리대로라면 당신은 리더로서 성과나 사람 중에서 **하나를** 택해야 한다. 그러나 예수는 '양쪽을 다 살리는' 방식의 본을 보이셨다. 일상의 교류 속에서 그분은 사람의 성장과 발전을 다른 성과만큼이나 똑같이 중요한, 최종 목표의 수준으로 끌어올리셨다. 예수는 아버지가 하라고 명하신 일을 정확히 이루심과 **동시에** 주변 사람들을 키우시는 데도 집중하셨다. 자신의 필수 비전대로 그 2가지를 다 하심으로써 하나님을 영화롭게 하셨다.

당신도 리더로 일하는 동안 똑같은 이중 목적에 힘쓰도록 부름을 받았다. 당신의 가정과 기관과 회사와 사무실은 특정한 일을 이루어야 한다. 그것이 한 목표다. 또 다른 목표는 예수를 따르며 그분 같은 리더가 되는 것이다. 당신은 더 높은 기준을 따라 더 높은 목적을 이루어 나갈 책임이 있는데, 그 기준과 목적은 만인에게 이해받거나 환영받지 못할 수도 있다. 그래도 당신은 당면한 직무를 수행함과 동시에 예수처럼 힘써 사람을 섬겨 성장과 발전을 도와야 한다.

팀이나 기관의
필수 비전을 수립하라

19

예수께서 나아와 말씀하여 이르시되 "하늘과 땅의 모든 권세를
내게 주셨으니 그러므로 너희는 가서 모든 민족을 제자로 삼아
아버지와 아들과 성령의 이름으로 세례를 베풀고
내가 너희에게 분부한 모든 것을 가르쳐 지키게 하라
볼지어다 내가 세상 끝 날까지 너희와 항상 함께 있으리라" 하시니라

마태복음 28장 18~20절

당신이 누구이고(당신의 목적) 어디로 가고 있으며(당신의 미래상) 그 여정의 길잡이가 무엇인지(당신의 가치관) 말해 줄 개인의 필수 비전이 중요하듯이, 당신이 이끄는 팀과 기관에도 그런 비전을 수립하는 것이 중요하다.

팀 리더의 초점은 공동체 의식을 함양해, 우리 중 누구도 우리 전체만큼 현명하지는 못함을 부각하는 데 있다. 기관의 리더십은 그보다 복잡하다. 복수의 팀이나 부서를 이끌기 때문이고, 초점이 문화의 창출에 있기 때문이다. 여기서 문화란 리더의 경영관이 반영된 행동 습성이다. 문화는 어느 기관에나 있다. 당신이 이루려는 일을 촉진해 줄 문화를 리더인 당신이 창출해야 한다. 그렇지 않으면 문화가 저절로 생겨나 역기능을 보이거나 당신의 목적을 방해한다.

리더의 본분은 섬김을 받는 게 아니라 섬기는 것이라고 말하면, 흔히 리더가 모든 사람을 기쁘게 한다는 뜻으로 이해한다. 하지만 예수가 말씀하신 섬기는 리더십은 전혀 그런 뜻이 아니다. 예수가 모든 사람을 기쁘게 하셨던가? 제자들의 발을 씻어 자신의 사신으로 파송하실 때, 그들에게 무엇이든 대중이 원하는 대로 해 주라고 명하셨던가? 물론 두 질문 다 대답은 부정이다.

예수는 오로지 아버지를 기쁘시게 하려는 일념뿐이었다. 아버지가 그분의 일인의 청중이셨다. 아버지를 기쁘시게 하려고 그분은 복음을 선포하고 십자가에서 죽어 인류의 구원을 이루셨다. 제자들을 보내신 목적도 사람들을 도와 기쁜 소식을 깨닫고 하나님 나라의 가치관대로 살게 하라는 뜻이었지, 무엇이든 대중이 원하는 대로 해 주라는 뜻이 아니었다. 예수가 아주 명백히 밝히셨듯이, 제자들이 그분께 받아 그분의 이름으로 수행할 사명은 모든 사람이 기뻐할 만한 일이 아니었다. 오히려 듣기 싫은 진리를 전했다는 이유로 제자들이 온갖 저항과 박해에 부딪칠 것을 예수는 처음부터 예고하셨다.

리더의 2가지 역할

훌륭한 리더십에 대한 우리의 관점에 회의적인 사람들은 **섬긴다**는 말과 **리더**라는 단어가 서로 화합되지 않는다고 주장한다. 사람이 어떻게 이끌면서 **동시에** 섬길 수 있느냐는 것이다. 그렇게 생각하는 사람들은 예수가 모범을 보여 주신 위대한 리더십의 양면을 이해하지 못한다.

1. 비전을 제시하는 역할은 **리더십**의 측면이다. 경로와 목적지를 정해 주는 것이다.
2. 수행하는 역할은 **섬김**의 측면이다. 섬김에 초점을 맞추면서 올바르게 일을 해나가는 것이다.

비전만 리더십의 소관이고 수행은 경영의 소관이라고 생각하는 사람들도 있다. 하지만 그렇게 구분하면 경영의 지위가 하급으로 보인다. 우리는 굳이 양쪽을 구분하지 않는다. 둘 다 리더의 중요한 역할이기 때문이다.

우리의 관점은 비전과 수행이 동전의 양면이며 따라서 똑같이 중요하다는 것이다. 모든 관련자의 성과를 극대화하려면 당신이 **리더**로서 노선과 방향을 정해 준 뒤, 역할을 바꾸어 사람들에게 권한을 부여하고 수행을 지원함으로써 **섬겨야** 한다.

훌륭한 리더의 리더십 방향

　효과적인 리더십은 명쾌한 비전에서 시작된다. 당신이 가고 있는 곳이나 데려가려는 곳을 따르는 이들이 모른다면, 그들이 거기에 도달하기란 요원하다. 고전 동화 《이상한 나라의 앨리스》의 앨리스는 갈림길 앞에서 그 교훈을 배웠다. 앨리스가 체셔 고양이에게 어느 쪽 길로 가야 할지 묻자 고양이는 어디로 가던 중이냐고 묻는다. 모른다는 앨리스의 대답에 고양이는 냉정하게 "그럼 어느 쪽으로 가든 상관없어"라고 결론짓는다.[1] 방향이 분명하지 않으면 리더십이 무의미해진다.

　필수 비전은 방향을 명확히 제시해 모두의 에너지를 목적지에 도달하는 데 집중하게 해 준다. 이번 4부의 서두에서 말했듯이 필수 비전은 세 부분으로 이루어진다.

1. **당신의 목적.** 당신은 누구인가? 하려는 일이 무엇인가? 당신의 가정(家庭)에 가장 중요한 것은 무엇인가?
2. **당신의 미래상.** 당신은 어디로 가고 있는가? 목적대로 실천한다면 당신의 미래는 어떻게 되겠는가?
3. **당신의 가치관.** 이 여정의 길잡이는 무엇인가? 당신이 표방하는 것은 무엇인가? 결정의 근거가 되는 원리는 무엇인가?

필수 비전을 수립하라

당신의 목적

　당신이 하려는 일은 무엇인가? 무엇을 이루려고 하는가? 당신의 사명 선언문은 무엇인가? 예수는 제자들과 함께 무슨 일을 하려는지 분명하셨다. 그분은 제자들을 불러 그냥 어부가 아니라 더 큰 목적을 위해 사람을 낚는 어부가 되게 하셨다.

　효과적인 사명 선언문은 공공선을 위한 더 높은 목적을 담아내야 하고, 기관 내 모든 개인의 수고에 의미를 부여해야 한다. 놀이동산을 개척한 월트 디즈니(Walt Disney)는 사람들에게 신바람을 불어넣는 법을 알았다. 그때나 지금이나 그가 하려는 일은 행복을 퍼뜨리는 것이라 할 수 있다. 당신이라도 놀이동산 사업보다는 행복 사업에 종사하고 싶지 않은가? 디즈니의 배역(직원)이 관객(고객)을 위해 관객과 더불어 행하는 모든 일은 행복 사업에서 추동된다.

　기관이 사명을 선언한다 해도 그 선언문이 더 높은 목적을 뒷받침하지 않는다면, 사람들에게 동기를 부여할 수 없다. 예컨대 하루 24시간 내내 교회를 열어 두기로 선언한 교회가 있었다. 훌륭한 시설을 방마다 늘 쓰이게 하고 싶었다. 그런데 교인 수가 줄었다. 그 사명이 사람들의 열의를 끌어내지 못했기 때문이다. 당신의 목적은 사람들에게 감화를 끼쳐야 한다.

　다른 한 교회에서는 목적이 회중에게 깊은 감화를 끼치고 있다. 예배 시작 때마다 목사는 이렇게 말한다.

　"우리는 나사렛 예수를 친밀하게 만나면 삶이 변화된다고 믿습니다. 우리의 사명은 예수를 미소 짓게 해 드리는 것입니다."

이 선언문을 떠받쳐 주는 명확한 신학적 가치관도 있다. 교인 수가 늘고 있다. 이 교회는 예수를 미소 짓게 해 드린다는 주목적 하에 공동체가 함께 모이는 장이다.

목적이 명확하면 당신이 하려는 일이 무엇인지 알 수 있다. 우리 Lead Like Jesus 사역 기관의 목적은 "예수 같은 리더가 되도록 사람들을 감화하고 준비시킴으로 하나님을 영화롭게 하는 것"이다. 당신의 기관에 분명한 목적이 없거나, 사명 선언문이 누구나 이해할 수 있게 작성되지 않았거나, 사명 선언문에 사람들이 열의를 보이지 않는다면, 당신의 기관이나 가정은 점점 길을 잃을 것이다. 성경에 "묵시가 없으면 백성이 방자히 행하거니와"라고 말한 것과 같다(잠언 29장 18절). 다시 말해서 하나님의 인도하심이 없으면 법과 질서가 사라진다. 비전이 없으면 백성이 망한다.

당신의 미래상

필수 비전의 두 번째 요소는 미래상, 즉 당신이 가려는 목적지다. 일이 계획대로 진행된다면 당신의 팀이나 기관의 미래는 어떻게 되겠는가? 예수는 이런 명령으로 제자들의 미래상을 개괄하셨다.

"그러므로 너희는 가서 모든 민족을 제자로 삼아 아버지와 아들과 성령의 이름으로 세례를 베풀고 내가 너희에게 분부한 모든 것을 가르쳐 지키게 하라. 볼지어다, 내가 세상 끝 날까지 너희와 항상 함께 있으리라"(마태복음 28장 19~20절).

월트 디즈니의 미래상은 고객이 놀이동산에 들어올 때와 똑같이 미소 띤 얼굴로 그곳을 떠나는 것이었다. 행복 사업을 하는 사람이라면 당연히 사람들의 미소가 끊이지 않기를 바랄 것이다.

미네소타주 헤이스팅스에 더그 에릭슨(Doug Erickson)의 헤이스팅스 자동차 대리점이 있는데, 그의 미래상은 자신의 기업이 참으로 하나님을 높이는 것과 직원들이 함께 성장하는 것이다. 그는 말한다.

"우리는 Lead Like Jesus 워크숍을 여섯 번 개최했고, 줄곧 예수 같은 리더가 된다는 원리로 경영하고 있다. 내 비전에는 없었던 일이지만 하나님이 계속 역사하신다. … 우리는 변화를 목격하고 있다. 문을 열고 하나님을 모셔 들이면 기상천외한 일이 벌어질 수 있다. … 예수가 이곳에 기적을 일으키고 계신다!"

미래상은 당신이 목적대로 살고 모든 일이 잘될 경우에 이루어졌으면 하는 결과다. 당신의 미래상은 분명한가? 일을 잘 해냈을 때란 어떤 모습인가? 매사가 계획대로 풀린다면 미래는 어떻게 되겠는가? 이런 질문에 구체적으로 답하는 것이 당신의 사람들에게나 기관에나 똑같이 중요하다.

앙골라의 루이지애나 주립 교도소는 워든 벌 케인(Warden Burl Cain)이 처음 리더로 부임했을 당시에 전국에서 유혈 사태가 가장 많이 발생하는 감옥이었다. 미국 최대의 중범죄 교도소인 그곳은 면적이 맨해튼 섬보다 넓고, 5,100명이 넘는 남자 수감자의 복역 기간이 평균 80년이다. 케인의 미래상은 그곳의 문화가 폭력에서 평화로 바뀌는 것이었다. 그의 설명에 따르면 그 비전을 이루려면 좋은 식단, 좋은 의료 혜택, 유의미한 노동, 유의미한 여가, 도덕 재활의 기회 등 5가지가 필요했다.[2] 그중 마지막 요소의 일환으로 신앙에 기초한 자원과 훈련도 제공되어야 했다.

필수 비전의 일부인 미래상은 열정을 불러일으키며, 잘 소통하기만 하면 장기적 헌신으로 이어진다. 케인의 비전의 결과로 일부 재소자가

투옥 상태에서나마 경건한 아버지가 되고 싶다는 열망을 표출했다. 이 열망에 부응하고자 〈말라기의 아빠들〉이라는 프로그램이 출범되었다. 〈말라기의 아빠들〉의 주제는 말라기 4장 6절 말씀이다. "그가 아버지의 마음을 자녀에게로 돌이키게 하고 자녀들의 마음을 그들의 아버지에게로 돌이키게 하리라."

충격적인 사실이지만, 미국에서 부모 중 한쪽이라도 감옥에 가 있는 자녀가 2백만이 넘으며, 이 아이들이 결국 수감될 확률은 또래보다 일곱 배에 달한다.[3] 〈말라기의 아빠들〉의 목표는 재소자 가정들 내에서 이런 추세를 뒤집는 것이다.

〈말라기의 아빠들〉의 2년 과정 리더십 훈련에는 '예수 같은 리더'라는 주제도 필수 과목으로 편성되어 있다. 2013년에 필은 감옥을 방문해 〈말라기의 아빠들〉 몇 사람이 뉴올리언스 침례신학대학원을 졸업하는 모습을 지켜보았다. 그중 하나는 현재 다른 감옥에서 재소자 선교사로 섬기고 있다. 단 한 명의 리더라도 하나님의 비전에 헌신하면 많은 사람의 삶 속에 놀라운 일이 벌어질 수 있다.

우리 Lead Like Jesus 사역 기관의 미래상은 예수 같은 리더들의 영향이 언젠가는 도처의 모든 사람에게 미치는 것이다. 그것을 이루기 위해 우리가 마음속에 품고 있는 그림은 이렇다.

1. 예수가 모든 리더의 역할 모델로 받아들여진다.
2. 예수 같은 그리스도인 리더들의 긍정적 영향을 통해 모든 사람의 마음이 그분께로 끌린다.

이런 미래상이 있으면 사람들이 힘들 때도 견뎌 낸다. 그래서 기관이 중도에 포기하거나 엉뚱한 종착지에 도달할 일이 없다.

모든 미래상에서 **목표**와 **비전**을 구분하는 것이 중요하다. **목표**는 구체적 사건으로, 일단 성취되면 기관의 과거로 변하고 새로운 목표로 대체된다. 반면에 **비전**은 계속 발전해 나가는 희망찬 미래의 모습으로, 비록 완전한 성취는 끝내 볼 수 없어도 사람들의 열정을 불러일으킨다.

1961년에 존 F. 케네디(John F. Kennedy) 대통령은 10년 내로 인간이 달에 착륙했다가 무사히 지구로 귀환한다는 **목표**로 미국 국민을 열광시켰다. 달 착륙이 성취되자 미국항공우주국(NASA)은 새로운 목표를 수립할 때까지 목적을 잃었다.

1963년에 마틴 루서 킹 주니어(Martin Luther King Jr.) 박사는 **비전**을 추구하라고 미국에 도전하면서, 영적으로 변화된 국가상을 "내게는 꿈이 있습니다"라는 연설을 통해 그려 냈다. 킹 박사가 암살된 지 40년도 더 지났지만, 그의 비전은 계속 열정과 헌신을 불러일으킨다.

사역 기간 내내 예수는 계속 하나님 나라—그 나라의 가치관, 가르침, 비유, 기적, 최종 성취—를 말씀하셨다. 제자들에게 분명한 미래상을 제시하신 것이다. 그들은 그 미래에 헌신했고, 오늘의 그리스도인들도 마찬가지다.

당신의 가치관

필수 비전의 세 번째 요소는 가치관이다. 무형의 가치관은 여정의 길잡이이자 기관 사람들의 바람직한 행동 지침이다. 그런데 우리의 경험상, 구성원들을 위해 가치관을 명확히 규정해 글로 써 놓은 기관은 전 세계를 통틀어 극소수다.

가치관을 명기해 둔 회사 중에도 가치의 가짓수가 너무 많거나 순위를 매기지 않은 곳이 많다. 가치관을 진술하고 순위를 정하는 것이 왜 중요할까? 충돌이 발생할 때 가장 중요한 가치가 무엇인지를 직원들이 알아야 하기 때문이다. 그런 지침이 없으면 각자 마음대로 순서를 정하게 되는데, 그러면 그들은 기관의 바람직한 목적과 미래상을 실현하기는커녕 엉뚱한 데로 빗나갈 수 있다.

가치관을 규정하고 순위를 정할 때 중요하게 알고 이해해야 할 것이 있다. 바로 예수가 우리 앞에 정해 놓으신 만고불변의 우선순위다. 예컨대 바리새인들이 "선생님, 율법 중에서 어느 계명이 크니이까"라는 질문으로 예수를 시험하려 했을 때 그분은 이렇게 대답하셨다.

"'네 마음을 다하고 목숨을 다하고 뜻을 다하여 주 너의 하나님을 사랑하라' 하셨으니 이것이 크고 첫째 되는 계명이요 둘째도 그와 같으니 '네 이웃을 네 자신 같이 사랑하라' 하셨으니 이 두 계명이 온 율법과 선지자의 강령이니라"(마태복음 22장 36~40절).

보다시피 예수는 2가지 가치의 순위를 정하셨다.

1. 네 마음과 목숨과 뜻을 다하여 하나님을 사랑하라.
2. 네 이웃을 네 자신 같이 사랑하라.

그러나 순위를 정했어도 그것이 행동으로 전환되지 않으면, 가치관은 목적이나 미래상을 성취하는 동력원이 될 수 없다. 예수가 3년 내내 공적인 사역을 통해서 하신 일이 바로 그것이다. 가치를 행동의 차원에서 어떻게 실천할 것인지를 명시해 두면, 책임이 분명해지고 진척 상황을 측정할 수 있다.

월트 디즈니는 가치를 소수로 제한하고 순위를 매기는 게 중요함을 알았던 것 같다. 그래서 '품질 표준'이란 명칭으로 기관의 운영 가치를 4가지로 정하고 안전, 친절, 쇼, 경제성 순으로 순위를 매겼다.[4] 대다수 사람은 디즈니를 생각하면 아마 친절을 1위 가치로 꼽고, 다음으로 수익을 중요하게 여겨 경제성을 2위로 꼽을 것이다. 그리고 안전과 쇼는 각각 3위와 4위에 둘 것이다.

그런데 디즈니의 우선순위 1위는 안전이다. 친절보다도 먼저란 말인가? 그렇다. 고객이 놀이동산을 떠날 때 들것에 실려 나가면 들어올 때와 똑같이 미소 띤 얼굴이 될 수 없음을 리더들이 알았기 때문이다. 이런 순위는 디즈니 직원들이 행복 사업에 종사하고 있다는 사실에 잘 부합한다.

디즈니의 한 직원이 고객과 즐겁게 대화하고 있는데 어디서 비명 소리가 들려온다고 가정해 보자. 디즈니의 가치대로 직원은 즉시 양해를 구하고 1위 가치인 안전에 집중할 것이다. 그러나 가치에 순위가 매겨져 있지 않다면, 직원은 "놀이동산에서는 사람들이 으레 소리를 지릅니다"라고 말하며 고객과의 대화를 지속할 수도 있다. 상사가 그 직원에게 "당신이 비명 소리가 난 곳에 가장 가까이 있었는데 왜 조치를 취하지 않았습니까?"라고 지적하면, 직원은 "고객을 친절히 대하느라고요"라고 답할 수 있다. 다행히 직원은 안전이 친절보다 우선임을 알고 있다.

경제성 — 기관을 잘 운영해 수익을 내는 것 — 이 4위임을 아는 것이 왜 중요할까? 첫째로, 경제성 자체도 가치임을 인식할 수 있다. 그러나 둘째로, 회사의 가치에 충실한 디즈니 직원이라면 경제성이 4위인 만큼 안전이나 친절이나 쇼를 희생하면서까지 돈을 아끼는 일은 절대로 없을 것이다. 그 3가지 가치의 순위가 모두 경제성보다 높기 때문이다.

우리 Lead Like Jesus 사역기관의 가치관과 순위는 다음과 같다.

1. 범사에 하나님을 영화롭게 한다.
2. 예수를 사상 최고의 리더십 역할 모델로 높여 드린다.
3. 신뢰와 존중에 기초해 관계를 구축한다.
4. 성경적으로 건전한 자료와 교육을 개발한다.
5. 시간과 재능과 재물과 영향력의 지혜로운 청지기가 된다.

이어 이들 각 가치를 행동의 차원에서 규정해 놓았다. 예컨대 다음과 같이 할 때 우리는 **범사에 하나님을 영화롭게** 하는 것이다.

- 모든 공로를 하나님께 돌린다.
- 모든 문제를 하나님의 돌보심에 맡긴다.
- 함께 예배하고 함께 공부하고 함께 기도함으로써 그분의 얼굴을 구한다.
- 그분이 우리를 사랑하시듯이 우리도 서로 사랑한다. 사랑으로 진실을 말하고, 주님을 향한 서로의 헌신을 존중하며, 서로의 영적 건강과 행복을 격려한다.
- 인내심, 친절, 관용, 예의, 겸손, 온유함, 순수함, 진실성을 통해 서로에게 사랑을 표현한다.
- 예수 같은 리더가 되라는 메시지를 사생활과 직장에서 담대히 실천한다.

리더십의 참된 성공은 리더가 기관의 가치관을 얼마나 명확히 규정하고 순위를 매기고 실천하느냐에 달려 있다.

모든 사람이 지켜보고 있다. 리더가 가치관대로 살면 그들도 선뜻 뒤를 따른다. 예수는 하나님과 이웃을 사랑한다는 가치관을 실천해 결국 십자가까지 지셨다. "사람이 친구를 위하여 자기 목숨을 버리면 이보다 더 큰 사랑이 없나니"(요한복음 15장 13절).

 한 번 더 생각해 보기

열 살 난 딸이 당신을 인터뷰하며 이렇게 묻는다고 상상해 보라.

- "왜 우리를 가족이라고 하나요?"
- "우리가 정말 좋은 가족이라면 그것을 어떻게 알 수 있지요?"
- "우리 집의 4가지 가장 중요한 가치관은 무엇인가요?"

당신은 어떻게 답하겠는가?

가치관이 충돌할 때의 어려운 선택

우리가 일하는 웬만한 기관에는 의도적으로든 은연중에든 일련의 운영 가치가 정해져 있다. 기관의 가치관과 개인의 가치관이 충돌하는 일은 불가피한 현실이다. 기관과 당신의 가치관이 서로 어긋날 때는 어찌할 것인가? 이런 충돌은 시간이 지나서야 인식될 수도 있다. 설정된 목적과 가치관이 일상 속의 실행과는 괴리를 보일 수 있기 때문이다. 이럴 때 당신은 선택에 직면한다. 기관에 남아 자신의 가치관을 타협할 수도 있고, 기관에 남되 적극적으로 영향력을 미쳐 기관을 변화시키려 힘쓸 수도 있고, 기관을 떠날 수도 있다.

예수 같은 리더는 자신의 가치관을 기관 때문에 바꾸거나 기관의 강요로 타협하지 않는다. 가치관을 타협하려는 유혹이 든다면, 필시 그것은 하나님을 밀어내는 자아 문제와 특히 해로운 두려움에서 비롯된 것이다. 즉 거부당하고, 가난해지고, 비웃음을 사고, 지적받고, 지위를 잃을 것 등에 대한 두려움이다. 예수께서도 이런 선택의 원리를 말씀하시며, 두 주인을 동시에 섬기는 게 불가능하다고 하셨다.

"집 하인이 두 주인을 섬길 수 없나니 혹 이를 미워하고 저를 사랑하거나 혹 이를 중히 여기고 저를 경히 여길 것임이니라. 너희는 하나님과 재물을 겸하여 섬길 수 없느니라"(누가복음 16장 13절).

예수는 타협의 장기적 대가를 명시해 제자들에게 궁극의 도전장을 날리셨다. "사람이 만일 온 천하를 얻고도 자기를 잃든지 빼앗기든지 하면 무엇이 유익하리요"(누가복음 9장 25절). 그분은 또 우리에게 그분의 약속을 신뢰해도 좋다고 말씀하셨다. 그분은 결코 우리를 혼자 두시거나 그분의 돌보심과 관심 밖에 두시지 않기로 약속하셨다.

예수 같은 리더가 되려면, 현재의 기관에서 변화의 주역이 되거나 당신의 가치관에 더 잘 맞는 환경으로 옮겨야 할 수도 있다. 그중 어느 쪽 반응이 당신의 정황에 맞는지는 당신을 향한 하나님의 뜻에 달려 있다.

 삶과 리더십의 관건은 선택이며, 선택의 기준은 당신의 가치관이다. 사실 인간은 자신이 평생 내린 모든 선택의 산물이다. 당신의 삶이 변화되기를 원한다면 섬기는 리더이신 예수의 가치관을 받아들이라.

목표를 설정하라

 일단 비전이 정해졌으면 이제 목표를 설정해 다음 질문에 답할 수 있다. "이제 당신은 직원들이 어디에 집중하기를 원하는가?" 필수 비전이 있으면 목표가 정말 유의미해진다.

 앞서 말했듯이 주목표는 3~5가지가 넘지 않게 하라. 그러면 당신의 비전을 성취하는 데 가장 큰 영향을 미칠 목표에 집중할 수 있다.

 목표 설정에서 중요한 부분은, 바람직한 행동이 무엇인지 반드시 모두가 알게 하는 것이다. 십대 자녀에게 방 청소를 시켜 본 사람이면 누구나 알듯, "방 좀 치워라"라는 두루뭉술한 지시로는 효과가 없다. 두 시간 후에 가 보면 아이가 자랑스레 서 있는 좁은 공간만 치워져 있고 주위는 여전히 아수라장이다. 그런데도 아이는 시키는 대로 했다고 당당히 주장한다.

 때로 리더는 급한 김에 편의상 자신의 첫 지시가 지극히 명백했다고 단정 짓고는, 듣는 사람에게 그것을 완전히 이해하고 완전히 기억하고 완전히 실행할 책임을 묻는다. 리더로서 사람을 잘 섬기려면 상대에게 이해되었는지 반복, 반복, 반복을 통해 확인해야 한다. 훌륭한 리더는 거의 초등학교 3학년 교사처럼 된다.[5] 상대가 정확히 제대로 알아들을 때까지 몇 번이고 자신의 비전과 가치관과 목표를 소통한다!

 한 번 더 생각해 보기

당신의 목적은 무엇인가? 바라는 미래상은 무엇인가? 가치관은 무엇인가? 목표는 무엇인가? 이런 질문에 답할 수 없다면 당신은 명확한 비전이 없는 것이다. 명확한 비전이 없으면 나머지 리더십 수완과 수고는 중요하지 않다.

당신은 리더로서 구체적으로 지시하고 지침을 잘 이해시켜야 한다. 그렇지 않은 상태에서 직원의 재량에 맡겨 두면, 그들이 길을 잃어 기관이 고생한다. 지침은 강둑처럼 에너지를 특정한 방향으로 흘러가게 하는 울타리 역할을 한다.[6] 강둑을 허물면 강은 없어지고 커다란 웅덩이만 남아 탄력과 방향을 잃고 만다. 강둑이 있기에 강이 계속 흐를 수 있다.

필수 비전을
수행하라

20

이르시되 "우리가 다른 가까운 마을들로 가자
거기서도 전도하리니 내가 이를 위하여 왔노라" 하시고

마가복음 1장 38절

리더의 역할 중 비전을 제시하는 측면에는 전통적 피라미드 방식의 위계가 효과적이다. 당연히 사람들은 리더가 비전과 방향을 제시해 주기를 바란다. 아래 도표에 보듯 필수 비전을 수립할 **책임**은 궁극적으로 리더의 몫이며 위임될 수 없다. 설령 방향을 설정하는 과정에 리더가 다른 경험자를 개입시키더라도 말이다. 일단 비전이 정해졌으면 기관은 비전에 **반응해** 그 지침대로 살아야 한다.

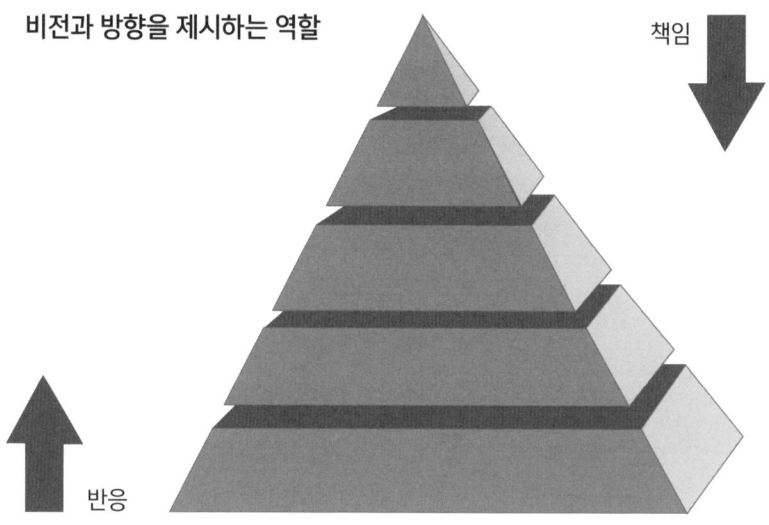

당신이 사람들을 데려가려는 목적지와 그 이유를 그들이 분명히 깨닫는 순간부터, 강조점은 리더의 두 번째 역할인 수행으로 넘어간다. 이제 리더인 당신은 어떤 의미에서 그 비전의 종이 되어, 당신이 이끄는 대상을 섬긴다. 비전대로 행동해서 소정의 목표를 이루라고 그들에게 지시한 당신이 이제는 그들을 섬긴다.

리더가 섬기는 이때는 다음 도표에 보듯이 전통적인 피라미드 방식의 위계가 거꾸로 되어야 한다. 즉 고객에게 가장 가까이 있는 일선의 사람들이 맨 위로 가서 고객에게 **책임**을 다한다. 반면에 리더는 섬기며 직원들의 필요에 **반응한다**. 그들을 훈련하고 개발시켜, 소정의 목표를 이루고 고객 만족의 비전대로 살게 한다.

수행하는 역할

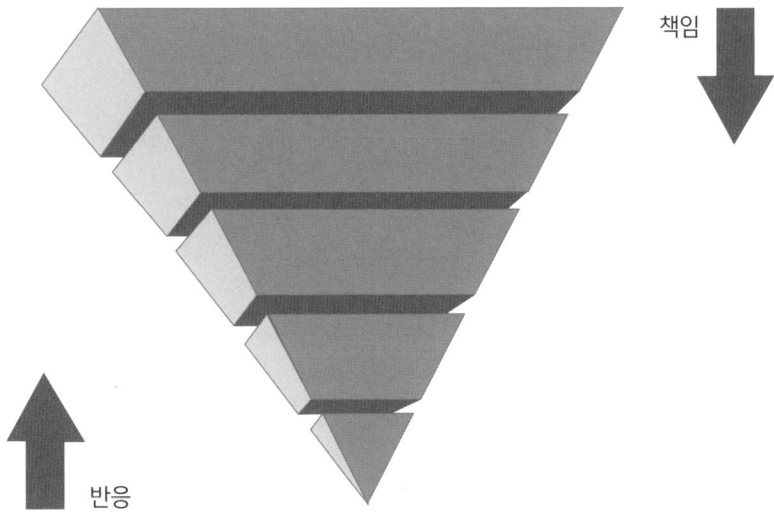

제자들의 발을 씻어 주실 때 예수는 비전을 제시하는 **리더십** 역할에서 수행하는 **섬김**의 역할로 초점을 옮기셨다. 기관의 피라미드 구조를 거꾸로 돌리신 것이다. 그 과정에서 그분은 위대한 리더십의 참 본질을 예시하면서 제자들에게도 똑같이 할 것을 명하셨다.

우리가 리더들과 경영자들에게 섬기는 리더에 대해 말하면, 대개 그들은 지위의 권력을 잃을까 봐 걱정한다. 예수가 제자들의 발을 씻어 주신 후에 그들에게 뭐라고 하셨는지 잘 보라. 그분은 상 앞에 앉아 이렇게 말씀하셨다.

> 내가 너희에게 행한 것을 너희가 아느냐. 너희가 나를 선생이라 또는 주라 하니 너희 말이 옳도다. 내가 그러하다. 내가 주와 또는 선생이 되어 너희 발을 씻었으니 너희도 서로 발을 씻어 주는 것이 옳으니라. 내가 너희에게 행한 것같이 너희도 행하게 하려 하여 본을 보였노라(요한복음 13장 12~15절).

여기 예수가 자신의 지위의 권력을 잃으셨다고 암시하셨는가? 천만의 말이다. 예수 같은 리더나 경영자로서 당신의 권력도 그대로 유지된다. 오히려 사람들의 필요에 반응해 주는 결과로 당신의 효율성이 훨씬 높아진다. 안타깝게도 어떤 경영자는 남을 섬기기보다 자신의 지위를 지키기에 더 급급해 제대로 반응하지 못한다. 그런 리더가 기업에만 아니라 교회에도 있다.

 한 번 더 생각해 보기

주님이자 선생이신 그분이 겸손히 그런 친밀하고 인격적인 섬김의 행위를 보여 주셨으니 제자들은 얼마나 감격했겠는가! 당신이 그 제자 중 하나라고 상상해 보라. 예수가 당신의 발을 씻어 주신다면 가슴이 뭉클하고 겸허

해질 것이다.

이제 당신의 삶을 생각해 보라. 당신이 아는 사람이 겸손한 리더십을 행동으로 보여 준 때는 언제인가? 어떤 행위였는가? 그것을 지켜보면서 당신은 어떤 생각과 기분이 들었는가?

최고의 섬기는 리더이신 예수는 제자들을 파송해 섬기게 하기 전에 명확한 지시를 내리셨다. 예수가 제시하신 비전은 명쾌했고, 그분은 이것을 위계상 최상위이신 아버지께로부터 들으셨다. 사람을 낚는 어부인 제자들은 "가서 모든 민족을 제자로 삼"되 먼저 하나님을 사랑하고 다음 이웃을 사랑하는 데 주력해야 했다(마태복음 4장 19절, 28장 19절, 22장 37~40절). 예수는 이 비전을 수행할 제자들이 섬기는 리더가 되기를 원하셨다. 그들의 도움으로 다른 사람들도 기쁜 소식 — 그분이 이 땅에 오셔서 사시고 죽으시고 부활하셨고 우리 안에 살아 계시며 장차 다시 오신다는 소식 — 을 깨닫고 믿게 되기를 원하셨다.

대다수 리더와 기관은 효과적인 리더십의 수행 단계에서 문제에 빠진다. 전통적인 피라미드 구조를 고집하는 것인데, 그러면 고객에게 쏟아야 할 모든 에너지가 위계의 상부로 올라간다. 직원들이 본능적으로 상사의 비위를 맞추려 하기 때문이다. 고객은 피라미드의 맨 아래에서 홀대를 당한다. 이런 기관의 이기적인 리더는 앞서 말했듯이 목자의 이익을 위해 양떼가 존재하는 줄로 안다. 예수는 이런 권위주의적인 위계를 이런 말씀으로 금하셨다. "너희 중에는 그렇지 않아야 하나니 너희 중에 누구든지 크고자 하는 자는 너희를 섬기는 자가 되고"(마태복음 20장 26절).

비전을 수행할 때 처음부터 피라미드를 거꾸로 돌리지 않으면, 결국 오리 연못만 남는다. 고객이 원하는 것과 상사가 원하는 것이 충돌하면 상사가 이긴다. 직원들은 고객에게 오리처럼 반응한다. "정책상 어쩔 수 없네요."(꽥꽥) "저는 직원일 뿐이니 저를 탓하지 마십시오."(꽥꽥) "높은 사람에게 말씀하시겠습니까?"(꽥꽥) 그러나 일선에서 고객을 상대하는 사람들을 비전의 주인이자 책임자로 대해 주면, 그들은 오리처럼 꽥꽥거리지 않고 독수리처럼 날아오른다.

예수 역시 꽥꽥거리는 바리새인과 회당장의 시비에 자주 부딪치셨다. 그들은 예수의 사랑과 은혜와 용서의 메시지를 듣기보다 규율과 규정을 지키는 데 더 관심이 많았다. 다음의 조우를 생각해 보라.

> 예수께서 안식일에 한 회당에서 가르치실 때에 열여덟 해 동안이나 귀신들려 앓으며 꼬부라져 조금도 펴지 못하는 한 여자가 있더라. 예수께서 보시고 불러 이르시되 "여자여, 네가 네 병에서 놓였다" 하시고 안수하시니 여자가 곧 펴고 하나님께 영광을 돌리는지라. 회당장이 예수께서 안식일에 병 고치시는 것을 분 내어 무리에게 이르되 "일할 날이 엿새가 있으니 그 동안에 와서 고침을 받을 것이요 안식일에는 하지 말 것이니라" 하거늘
> 주께서 대답하여 이르시되 "외식하는 자들아, 너희가 각각 안식일에 자기의 소나 나귀를 외양간에서 풀어내어 이끌고 가서 물을 먹이지 아니하느냐. 그러면 열여덟 해 동안 사탄에게 매인바 된 이 아브라함의 딸을 안식일에 이 매임에서 푸는 것이 합당하지 아니하냐." 예수께서 이 말씀을 하시매 모든 반대하는 자들은 부끄러워하

고 온 무리는 그가 하시는 모든 영광스러운 일을 기뻐하니라(누가복음 13장 10~17절).

예수 같은 리더가 되려면 수행 단계에서 잘 섬기는 게 매우 중요하다. 이때 당신이 할 일은 직원들에게 **반응하는** 것이다. 그들이 팀이나 기관의 비전대로 살고 목표를 달성하고 고객을 돌보도록 그들을 돕는 것이다.

공식 기관을 넘어 생활 리더에게도 적용된다

지금까지 우리는 훌륭한 리더십의 2가지 역할을 공식 기관이라는 정황에 집중해 살펴보았다. 하지만 분명히 밝혀 두거니와 리더십의 이 2가지 측면은 가정이나 교회나 자원봉사 단체의 생활 리더의 역할과 지위에도 똑같이 해당한다. 예컨대 부모는 가정의 비전을 수립하고 목표를 설정할 책임이 있다. 자녀의 나이가 들면 그들도 이 과정에 동참할 수 있지만, 훌륭한 리더십의 2가지 측면 중 비전을 제시하는 부분은 원래, 그리고 궁극적으로 부모의 책임이다.

안타깝게도 가정의 필수 비전을 온 가족이 이해할 만하게 규정하는 일에 별로 주의를 기울이지 않는 부모가 많다. 그 결과 자녀는 옳은 일을 바르게 하는 법보다 **해서는 안 될** 일을 더 많이 배운다. 가정을 좌절에 빠뜨리는 큰 원인은 소위 '돌 가져오기 증후군'이다. 부모는 "돌을 가져오너라"와 같은 두루뭉술한 지시를 내린 뒤 상대가 이해했는지를 확인하지 않는다. 그래 놓고는 결과가 자신의 기대에 어긋나면

화부터 낸다. 효과적인 수행이 이루어지려면 먼저 부모가 비전 제시와 목표 설정이라는 중요한 일부터 하고 그 내용을 명확히 소통해야 한다. 그 후에야 부모는 위계의 맨 아래로 내려가 가족을 섬기면서 함께 비전을 추구해 나갈 수 있다.

나사렛 예수를 따르는 이들의 경우, 만인에게 해당하는 명령을 아버지께서 정하셔서 다음과 같이 모든 자녀에게 명확히 소통하셨다. "네 마음을 다하고 목숨을 다하고 뜻을 다하고 힘을 다하여 주 너의 하나님을 사랑하라 … 네 이웃을 네 자신과 같이 사랑하라"(마가복음 12장 30~31절).

가족 관계의 영역에서 예수 같은 리더가 되려면, 가족 하나하나를 가장 잘되게 하려는 헌신적 섬김이 당신의 비전이 되어야 한다. 헌신적으로 섬기는 리더는 상대의 약점과 결점을 이기적으로 이용하는 게 아니라 가족마다 최선의 모습이 되도록 힘써 격려해 준다.

위대한 리더십의 비전

대학교수 시절에 켄은 기말고사에 출제할 시험 문제를 강의 첫날에 발표해 교수진의 반발을 사곤 했다. 그가 매 학기에 그렇게 하자 교수들이 이를 알고 그에게 물었다. "뭐 하시는 겁니까?"

켄은 태연히 대답했다.

"학생들을 가르치는 게 우리의 일이 아닌가요?"

"그렇지만 우리는 기말고사 문제를 미리 알려 주지는 않습니다!"

켄은 한술 더 떴다. "저는 학생들에게 기말고사 문제를 미리 알려 줄

뿐만 아니라 학기 내내 각 문제의 답까지 가르쳐 줄 겁니다. 학기 말에 전원 A학점을 받도록 말입니다."

지금도 똑같은 켄의 소신에 따르면, 삶의 관건은 사람들을 도와 A학점을 받게 하는 것이지 억지로 정상 분포 곡선에 끼워 맞추는 게 아니다. 예수는 정상 분포 곡선을 믿으셨을까? 천만의 말이다! 지상 명령을 통해 제자들을 세상으로 내보내실 때 그분은 "모든 민족을 제자로 삼"으라고 말씀하셨다(마태복음 28장 19절). 모든 사람이 하나님의 가족이 되기를 그분은 원하셨다.

리더십 네트워크의 설립자이자 《하프타임》의 저자인 밥 버포드(Bob Buford)는 예수를 주님으로 삼은 우리도 인생이 끝날 때 하나님 앞에 서서 '기말고사'를 치른다고 보았다. 그에 따르면 하나님의 기말고사는 두 문항으로 되어 있다. "너는 예수를 어떻게 했느냐?" "네 삶에 주어진 자원으로 무엇을 했느냐?"[1]

시험 문제를 미리 알면 A학점을 받지 못할 구실이 없어진다. 대다수 교사는 학생들에게 기말고사 문제를 추측하게 만들지만, 예수는 그렇지 않다. 그분은 시험 문제를 분명히 알려 주셨고, 자신을 따르는 이들을 기꺼이 도와 정답을 맞히게 하신다. 그분은 모두가 A학점을 받기를 원하신다.

예수는 "인자가 온 것은 섬김을 받으려 함이 아니라 도리어 섬기려 하고"라고 말씀하셨다(마태복음 20장 28절). 그분은 오셔서 무엇을 섬기셨던가? 그분은 오셔서 사람들을 섬기셨고, 그들을 준비시켜 바깥에 나가 용서와 구원의 기쁜 소식을 전하게 하셨다.

감옥선교회를 설립한 척 콜슨(Chuck Colson)은 어느 집회에서 켄의 앞 순서로 강연하면서 이렇게 지적했다. "역사 속의 모든 왕과 여왕은 자기네를 위해 죽으라고 백성을 내보냈습니다. 반대로 백성을 위해 결연히 죽으신 왕은 제가 알기로 하나뿐입니다." 예수가 우리를 위해 죽으신 일이야말로 섬기는 리더십의 극치다. 그분은 우리에게 사람들을 위해 실제로 죽으라고는 하지 않으시지만, 세상의 전통적 리더십을 가리키며 "너희 중에는 그렇지 않아야 하나니"라고 말씀하신다(마태복음 20장 26절). 예수가 명하신 대로 우리는 기관의 비전을 명확히 수립해야 한다. 그런 비전이 이 어두운 세상에 어떤 식으로든 그분의 빛을 비추어 준다.

그 비전은 당신보다 커야 하고 회사나 기관이나 교회보다 커야 한다. 일단 비전이 정해졌으면 우리는 주님께서 명하신 대로 섬기는 리더가 되어 사람들을 도와 비전대로 살게 해 주어야 한다.

우리가 예수 같은 리더가 되고자 **마음**과 **머리**를 한데 모으면, 다른 사람들이 우리에게 더 중요해지면서 우리는 뒷자리로 물러난다. 예수는 자신의 사람들을 친밀하게 아셨고, 그들을 유능하고 자신감 있는 섬기는 리더로 준비시켜 주셨다. 아울러 그분은 하나님의 비전의 탁월한 대변자이셨다. 바로 그 목적과 미래상과 가치관을 실천하고 성취하도록 하나님이 우리를 창조하셨다. 비전을 실현하려면 리더에게 섬기는 마음이 있어야 하고, 또 주님이 정해 주신 비전과 가치관과 목표대로 살도록 사람들을 성장시키고 권한을 부여할 전략도 필요하다.

예수는 자신이 왜 오셨고(십자가에서 죽어 우리의 죗값을 치르러 오셨다), 기쁜 소식이 무엇이며(예수가 죄와 사망을 멸하셨으므로 우리는 용서받고 그분과 함께 영생을 누릴 수 있다), 자신이 사람들에게 원하시는 바가 무엇인지를(예수를 구주와 주님으로 삼고 그분의 승리와 사랑과 약속의 소식을 전하는 것이다) 명확히 아셨다. 동시에 그분은 위대한 리더십, 즉 섬기는 리더십의 모범을 보이셨다. 이제 누구나 그 혜택을 누리며 그분을 배우고 본받을 수 있다.

 한 번 더 생각해 보기

당신이 주변 사람들을 얼마나 잘 섬기고 있는지 잠시 생각해 보라. 당신은 그들이 기말고사를 잘 치르도록 그들을 돕고 있는가? 주님이나 교회나 기관이나 회사의 비전대로 살도록 돕고 있는가? 리더십의 관건은 권력이나 통제가 아니라 사람들을 도와 비전대로 살게 하는 것이다.

이제 우리는 훌륭한 리더십의 그다음 영역을 논할 준비가 되었다. 다음 5부에서는 훌륭한 리더의 손—겉으로 드러나는 리더의 행동—에 대해 살펴볼 것이다.

토의 가이드

Part 4. 훌륭한 리더의 머리 (17~20장)

하나님이 우리의 주된 권위이자 청중이심과 우리가 그분만을 기쁘시게 하도록 존재함을 깨달으면, 우리의 선한 의도가 **머리**로 이동한다.

핵심 개념 1

당신을 따르는 이들의 수고를 잘 이끌고 조율해 주려면 당신의 필수 비전이 중요하다. 그것이 없으면 그들과 당신의 관계가 온통 당신의 정체에 대한 잘못된 기초 위에 세워지게 된다.

1. 당신이 삶의 목적과 관계에 성공한다면 당신의 이상적인 미래는 어떻게 되겠는가? 구체적으로 말해 보라.

2. 열 살 난 딸이 당신에게 이렇게 묻는다고 상상해 보라. "우리 집의 4가지 가장 중요한 가치관은 무엇인가요?" 당신의 답은 무엇인가?

3. 삶의 목적과 미래상과 가치관과 목표를 정하는 일이 지속적인 과정임을 잊지 말라. 당신의 필수 비전을 구체적으로 어떻게 자신의 더 큰 유익과 자신이 이끄는 대상의 공공선으로 연결할 수 있겠는가? 그 비전을 이루려 애쓰는 과정에서 어떻게 하나님을 영화롭게 할 수 있겠는가?

핵심 개념 2

이 땅에서 리더로 활동하는 동안 예수는 자신이 이루도록 보냄 받은 일에 끝까지 집중하셨다. 전폭적인 순종과 헌신으로 본분에 매진하셨다. 그분은 남들이 바라는 다른 사업이나 계획을 떠맡지 않으셨다.

1. 리더인 당신을 목적의 궤도에서 벗어나게 할 소지가 가장 높은 요인을 3가지만 꼽아 보라. 그렇게 궤도나 방향을 바꾸면 당신이 이끄는 대상의 사기에 어떤 영향을 미치겠는가?

2. 포기하거나 중단하고 싶을 만큼 힘든 상황 속에서도 당신의 리더가 끝까지 강하게 본분에 매진했던 때를 떠올려 보라. 그 일은 그 리더를 믿고 따르려는 당신의 마음에 장기적으로 어떤 영향을 미쳤는가?

핵심 개념 3

훌륭한 리더십에 대한 우리의 관점에 회의적인 사람들은 **섬긴다**는 말과 **리더**라는 단어가 서로 화합되지 않는다고 주장한다. 사람이 어떻게 이끌면서 **동시에** 섬길 수 있느냐는 것이다. 그렇게 생각하는 사람들은 예수가 모범을 보여 주신 위대한 리더십의 양면을 이해하지 못한다. 비전을 제시하는 역할은 훌륭한 리더의 **리더십** 측면이다. 즉 경로와 목적지를 정해 주는 것이다. 수행하는 역할은 훌륭한 리더의 **섬기는** 측면이다. 즉 섬김에 초점을 맞추면서 올바르게 일을 해나가는 것이다.

1. 리더십의 양면 — 비전과 수행 — 을 당신의 말로 표현해 보라. 목적지와 도달 방법 둘 다에 대해 사람들의 열의를 끌어낼 만한 환경을 창출하려면, 리더가 어떤 역할을 해야 하는지도 말해 보라.

2. 당신이 주변 사람들을 얼마나 잘 섬기고 있는지 잠시 생각해 보라. 당신이 이끄는 대상을 기관의 비전대로 살도록 어떻게 돕고 있는가? 당신의 가족을 가정의 비전대로 살도록 어떻게 돕고 있는가? 리더십의 관건은 권력이나 통제가 아니라 사람들을 도와 기관이나 가정의 비전대로, 그리하여 결국은 하나님의 비전대로 살게 하는 것이다.

3. 4부에서 당신에게 가장 중요하게 다가온 개념은 무엇인가? 그것을 당신의 삶 속에 실행하기 위해 무엇을 하겠는가? 기한을 언제까지로 정하겠는가?

LEAD LIKE JESUS
REVISITED

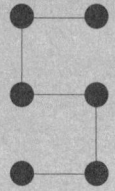

훌륭한 리더의

PART 5

손

> 너희 중에 누구든지 으뜸이 되고자 하는 자는 너희의 종이 되어야 하리라.
> 인자가 온 것은 섬김을 받으려 함이 아니라 도리어 섬기려 하고
> 자기 목숨을 많은 사람의 대속물로 주려 함이니라
>
> 마태복음 20장 27~28절

우리가 믿기로 훌륭한 리더십 — **섬기는** 리더십 — 은 전인적인 직무로서 다음의 핵심 질문으로 시작된다. **"당신은 이 땅에 섬기려고 있는가, 아니면 섬김을 받으려고 있는가?"** 이 질문의 답에는 당신의 손도 포함된다. 리더십에 대한 신념은 당신의 머릿속에 형성되지만, 당신이 무언가 **행동**에 나서지 않는 한 사람들은 그 신념이 무엇인지 알 턱이 없다.

훌륭한 리더는 사람들을 감화해 최고의 모습이 되게 한다

손은 예수 같은 리더의 **행동** 부분을 보여 주는 강렬한 상징이다. 성경에는 예수가 손으로 일하시는 생생한 장면이 가득하다. 손으로 그분은 병자를 치유하고, 나병환자를 정결하게 하고, 배고픈 자를 먹이고, 환전상의 탁자를 둘러 엎고, 측근 제자들의 발을 씻고, 인류를 죄에서 구원하고자 십자가에 달리셨다. 손으로 그분은 두려워하는 자를 건지고, 의심하는 자에게 확신을 주고, 넘어진 자를 일으키고, 다른 데 마음이 팔린 자를 더 높은 소명으로 그리고 그분과의 특별한 인격적 관계로 부르셨다.
예수가 손으로 하신 일은 다양하지만, 배후의 목적은 늘 똑같았다.

즉 사람들에게 거룩하신 사랑의 하나님을 가리켜 보이고, 죄를 깨우치고, 그들을 권하여 예수를 구주와 주님으로 삼아 그분의 사랑과 용서와 영생을 알게 하는 것이었다. 예수의 섬기는 리더십은 은혜에 기초해 있었다. 그분은 자신을 따르도록 부르신 대상에게 은혜를 베푸셨다. 과거의 행실이나 죄와 무관하게 그들을 있는 그대로 받아 주셨다. 그들이 영적으로 성장해 최고의 목적을 이룰 수 있도록 자신을 내어 주셨다. 예수는 하나님을 영화롭게 하며 사느라 손이 더러워지셨다. 그분은 사람들에게 하나님의 주권에 순종하고 자아에 대해 죽고 남을 섬기라고 명하기만 한 게 아니라, 실제로 그들을 기꺼이 섬기셨다. 마음으로만 아니라 친히 삶으로 보여 주셨다.

리더로 활동하신 지상 생활을 마무리하실 때, 예수는 자신의 손으로 하신 일을 요약해 아버지께 이렇게 기도하셨다. "아버지께서 내게 하라고 주신 일을 내가 이루어 아버지를 이 세상에서 영화롭게 하였사오니"(요한복음 17장 4절). 그 일의 일환으로 그분은 제자들에게 은혜와 용서와 희망과 영생의 메시지를 그들이 충분히 이해할 때까지 가르치고, 그들을 외부의 위험과 내면의 연약함으로부터 보호하고, 사랑의 공동체와 연합을 증진하고, 그들을 준비시키고 무장시켜 자신이 그들 안에 시작하신 일을 이어 가게 하셨다.

이번 5부에는 예수가 원하는 섬기는 리더가 되는 방법을 제시하려 한다. 수행 코치의 요건을 배울 텐데, 수행 코치는 좋은 성과를 냄과 동시에 사람들을 도와 인간으로서 큰 만족을 누리게 한다. 예수를 닮은 리더십은 여타 수행 경영법의 철학과는 다르다. 초점이 가정과 직장과 공동체에서 교류하는 대상을 도와 예수의 진정한 사랑 자체를 알게 하는 데 있기 때문이다.

리더는
수행 코치다

21

[예수께서 시몬과 안드레에게] 말씀하시되
"나를 따라오라. 내가 너희를 사람을 낚는 어부가 되게 하리라" 하시니

마태복음 4장 19절

예수를 닮은 효과적인 리더는 수행 코치 역할을 한다. 섬기는 리더의 필수 의무는 따르는 이들의 삶에 계속 투자하는 것이다. 예수는 탁월한 수행 코치셨다. 제자들이 개인 및 단체로서 성장해 감에 따라 그분의 리더십 유형도 적절히 변신하셨다. 처음에 제자들을 불러 자신을 따르게 하실 때 그분은 전적인 지원과 지도를 약속하셨다. 덕분에 그들은 사람을 낚는 어부로 변해 갈 수 있었다. 그분은 또 제자들에게 자신이 떠나신 후에 구원의 메시지를 전하는 일을 계승할 권한도 부여하셨다. 예수는 **머리**와 **마음**에 품고 계신 섬기는 리더십을 손으로 — 리더이신 자신의 효과적인 섬김을 통해 — 능히 제자들에게 소통하셨다.

그렇다면 수행 코치가 하는 일은 무엇인가? 수행 계획과 일상 코칭과 수행 평가, 이것이 3가지 기본 요소다. 수행 계획은 섬기는 리더의 **리더십** 측면으로, 방향 제시와 목표 설정에 해당한다. 일상 코칭은 섬기는 리더의 **섬기는** 측면에 집중된다. 사람들을 도와 승리하게 — 목표를 달성하게 — 하는 것인데, 그러려면 그들의 수행을 관찰해서 잘한 부분은 칭찬하고 필요하다면 노력을 수정해 주어야 한다. 수행 코치의 세 번째 요건은 **수행 평가**다. 섬기는 리더는 사람들과 마주 앉아 일정 기간의 수행을 평가한다.

리더의 이 3가지 활동 중 경영자의 관심은 대부분 어디에 가 있을까? 많은 사람이 추측하듯 안타깝게도 답은 수행 평가다.

하지만 수행 평가에는 대개 문제점이 많다. 모든 사람을 높게 평가하는 리더에게는 너무 헤프다는 비난이 돌아오고, 리더 자신은 저평가를 받는다. 그래서 정상 분포 곡선이 건재를 과시한다. 경영자는 소수만 높게 평가하고, 다른 소수는 저평가하고, 나머지 사람의 수행에는 평균 점수를 주어야 한다. 우리가 경영자들에게 "여러분 중에 하위권을 채우려고 일부러 패자를 채용하는 분이 몇이나 됩니까?"라고 물으면 다들 웃는다. 당연히 리더는 승자나 예비 승자를 채용한다. 전자는 이미 실적이 좋아 경영자의 기대에 부합하는 사람이고, 후자는 경영자가 보기에 잘 코치만 해 주면 승자가 될 사람이다. 패자를 채용하는 리더는 없다. 그런데 왜 일정 수의 사람에게 낮은 점수를 주어야 하는가?

앞서 소개한 켄의 교육의 예에서, **수행 계획**이란 사람들에게 기말고사의 문항을 미리 알려 준다는 뜻이다. 이때는 수행 코칭 중에서 목표 설정 단계이므로 전통적인 피라미드의 위계가 그대로 유지된다. 목표가 서로 충돌할 경우 리더가 이긴다. 기관의 목표를 리더가 대변하기 때문이다.

모세는 십계명을 받으러 산정에 오를 때 위원회를 대동하지 않았다. 그랬다면 그는 3가지 계명과 7가지 제안을 가지고 내려왔을 것이다. 마찬가지로 예수 역시 자신이 이루러 오신 목표를 정하실 때는 전혀 제자들을 개입시키지 않으셨다. 그것을 그분은 기관의 위계상 최상위이신 아버지께로부터 받으셨다.

그러나 이 2가지 예는 우리가 직장과 가정과 공동체와 사무실에서 목표 설정에 타인을 개입시켜서는 안 된다는 의미는 아니다. 직장의 경험자나 가정의 웬만큼 자란 자녀와는 당연히 협력할 수 있다. 하지만 일단 목표가 정해졌으면, 지시를 명확히 내리는 것은 기관 리더나 생활 리더의 책임이다. 부모는 가정의 생활 리더로서 크고 작은 목표를 정할 책임이 있다. 다들 기억하겠지만, 어렸을 때 우리는 어머니에게 "다른 아이들은 다 한단 말이에요"라고 말하곤 했다. 당신의 어머니도 켄의 어머니 같았다면, 즉각 이런 대답이 나왔을 것이다. "그야 우리 집 아이가 아니니까." 이렇듯 우리가 자녀로서 따라야 했던 수행 계획은 부모의 소관이었다.

섬기는 리더의 수행 계획에서 명쾌한 목적의 중요성은 아무리 강조해도 지나치지 않다. 일을 잘 해냈을 때란 어떤 모습인지 명확히 소통해 두지 않으면, 리더나 따르는 이나 또는 양쪽 모두 좌절하고 만다.

어떤 기관은 수행 계획에는 능한데, 목표 설정과 공유가 끝난 뒤에는 안타깝게도 목표를 서류철에 처박아 두고 잊어버린다. 그러다 경영자가 직원의 수행을 평가할 때가 되면 그제야 다들 그 목표를 찾아 허겁지겁 뛰어다닌다. 이런 사태를 면하기 위해 리더가 힘써야 하는 섬기는 리더십의 가장 중요한 요소가 있다. 바로 사람들의 목표 달성을 돕는, 섬기는 리더의 **일상 코칭**이다.

 한 번 더 생각해 보기

당신이 속한 기관에서 소통에 실패해 결과가 기대했던 바와 크게 달라졌던 때를 떠올려 보라. 다들 잘 이해했는지 애초에 확인했더라면 면할 수 있었을, 그 좌절과 에너지 낭비를 되짚어 보라.

일상 코칭 단계에서는 피라미드의 위계가 거꾸로 뒤집혀, 이제부터 섬기는 리더가 사람들을 위해 일한다. 목표는 이미 명확해졌으니 수행 코치의 초점이 사람들에게 정답을 가르치는—즉 목표 달성을 돕는—쪽으로 넘어간다. 그러면 이후의 수행 평가는 단순히 복기(復棋)로 변한다. 이 원리는 가정에도 똑같이 적용된다. 가정의 목표를 정해 소통한 뒤에는 부모가 자녀를 섬길 수 있다. 자녀가 목표 달성에 힘쓰는 동안 부모가 응원하고 격려하고 지원하는 것이다.

기관 리더든 생활 리더든 섬기는 리더의 관건은 사람들을 도와 A학점을 받게 하는 것이다. 섬기는 리더는 주변 사람들의 수행 능력이 탁월해도 거기에 위협을 느끼지 않는다. 리더의 자신감이 하나님의 무조건적인 사랑 안에 든든하기 때문이다. 하나님의 사랑에 뿌리박혀 있으면, 섬기는 리더가 타인의 성공을 보고 반응하는 방식이 달라진다. 겁내지 않고 오히려 축하해 준다.

A학점을 받도록 사람들을 돕는 모범적인 사례는 WD-40 회사의 CEO인 게리 릿지(Garry Ridge)다. 그는 켄이 학생들에게 기말고사 문제를 학기 초에 알려 준다는 이야기를 듣고는, "오답을 찾아낼 게 아니라 A학점을 받도록 돕자"라는 철학을 자사의 수행 평가 제도에 도입했다. 그 철학이 사람들을 이끌고 동기를 부여하는 일에 대한 게리의 신념과 일치했기 때문이다.

WD-40에서는 모든 중간 관리자가 매년 각 부하 직원을 만나, 그 사람의 보직에 해당하는 핵심 직무를 협의한다. 협의는 이런 질문으로 시작된다. "이것을 여전히 당신의 직무로 이해하고 있습니까?" 보직의 핵심 기능이 양측 모두에게 분명해지면, 관찰과 측정이 가능한 이듬해의 목표 3~5가지를 둘이 함께 정한다. 이렇게 협력하면 양측의 기대가 서로 일치하고 명확해진다. 그다음은 이 과정의 핵심 단계인 일상 코칭이다. 리더는 부하 직원의 진척 상황을 목표별로 꾸준히 진단하면서, 자신의 리더십 유형을 조정해 반드시 적정량의 지시와 지원을 베푼다. 회사의 가치관대로 살면서 연말에 목표에 도달하는 직원은 A학점을 받는다.

중간 관리자가 게리를 찾아와 아무개 직원이 일을 못 해서 해고해야겠다고 보고하면, 게리는 우선 이것부터 묻는다. "그 직원이 A학점을 받도록 당신은 그동안 어떻게 도왔습니까?" 자신이 도와 온 과정의 증빙 자료를 중간 관리자가 내놓지 못하면, 게리가 해고할 사람은 해당 직원이 아니라 그 중간 관리자일 소지가 높다. 여태 그가 그래야만 했던 적은 몇 번밖에 없었다. 이제 모든 중간 관리자는 WD-40에서 자신의 주된 역할이 사람들을 도와 A학점을 받게 하는 것임을 안다. 덕분에 부하 직원만 아니라 중간 관리자와 회사까지 승자가 된다.

이런 수행 계획과 일상 코칭으로 인해 회사가 달라졌을까? 지난 몇 년 동안 WD-40의 주가는 회사 역사상 최고치를 기록했다. 직원의 98%가 참여한 최근의 직원 만족도 조사에서 최고 비율을 얻은 진술은 "나는 사람들에게 WD-40에 다닌다고 말하는 게 자랑스럽다"였다. 직원들의 이런 반응이 단순히 직종 때문일까, 아니면 동참의 기쁨이 허락되는 직장 환경 때문일까? 좋은 성과를 내면서 인간으로서 만족도 누리게 해 주는 얼마나 훌륭한 사례인가!

한 번 더 생각해 보기

이번 장의 강조점은 사람들의 수행 능력을 높여 주는 데 있었다. 그러나 예수를 닮은 리더십은 훨씬 그 이상이다. 예수께 A학점이란 **행위**나 수행을 넘어 그분의 성품을 본받는 **존재**가 되는 것이다. 그러려면 그분께 드려진 사랑의 마음으로 남을 섬겨야 한다.

고린도전서 13장을 읽으면서 **존재**가 결여된 **행위**를 생각해 보라. 공식은 아주 간단하다. 모든 것-사랑=아무것도 아니다!

목수의 일

22

이는 그 목수의 아들이 아니냐 그 어머니는 마리아
그 형제들은 야고보 요셉 시몬 유다라 하지 않느냐

마태복음 13장 55절

예수의 생애에서 목적 없이 임의로 된 일은 하나도 없다. 그분의 출생과 죽음과 부활은 메시아에 대한 예언의 성취였고, 하나님의 계획이 완벽하게 수행되었다는 증거였다. 그분의 삶의 모든 면이 그러했듯이 예수가 30년을 초야에서 조용히 지내신 것도 우연이 아니다. 목수로 일하시던 동안에도 그분은 하나님이 원하시는 대로 모든 것을 배워 익히셨다. 전도자 헨리 드러몬드(Henry Drummond)는 "예수는 목공소에서 무엇을 하셨던가? 실습하셨다."라고 말했다.[1]

실습과 준비의 그 시절은 어떤 의미가 있을까? 목수 일은 예수가 메시아 역할과 특히 수행 코치 역할을 준비하시는 데 어떻게 도움이 되었을까?

우리는 훌륭한 목수의 일과 훌륭한 리더의 일에서 비슷한 점을 찾아보았다. 그 유사점을 우리도 배워서 자신의 리더십에 적용할 수 있다. 우리가 알아낸 내용은 다음과 같다.

◆ **훌륭한 목수와 훌륭한 리더는 아직 존재하지 않는 무언가를 심중에 그린 다음, 헌신적으로 그것을 창조할 수 있어야 한다.** 훌륭한 리더는 필수 비전이 있어서 자신도 거기에 열정을 품고, 따르는 이들에게도 방향을 제시해야 한다.

적용: 당신은 사람들에게 방향을 명확히 제시했는가? 그들은 회사가 하려는 일이 무엇이고(목적), 회사가 어디로 가고 있으며(미래상), 그 여정의 길잡이가 무엇인지를(기관의 가치관) 아는가? 당신은 목표를 설정했는가? 당신의 소통은 사람들이 당장 무엇에 집중해야 할지를 알 만큼 충분히 명확한가?

- **훌륭한 목수와 훌륭한 리더는 원자재를 잘 판별할 줄 알아야 한다.**
적용: 리더십의 원자재는 사람이다. 그러므로 훌륭한 리더는 사람들의 현 상태는 물론이고 앞날의 잠재력까지도 평가할 수 있어야 한다. 당신은 자신이 이끄는 대상을 얼마나 잘 알고 있는가? 그들에 대한 지식을 의도적으로 갱신한 때가 마지막으로 언제인가? 여태 안다고 단정하던 대로 사람을 대하면, 일하기는 쉽고 대개 편하다. 하지만 그렇게 시간과 에너지를 사람 대신 당면 관심사에 집중하면, 성과가 단기에 그친다. 좋은 성과를 장기적으로 내려면 꾸준히 사람에게 투자해야 한다. 게다가 단정을 바탕으로 사람을 대하는 기간이 길어질수록 당신은 상대에 대한 진실에서 멀어져 그만큼 더 리더십에 효율성을 잃기 쉽다. 잘못된 단정은 업무상의 관계에 해를 끼칠 수 있다. 당신이 품고 있는 그런 단정은 무엇인가?

- **훌륭한 목수와 훌륭한 리더는 일을 시작하기 전에 비용을 따져야 한다.** 훌륭한 리더는 성공의 대가에 대해 현실적이며, 남에게 똑같이 요구하기 전에 자신부터 기꺼이 그 대가를 다 치러야 한다.
적용: 예수는 그분을 리더로 따르는 데 요구되는 대가를 결코 경시하지 않으셨다. 그래서 자아에 대해 죽고 십자가를 지고 박해를 감수해야 한다고 말씀하셨다. 그리고 자신도 친히 희생과 순종의 행위로 기꺼이 그 대가를 치르셨다. 훌륭한 리더는 자신이 하지 않을 일을 결코 남에게 요구하지 않는다.

- **훌륭한 목수와 훌륭한 리더는 특정한 성과를 내기 위해 신중히 계획을 수립한다.** 훌륭한 리더는 모든 수단과 자재와 수고와 인력 개

발을 집중시켜, 특정한 목표와 목적을 명확히 소통하고 이루어 나간다. 그리하여 기관의 사명과 가치관을 실현한다.

적용: 최고선을 이루시기 위한 예수의 계획은 그분이 이 땅을 떠나신 지 2천 년이 지난 지금도 여전히 똑같다. 즉 사람들을 변화시키고 감화하고 준비시키셔서 그분의 이름으로 세상에 나가 성령의 사랑에 이끌려 모든 민족을 제자로 삼게 하시는 것이다.

◆ **훌륭한 목수와 훌륭한 리더는 자기 일에 올바른 성공 기준과 척도를 적용한다.** 훌륭한 리더는 책임지고 기준을 설정하며, 그 기준에는 실제적 성과와 건강한 관계의 균형이 이루어져 있다.

적용: 예수가 자신에게 적용하신 성공의 척도는 아버지의 뜻에 순종하여 아버지를 영화롭게 하시는 것이었다. 리더십의 수행에 대한 대중의 인식은 단면에 불과하다. 로마의 십자가에 달린 사람을 섬기는 리더십의 최고 모본으로 본 사람은 거의 없었을 것이다. 그러나 리더십의 진정한 시험대는 리더로서 자신이 이끄는 대상의 영적 행복에 미치는 영향력이다. 예수가 자신을 따르는 모든 이들에게 명하신 대인 관계의 기준은 어제나 오늘이나 영원토록 바로 그분과의 관계다.

"서로 사랑하라. 내가 너희를 사랑한 것같이 너희도 서로 사랑하라"(요한복음 13장 34절).

◆ **훌륭한 목수와 훌륭한 리더는 다양한 연장의 사용법을 숙달할 뿐 아니라 그것을 언제 어떻게 써서 최선의 성과를 낼지도 알아야 한다.**

적용: 훌륭한 수행 코치는 사람마다 발달 단계가 같지 않음을 안다. 지시가 많이 필요한 사람도 있고, 지원이 많이 필요한 사람도 있고, 지시와 지원이 둘 다 필요한 사람도 있다.

◆ **훌륭한 목수와 훌륭한 리더는 기꺼이 평생 배우면서 또한 평생 가르쳐야 한다.**
적용: 리더는 늘 배우려는 마음으로 시대와 환경의 변화에 깨어 있어야 한다. 그러면 남을 지도할 때도 효율성을 잃지 않는다. 예수가 그분을 따르는 모든 이들에게 공급하는 자원은 성령의 내주하심과 인도하심이다. 그래서 예수의 이름으로 이끄는 모든 리더의 도전은 이것이다. 당신은 기꺼이 듣고 배우는가?

◆ **훌륭한 목수와 훌륭한 리더는 자기 일이 끝났을 때를 안다.**
적용: 요한복음 16장 7절에 예수는 제자들에게 "내가 떠나가는 것이 너희에게 유익이라"라고 말씀하셨다. 그분은 자신이 이 땅에서 리더로 활동하실 기간이 끝났음을 아시고 제자들에게 명하여 그 일을 이어 가게 하셨다.

제자들을 이끄신 예수의 리더십은 목수의 일과 리더의 일에 대한 이상의 통찰에 어떻게 부합될까? 첫째로, 과연 그분은 제자들에게 필수 비전을 제시하셨다. 그분의 몸이 이 땅을 떠나신 후에도 그 비전이 그들의 동기가 되었다. "인자가 온 것은 섬김을 받으려 함이 아니라 도리어 섬기려 하고 자기 목숨을 많은 사람의 대속물로 주려 함이니라"(마태복음 20장 28절).

둘째로, 예수는 자신이 사람 낚는 어부로 부르신 사람들의 현 상태를 넘어 장기적 잠재력을 보셨다. 그들을 알아 가는 과정이 그분의 리더십의 핵심 요소였다. 물론 그분은 큰 무리를 가르치며 모든 부류의 사람과 교류하셨지만, 대부분의 시간을 함께 보낸 대상은 자신이 시작하신 운동을 뒤이을 차세대 리더들이었다. 성경에서 보듯 예수는 그들과 함께 다니고 식사도 함께하면서 각자의 강점과 약점과 개성을 알아 가셨다. 예수가 제자들을 알아 가는 동안 그들도 그분을 알아 갔다.

처음부터 훌륭한 목수나 훌륭한 리더로 태어나는 사람은 없다. 누군가의 도움을 받아 성장하고 발전해야 한다. 예수 역시 이 땅의 아버지에게서 목공 기술을 배웠고, '목수의 대가'가 되시는 법은 하늘 아버지께 배우셨다. 그분은 또 제자들 안에 길러 주셔야 할 리더십 수완도 친히 익히셨다. 그들을 도와 훌륭한 목수가 아니라 사람을 낚는 어부가 되게 하시기 위해서였다.

다음 장의 강조점은 바로 리더란 태어나지 않고 빚어진다는 사실에 있다. 예수는 다양한 리더십 유형을 활용해 제자들을 도와 자신이 명하신 일을 이루게 하셨다. 당신도 그 내용을 알면 더 훌륭한 수행 코치가 되는 데 도움이 될 것이다.

목수의 길

23

이에 예수께서 제자들에게 이르시되 "누구든지 나를 따라오려거든
자기를 부인하고 자기 십자가를 지고 나를 따를 것이니라.
누구든지 제 목숨을 구원하고자 하면 잃을 것이요
누구든지 나를 위하여 제 목숨을 잃으면 찾으리라"

마태복음 16장 24~25절

사람들이 우리 기관에 던지는 중요한 질문이 있다. "어떻게 사람들을 도와 A학점을 받게 합니까?" 다시 말해서 어떻게 사람들의 수행 능력을 향상시킬 것인가? 이 질문에 답하고자 우리는 예수가 어떻게 제자들을 미숙한 초심자에서 하나님 나라의 대가와 스승과 사도로 변화시키셨는지 추적할 수 있다. 아울러 그분이 이 땅의 아버지 요셉에게서 목공 일을 배우면서 틀림없이 경험하신 발달 과정도 살펴볼 것이다.

베드로를 중심으로

지금부터 우리는 예수와 베드로의 교류에 주의를 집중하면서, 그분이 제자들을 어떻게 첫 부르심("나를 따라오라. 내가 너희를 사람을 낚는 어부가 되게 하리라")에서 지상 명령("너희는 가서 모든 민족을 제자로 삼아 아버지와 아들과 성령의 이름으로 세례를 베풀고")으로 인도하셨는지 살펴볼 것이다. 존 맥아더(John MacArthur)가 명저 《예수님이 선택한 평범한 사람들》[1]에서 설득력 있게 말했듯이, 예수와 베드로의 관계는 첫 부르심에서 지상 명령에 이르기까지의 변화 여정을 자세히 들여다볼 수 있는 좋은 사례다.

베드로의 이름은 예수를 제외하고는 다른 누구보다도 복음서에 더 자주 언급된다. 베드로만큼 자주 발언한 사람도 없고, 베드로만큼 자주 주님께서 말씀하신 대상도 없다. 베드로만큼 빈번히 주님께 책망을 들은 제자도 없고, 베드로 외에는 주님을 책망한 제자도 없다(마태복음 16장 22절). 다른 누구도 그리스도를 더 담대히 고백하거나 그분의 주권을 더 노골적으로 인정하지 않았지만, 베드로만큼 힘주어 또는 공공연히 그리스도를 말로 부인한 제자도 없다. 베드로처럼 그리스도께 칭찬과 복을 받은 사람도 없지만, 그분이 사탄이라 칭하신 대상도 베드로뿐이다. 주님께서 베드로에게 하신 말씀은 다른 누구에게 하신 말씀보다도 호되었다. 이 모두가 어우러진 결과로 그는 그리스도께서 원하시는 리더가 되었다.[2]

베드로에게 중점을 두는 이유가 또 있다. 그 자신의 말에서 그의 변화를 볼 수 있기 때문이다.

예수와의 관계 초기에 베드로는 "주여, 나를 떠나소서. 나는 죄인이로소이다"라고 말했다(누가복음 5장 8절). 도제 기간에는 예수께 대들다가 "사탄아, 내 뒤로 물러가라"라는 말씀을 들었다(마태복음 16장 23절).

그 충격적인 일이 있은 지 며칠 만에 베드로는 세 제자 중 하나로서 예수에 대한 하나님의 육성을 듣는 특권을 누렸다.

"이는 내 사랑하는 아들이요 내 기뻐하는 자니 너희는 그의 말을 들으라"(마태복음 17장 5절).

예수를 3년이나 따르고 나서도 "나는 그 사람을 알지 못하노라"라고 말한 사람도 베드로였다(마태복음 26장 72절).

그런 그가 나중에는 이렇게 썼다. "우리 주 예수 그리스도의 아버지 하나님을 찬송하리로다. 그의 많으신 긍휼대로 예수 그리스도를 죽은 자 가운데서 부활하게 하심으로 말미암아 우리를 거듭나게 하사 산 소망이 있게 하시며"(베드로전서 1장 3절).

예수와 함께한 베드로의 변화 여정을 보면 그의 교만과 두려움만 아니라 용기와 믿음도 드러난다. 그런 그의 모습을 통해 우리는 예수가 어떻게 그를 첫 부르심에서 지상 명령으로 데려가셨는지 관찰할 수 있다.

첫 부르심에서 지상 명령으로 이끈 리더십의 여정

평범한 생업에 종사 중이던 제자들을 예수가 사람을 낚는 어부로 처음 부르셨을 때, 그들은 저마다 인생 경험과 일솜씨는 있었지만, 이 새로운 직무와 역할을 수행하는 법에 대한 실무 지식은 전무했다. 그런데 미숙한 초심자이던 그들이 예수의 지도 하에 3년을 지내자 능히 지상 명령도 수행할 수 있는 리더로 변했다. 그들은 충분히 준비되고 성령으로 감화되고 영적 기반이 탄탄해져서, 가서 모든 민족에게 예수 그리스도의 죽음과 부활과 사랑이라는 기쁜 소식을 전했다.

예수는 어떻게 변화를 불러일으켜 제자들을 첫 부르심에서 지상 명령으로 데려가셨을까? 기적이 개입되기는 했지만, 그 과정 자체가 기적은 아니었다. 이끄는 대상의 성장과 발전을 통해 목표를 이루기로 헌신한 리더라면 누구나 겪는 과정인데, 그것을 그분도 충실히 수행하셨을 뿐이다. 우리는 목수직을 배운 예수의 경험에서 사람의 성장과 발전을 돕는 실제적 모델이 나왔다고 믿는다. 이 모델을 통해 그분은 제자들의 학습 경험을 지도하면서, 그들을 첫 부르심에서 지상 명령으로 데려가셨다.

목수직을 배우실 때 예수 역시 신규 업무를 습득하는 통상적 4단계인 **초심자**(이제 막 시작한 사람), **도제**(훈련 중인 사람), **장인**(독립해서 일하는 사람), **대가 겸 스승**(고도로 숙련되어 남을 가르치는 사람)을 거치셨을 것이다. 그분은 의존에서 독립으로 넘어가는 여정을 직접 경험하여 똑똑히 알았고, 이를 자신의 리더십에 접목하셨다.

초심자에게 필요한 것

초심자는 이제 막 특정한 과제를 수행하기 시작했거나 소정의 목표를 위해 일하기 시작한 사람이다. 그래서 언제 어디서 무엇을 어떻게 해야 하며 그것이 왜 중요한지에 대한 기본 정보가 필요하다. 초심자의 종류는 다양하며 태도도 제각각이다. 배울 기회가 주어져서 설레는 열정적인 사람도 있고, 마지못해 억지로 배우는 사람도 있다. 성격과 학습 유형도 초심자마다 다르다. 모든 초심자의 공통점은 리더가 필요하다는 것이다. 리더가 그들을 학습 과정에 맞아들여 시작에 필요한 정보를 주어야 한다.

초심자의 다음 두 예를 생각해 보라.

설레는 교습생은, 자동차 운전을 배우는 15세 소녀다. 임시 면허증을 받은 그날로부터 그녀는 잔뜩 열정에 들떠 있으나 운전에 대해서는 거의 문외한이다. 무엇을 어찌해야 할지 누군가가 순서대로 정확히 가르쳐 주어야 비로소 처음으로 시동을 걸고 운전대를 잡을 수 있다. 따로 학습 의욕을 심어 줄 필요는 없다. 친구들을 태우고 아무 데나 마음대로 다닐 그날을 이미 고대하고 있기 때문이다.

마지못한 초보자는, 뇌졸중을 겪고 나서 세 발 지팡이를 쓰는 법을 배우는 58세의 남자다. 지팡이를 짚는 보행법을 가르쳐 줄 재활 간호사를 만나는 그날로부터 그는 분노와 수치심에 가득 차 있다. 평생 해 오던 일을 이제 볼품없는 방식으로 새로 하는 법을 배워야 하기 때문이다.

두 초심자 모두 생소하거나 어색한 지시에 따라야 한다. 면허증을 따자마자 친구들을 싣고 바닷가로 내달릴 꿈에 부풀어 있는 십대 소녀는 자신감이 지나쳐서 학습 과정이 지루하게 느껴질 수 있다. 앞날이 캄캄하게 느껴지는 뇌졸중 환자는 울분과 좌절감을 품고 학습 과정에 임할지도 모른다. 그가 재활을 현실로 인식하고 걸음의 순서와 타이밍을 익혀 목표를 이루려면 남의 도움이 필요하다.

 한 번 더 생각해 보기

당신이 미숙한 초심자로서 새로운 직무나 역할을 앞두고 있었던 때를 떠올려 보라. 남에게서 당신에게 가장 필요했던 것은 무엇인가? 그 필요한 것을 얻었는가? 얻지 못했다면 결과는 어땠는가?

예수와 초심자 베드로

[예수께서] 갈릴리 해변에 다니시다가 두 형제 곧 베드로라 하는 시몬과 그의 형제 안드레가 바다에 그물 던지는 것을 보시니 그들은 어부라. 말씀하시되 "나를 따라오라. 내가 너희를 사람을 낚는 어부가 되게 하리라" 하시니 그들이 곧 그물을 버려두고 예수를 따르

니라(마태복음 4장 18~20절).

열심히 일하던 이 어부들에게서 예수는 앞으로 그분의 사역의 리더가 될 원자재를 보셨다. 이 땅에서 리더로 활동하는 기간이 끝나면 그분은 사역을 그들에게 맡기실 참이었다. 예수가 부르시자 베드로와 그의 형제 안드레는 열정에 부풀어 여태 하던 일을 정말 그만두었다. 하지만 베드로는 열정만 있었지 이 새로운 직무를 어떻게 수행해야 할지 전혀 몰랐다. 초심자의 학습 단계에서는 예수가 베드로를 비롯한 제자들에게 일을 새로 가르쳐 주셔야 했다. 그래서 그분은 무엇을 어찌해야 할지 일러 주셨다. 예컨대 제자들을 처음 파송해 기쁜 소식을 전파하게 했을 때, 그분이 주신 기본 정보는 어디로 가서 뭐라고 말하고 무엇을 하며 어떻게 행할지 등 아주 상세했다.

예수께서 이 열둘을 내보내시며 명하여 이르시되 "이방인의 길로도 가지 말고 사마리아인의 고을에도 들어가지 말고 오히려 이스라엘 집의 잃어버린 양에게로 가라. 가면서 전파하여 말하되 '천국이 가까이 왔다' 하고 병든 자를 고치며 죽은 자를 살리며 나병환자를 깨끗하게 하며 귀신을 쫓아내되 너희가 거저 받았으니 거저 주라. 너희 전대에 금이나 은이나 동을 가지지 말고 여행을 위하여 배낭이나 두 벌 옷이나 신이나 지팡이를 가지지 말라. 이는 일꾼이 자기의 먹을 것 받는 것이 마땅함이라. 어떤 성이나 마을에 들어가든지 그 중에 합당한 자를 찾아내어 너희가 떠나기까지 거기서 머물라. 또 그 집에 들어가면서 평안하기를 빌라. 그 집이 이에 합당하면 너희 빈 평안이 거기 임할 것이요 만일 합당하지 아니하면 그 평안이 너희에게 돌아올 것이니라. … 보라, 내가 너희를 보냄이 양을 이리 가운데로 보냄과 같도다. 그러므로 너희는 뱀 같이 지혜롭고 비둘기 같이 순결하라"(마태복음 10장 5~13,16절).

 한 번 더 생각해 보기

교회에서나 다른 기관에서나 리더가 초심자에게 필요한 것을 제대로 채워 주지 않아 그들을 실패와 환멸에 빠뜨릴 때가 너무 많다. 오리엔테이션에 해당하는 이 학습 단계에서는 지시 사항을 구체적으로 전달해 초보자에게 당신의 배려심을 보이라. 그러면 당신이 사람을 소중히 여긴다는 게 역력히 드러난다.

도제(徒弟)에게 필요한 것

도제는 독립해서 일하는 데 필요한 모든 정보와 기술을 아직 숙달하지 못한 사람이다. 수행 코치가 목표를 정해 주고 학습 기회를 제공한 뒤, 수행을 관찰해 피드백을 주어야 한다. 잘한 부분은 칭찬하고 수정이 필요한 부분은 고쳐 주되, 잘한 부분도 균형 잡힌 시각으로 보게 해 주어야 한다. 그래야 도제가 초기의 성공에 너무 자만하거나 첫 번의 실패에 낙담하지 않는다.

운전을 배우는 그 십대 소녀는 도제 단계에서 안전벨트를 매고 차의 시동을 켰다. 그런데 도로로 나가자 난데없이 나타난 듯한 다른 차에 화들짝 놀라 울음을 터뜨린다. 강사는 그녀가 안전벨트를 맨 것과 시동을 제대로 켠 것을 칭찬해 주어야 한다. 그러나 또한 어떻게 사이드미러를 조정하고 어떻게 양방향을 살펴 차량 흐름을 확인해야 하는지에 대해서는 그녀에게 강사의 말을 복창하게 해야 한다.

세 발 지팡이로 걷는 법을 배우는 뇌졸중 환자도 도제 단계에서 첫발은 잘 뗐으나, 평소에 몇 초면 되던 거리를 몇 분씩 가야 한다는 사실에 좌절하며 화를 낸다. 재활 간호사는 지금까지의 진전을 칭찬하되, 아직 남아 있는 구간도 보게 하면서 방 저편까지 계속 이끌어 주어야 한다.

반드시 리더는 지시와 정보를 명확히 제시해야 하고, 이때 배려심을 보여야 한다. 인내는 행동하는 사랑의 핵심 요소다. 사람을 이끌어 도제 단계를 통과할 때도 인내가 필수다. 최종 결과를 늘 염두에 두되, 시종 칭찬으로 일을 이루어 나가라. 거의 맞는 행동이면 칭찬해 주라.

하나가 더 있다. 학습 과정을 가로막는 가장 빠른 길은 리더의 조급증이다. 따르는 이에게 당신의 사랑을 확실히 보여 주라. 예수 같은 리더가 되려는 마음을 당신의 행동 지침이자 인내의 동력으로 삼아라.

 한 번 더 생각해 보기

당신이 실패나 초기의 쉬운 성공을 넘어 더 수준 높은 이해와 수행에 이르도록, 남이 당신을 밀어주어야 했던 때를 생각해 보라. 이번에는 주위에 당신을 도와 다음 단계로 올라서게 해 주는 사람이 없어 당신이 그만두었던 때를 떠올려 보라.

당신의 부하 직원이나 가족이나 자원봉사자도 이전에 실패한 적이 있는 업무나 목표 앞에서 똑같은 감정을 경험할 수 있다.

이런 사례를 통해 당신이 도제 훈련 단계에서 해야 할 역할에 대해 무엇을 알 수 있는가?

예수와 도제(徒弟) 베드로

베드로가 도제로 훈련받던 중에 한번은 어떤 일을 아주 완벽히 잘했다가 곧이어 된통 망쳐 버린 적이 있다.

마태복음 16장 13~17절에 이런 기사가 나온다.

> 예수께서 빌립보 가이사랴 지방에 이르러 제자들에게 물어 이르시되 "사람들이 인자를 누구라 하느냐."
>
> 이르되 "더러는 세례 요한, 더러는 엘리야, 어떤 이는 예레미야나 선지자 중의 하나라 하나이다."
>
> 이르시되 "너희는 나를 누구라 하느냐."
>
> 시몬 베드로가 대답하여 이르되 "주는 그리스도시요 살아 계신 하나님의 아들이시니이다."
>
> 예수께서 대답하여 이르시되
>
> "바요나 시몬아, 네가 복이 있도다. 이를 네게 알게 한 이는 혈육이 아니요 하늘에 계신 내 아버지시니라."

그런데 불과 네 구절 만에 이렇게 바뀐다.

> 이때로부터 예수 그리스도께서 자기가 예루살렘에 올라가 장로들과 대제사장들과 서기관들에게 많은 고난을 받고 죽임을 당하고 제삼일에 살아나야 할 것을 제자들에게 비로소 나타내시니 베드로가 예수를 붙들고 항변하여(책망하여, NIV) 이르되 "주여, 그리 마옵소서. 이 일이 결코 주께 미치지 아니하리이다."
> 예수께서 돌이키시며 베드로에게 이르시되 "사탄아, 내 뒤로 물러가라. 너는 나를 넘어지게 하는 자로다. 네가 하나님의 일을 생각하지 아니하고 도리어 사람의 일을 생각하는도다" 하시고(마태복음 16장 21~23절).

흥미롭게 주목할 점은 예수가 두 경우 모두 베드로에게 가르침을 주셨다는 것이다. 첫 장면의 가르침은 잘한 일(베드로가 예수를 메시아요 살아 계신 하나님으로 알아보았다)에 대한 극찬과 이 쾌거의 경위에 대한 사실적 분석으로 이루어져 있다. 즉 성부 하나님이 그 진리를 계시해 주셨다. 두 번째 사건의 가르침은 매서운 표현으로 전달되는데("사탄아, 내 뒤로 물러가라"), 이 말씀에 강조되어 있듯이 베드로의 잘못된 생각과 행동은 워낙 중대해서 계속 반복되면 학습자의 자격이 박탈될 수도 있었다. 이 질타의 순간도 사뭇 극적이지만, 엿새 후에 베드로의 학습 과정은 더 극적으로 지속된다.

마태복음 17장 1~9절의 말씀이다.

> 엿새 후에 예수께서 베드로와 야고보와 그 형제 요한을 데리시고

따로 높은 산에 올라가셨더니 그들 앞에서 변형되사 그 얼굴이 해같이 빛나며 옷이 빛과 같이 희어졌더라. 그때에 모세와 엘리야가 예수와 더불어 말하는 것이 그들에게 보이거늘

베드로가 예수께 여쭈어 이르되 "주여, 우리가 여기 있는 것이 좋사오니 만일 주께서 원하시면 내가 여기서 초막 셋을 짓되 하나는 주님을 위하여, 하나는 모세를 위하여, 하나는 엘리야를 위하여 하리이다." 말할 때에 홀연히 빛난 구름이 그들을 덮으며 구름 속에서 소리가 나서 이르시되 "이는 내 사랑하는 아들이요 내 기뻐하는 자니 너희는 그의 말을 들으라" 하시는지라.

제자들이 듣고 엎드려 심히 두려워하니 예수께서 나아와 그들에게 손을 대시며 이르시되 "일어나라. 두려워하지 말라" 하시니 제자들이 눈을 들고 보매 오직 예수 외에는 아무도 보이지 아니하더라. 그들이 산에서 내려올 때에 예수께서 명하여 이르시되 "인자가 죽은 자 가운데서 살아나기 전에는 본 것을 아무에게도 이르지 말라" 하시니.

베드로의 변화 여정에는 그 밖에도 극적인 순간이 아주 많았다. 이런 시험과 시련을 거쳐 그는 하나님을 더 알아 갔고 신앙이 굳건해졌다. 하나님이 이 모든 경험을 통해 그를 기름 부음 받은 효과적인 리더로 빚으셨다. 변화 과정 내내 불변의 상수(常數)는 리더이신 예수가 자신을 따르는 이 도제에게 사랑으로 헌신하셨다는 것이다.

장인(匠人)에게 필요한 것

장인은 직무나 역할을 수행할 기술을 웬만큼 습득한 사람이다. 그런데 자칫 우리는 장인의 수준을 과대평가해, 리더가 기술을 언제 어디에 적용해야 할지만 말해 주면 될 정도라고 착각하기 쉽다. 하지만 사실은 장인도 때로 주춤거리거나 자신감을 잃거나 일에 대한 열의가 식을 수 있다. 리더가 부주의해 이를 간과하면, 장인은 조용히 냉담해질 수 있다. 자신감을 잃거나 사명감이 약해져 모험에 몸을 사릴 수도 있다.

게다가 기술이나 수행 의욕을 잃은 장인은, 환멸에 빠진 비판자가 되어 일하는 주변 사람들의 태도에 재를 뿌릴 수 있다. 리더가 장인에게 필요한 인정과 격려와 감화를 베풀지 않으면, 기관의 위험을 자초한다.

장인의 필요를 채워 주는 리더의 한 예는, 본인의 실수로 사고를 낸 십대 딸에게 부모가 운전의 특권을 다시 부여하는 경우다.

비슷하게 재활 간호사도, 장인 단계의 뇌졸중 환자에게 필요한 격려를 베풀 수 있다. 새로운 기술의 습득에 그가 얼마나 진전을 보였는지 상기해 주면서, 드디어 가족과 친구 앞에서 지팡이를 사용할 준비가 된 그를 자랑스럽게 여기는 것이다.

예수와 장인(匠人) 베드로

베드로는 물 위를 걸을 때 장인 특유의 행동을 보여 주었다.

제자들이 그가 바다 위로 걸어오심을 보고 놀라 유령이라 하며 무

서워하여 소리 지르거늘

예수께서 즉시 이르시되 "안심하라. 나니 두려워하지 말라."

베드로가 대답하여 이르되 "주여, 만일 주님이시거든 나를 명하사 물 위로 오라 하소서" 하니 "오라" 하시니

베드로가 배에서 내려 물 위로 걸어서 예수께로 가되 바람을 보고 무서워 빠져 가는지라. 소리 질러 이르되 "주여, 나를 구원하소서" 하니(마태복음 14장 26~30절).

  이 순간의 베드로는, 당면 과제를 능히 수행하는 사람의 훌륭한 사례다. 그가 배에서 나와 사나운 물결 위에 발을 딛는 데는 엄청난 믿음이 요구되었다. 우리는 도와 달라는 베드로의 부르짖음에 치중하느라 그가 실제로 물 위로 **걸었다**는 사실을 망각하기 일쑤다. 사실 예수 외에 물 위를 걸어 본 사람은, 베드로뿐이다. 다만 예수에게서 시선을 떼 풍랑을 걱정하기 시작한 게 그의 문제였다. 베드로의 자신감이 떨어지자 이미 발휘되고 있던 그의 능력도 그와 함께 물속에 빠졌다.

  베드로가 물 위를 걷는 능력을 보였음에도, 예수는 그가 물에 빠지기 시작하자 곁에서 그에게 필요한 지원을 베푸셨다. "예수께서 즉시 손을 내밀어 그를 붙잡으시며 이르시되 '믿음이 작은 자여, 왜 의심하였느냐' 하시고 배에 함께 오르매 바람이 그치는지라"(마태복음 14장 31~32절).

  리더이신 예수가 물에 빠져 가는 베드로에게 보인 반응에서 우리는 무엇을 배울 수 있을까? 첫째로, 보다시피 예수는 즉시 행동하셨다. 물속에 가라앉아 실수를 깨우치도록 그를 내버려 두지 않으셨다. 그분은 자신이 그를 돕고 지원하고자 곁에 계심을 그에게 즉시 알리셨다.

다음에, 보다시피 예수는 "손을 내밀어 그를 붙잡으"셨다(31절). 신체 접촉을 통해 이 허우적거리는 사도를 구해 주셨다. 베드로에게 우선 필요한 것이 지원임을 아셨기에 그분은 친히 손으로 그를 건지셨다. 이어 "믿음이 작은 자여, 왜 의심하였느냐"(31절)라는 말씀으로 자신의 변함없는 지원을 그에게 확증해 주셨다. 다시 말해서 예수가 베드로에게 — 또한 우리에게 — 일깨워 주셨듯이, 따르는 이에게 그분이 필요할 때마다 그분은 늘 곁에 계신다.

또 하나 중요하게 기억할 점은, 예수가 베드로를 붙잡으신 후에 여전히 둘이 배 밖에 있었다는 것이다. 베드로에게 팔을 두르시고 안전한 곳으로 동행하는 예수를 상상해 보라. 사무실이나 가정이나 공동체 등 어디서든 우리가 주변 사람들에게 베푸는 지원이야말로 그들이 계속 성장하는 비결이다.

대가(大家) 겸 스승에게 필요한 것

대가 겸 스승은 기술과 자신감과 동기가 모두 충분히 개발되어 있어 독립적으로 탁월한 성과를 낸다. 아울러 남을 가르치는 데 필요한 지혜와 통찰도 갖추어져 있다. 당신이 이끄는 대상이 대가 겸 스승 단계에 이르렀다면, 그의 지식을 차세대 리더들에게 전수하도록 도전하고 그럴 기회를 주어야 한다. 또한 그를 축복해 주어야 한다.

대가 겸 스승 단계의 예는 다음과 같다. 이전의 운전 교습생은 몇 년 후, 임시 면허증을 받은 남동생 곁에 동승해 그에게 교통 규칙을 교육

한다. 뇌졸중 환자는 이제 혼자서 재활 시설을 찾아가, 자신이 지나온 그 똑같은 독립 여정에 오른 새로운 환자들을 격려해 준다.

 한 번 더 생각해 보기

"너희는 가서 모든 민족을 제자로 삼아 아버지와 아들과 성령의 이름으로 세례를 베풀고 내가 너희에게 분부한 모든 것을 가르쳐 지키게 하라"(마태복음 28장 19~20절).
가서 남을 가르치라는 위임은 스승이 학생에게 베푸는 최고의 인정이고, 이 위임의 이행은 학생이 스승에게 바치는 최고의 경의와 감사다. 당신이 받은 것을 차세대에 전수하기 위해 당신이 하고 있는 일은 무엇인가?

예수와 대가(大家) 겸 스승 베드로

이 제자는 훈련을 다 수료했다. 그러나 이 학생이 대가 겸 스승으로 공인받아 최고의 스승이신 예수의 이름으로 남을 이끌 수 있으려면, 마지막으로 답해야 할 질문이 있었다. 다음 대화를 들어 보라.

> 그들이 조반 먹은 후에 예수께서 시몬 베드로에게 이르시되 "요한의 아들 시몬아, 네가 이 사람들보다 나를 더 사랑하느냐" 하시니 이르되 "주님, 그러하나이다. 내가 주님을 사랑하는 줄 주님께서 아시나이다."

이르시되 "내 어린 양을 먹이라" 하시고

또 두 번째 이르시되 "요한의 아들 시몬아, 네가 나를 사랑하느냐" 하시니 이르되 "주님, 그러하나이다. 내가 주님을 사랑하는 줄 주님께서 아시나이다."

이르시되 "내 양을 치라" 하시고

세 번째 이르시되 "요한의 아들 시몬아, 네가 나를 사랑하느냐" 하시니 주께서 세 번째 "네가 나를 사랑하느냐" 하시므로 베드로가 근심하여 이르되 "주님, 모든 것을 아시오매 내가 주님을 사랑하는 줄을 주님께서 아시나이다."

예수께서 이르시되 "내 양을 먹이라. 내가 진실로 진실로 네게 이르노니 네가 젊어서는 스스로 띠 띠고 원하는 곳으로 다녔거니와 늙어서는 네 팔을 벌리리니 남이 네게 띠 띠우고 원하지 아니하는 곳으로 데려가리라." 이 말씀을 하심은 베드로가 어떠한 죽음으로 하나님께 영광을 돌릴 것을 가리키심이러라. 이 말씀을 하시고 베드로에게 이르시되 "나를 따르라" 하시니(요한복음 21장 15~19절).

 한 번 더 생각해 보기

하나님을 사랑하는 것과 그분의 이름으로 남의 리더가 되는 것은 서로 불가분의 관계다. 그중 어느 한쪽만으로는 하나님을 높이면서 최고의 성과와 관계 둘 다를 이루어 낼 수 없다.

이 땅에서 제자들을 길러 세우시던 마지막 날에, 예수는 최후의 지침을 주시며 자신의 이름으로 그들을 파송하셨다.

"하늘과 땅의 모든 권세를 내게 주셨으니 그러므로 너희는 가서 모든 민족을 제자로 삼아 아버지와 아들과 성령의 이름으로 세례를 베풀고 내가 너희에게 분부한 모든 것을 가르쳐 지키게 하라. 볼지어다, 내가 세상 끝 날까지 너희와 항상 함께 있으리라"(마태복음 28장 18~20절).

그분이 이 고귀한 사명을 위해 제자들을 얼마나 잘 준비시키셨는지는 사도행전 2장 36~41절에서 베드로가 기쁜 소식을 전하는 장면을 읽어 보면 분명해진다.

"그런즉 이스라엘 온 집은 확실히 알지니 너희가 십자가에 못 박은 이 예수를 하나님이 주와 그리스도가 되게 하셨느니라" 하니라.
그들이 이 말을 듣고 마음에 찔려 베드로와 다른 사도들에게 물어 이르되 "형제들아, 우리가 어찌할꼬" 하거늘
베드로가 이르되 "너희가 회개하여 각각 예수 그리스도의 이름으로 세례를 받고 죄 사함을 받으라. 그리하면 성령의 선물을 받으리니 이 약속은 너희와 너희 자녀와 모든 먼 데 사람 곧 주 우리 하나님이 얼마든지 부르시는 자들에게 하신 것이라" 하고
또 여러 말로 확증하며 권하여 이르되 "너희가 이 패역한 세대에서 구원을 받으라" 하니 그 말을 받은 사람들은 세례를 받으매 이 날에 신도의 수가 삼천이나 더하더라.

베드로의 이 모습에서 우리는 예수의 멘토링을 통해 첫 부르심에서 지상 명령으로 옮겨 간 그를 볼 수 있다. 수천의 군중에게 말할 때 그는 대가 겸 스승의 능력을 보여 주었고, 그날 3천 명이 자진해서 세례를 받았다. 베드로는 예수의 메시지를 효과적으로 전하는 데 필요한 지식을 갖추었을 뿐 아니라 대가 겸 스승으로서 수준 높은 헌신도 보여 주었다. 예수의 메시지를 전하는 그의 담대함과 권위를 보라. 그는 참으로 사람을 낚는 어부였다.

 한 번 더 생각해 보기

당신을 리더로 바라보는 이들에게 당신이 해 주고 싶은 일은 무엇인가? 더 구체적으로 말해서, 주어진 일을 해낼 능력이나 헌신이 부족해 좌절에 빠진 사람에게는 무엇을 해 주고 싶은가? 일을 능히 스스로 할 뿐 아니라 남을 가르칠 수도 있는 사람에게는 무엇을 해 주고 싶은가? 어떻게 하면 대가 겸 스승 단계의 사람들 — 업무에 유능한 데다 남을 가르칠 의욕과 능력까지 갖춘 사람들 — 이 당신의 기관에 최고의 유익을 끼칠 수 있겠는가?

남을 당신의 대행자로 파송하는 것은, 그 사람의 능력과 헌신에 대한 최고의 신뢰다. 제자들에게 지상 명령을 주실 때 예수는 그들을 스스로 수행할 준비가 된 대가 겸 스승으로 보셨다. 이제부터는 지난 3년처럼 그들 곁에 몸으로 계시면서 지시와 지원을 하지는 않으시겠지만, 그래도 그분은 그들에게 등을 돌리지 않으시고 "내가 세상 끝 날까지 너희와 항상 함께 있으리라"라고 약속하셨다(마태복음 28장 20절).

대가 겸 스승의 필요에 대해 더 말해 둘 게 있다. **위임**(委任)과 유기(遺棄)는 다르다. 유기하는 리더는 훈련이 끝난 대상에게 등을 돌리고, 그동안 구축해 온 관계에서 손을 떼며, 어쩌다 나쁜 소식이 들려올 때만 관여한다. 그러나 위임하는 리더는 늘 소통을 유지하면서, 언제라도 요청에 응해 도울 준비가 되어 있다. 예수의 지상 명령은 유기가 아니라 위임이었다. 그분은 앞으로 제자들에게 자신이 필요할 것을 아셨고, 그래서 그들이 요청할 때마다 늘 지원이나 지시를 베풀 준비가 되어 있으셨다.

리더와 따르는 이는 파트너 관계다

오른쪽 도표와 같이[3] 초심자가 대가 겸 스승으로 발전해 나가려면, 리더가 파트너가 되어 다음 학습 단계로 넘어가는 데 필요한 지시와 지원을 베풀어야 한다. 학습자의 발달 과정의 성패는 리더와 따르는 이의 상호 헌신에 달려 있다.

또 하나 기억해야 할 게 있다. 모든 일에 다 초심자거나 도제거나 장인이거나 대가 겸 스승이기만 한 사람은 없다. 예컨대 직장 생활을 하다 보면 실제로 한 사람이 동시에 학습의 4단계에 모두 걸쳐 있을 수 있다. 신규 컴퓨터 프로그램에는 초심자인 사람이 예산을 짜는 데는 도제, 인력 개발에는 장인, 기획에는 대가일 수 있다. 그러므로 파트너로서 리더는 사람에 따라 접근을 달리할 줄 알아야 할 뿐 아니라 동일

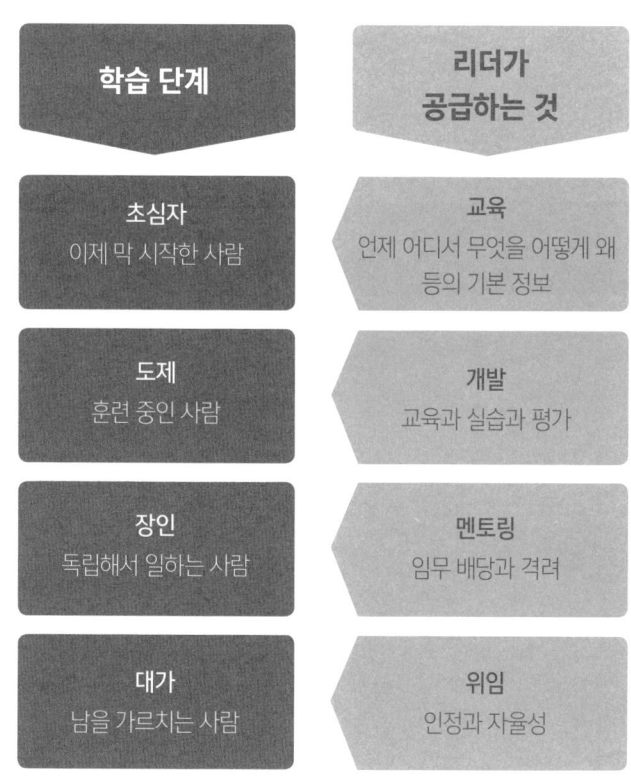

인에게도 기관 내에서의 분야별 발달 수준에 따라 결국 접근을 달리하게 된다.

리더와 따르는 이의 파트너 관계가 효과를 발하려면 일정한 조건이 채워져야 한다. 즉 리더와 따르는 이가 양쪽 다 다음과 같이 해야 한다.

- 학습의 4단계와 따르는 이에게 각 단계에서 무엇이 필요한지를

이해한다.
- ◆ 따르는 이를 위한 크고 작은 목표에 서로 동의한다.
- ◆ 따르는 이의 학습 단계가 목표별로 어디에 해당하는지를 함께 파악한다.
- ◆ 따르는 이에게 필요한 것이 목표별로 단계마다 무엇이며, 그것을 리더가 어떻게 공급할 것인지 함께 결정한다.
- ◆ 따르는 이가 새로운 학습 단계로 넘어갈 때가 언제이며, 그것이 리더와 따르는 이의 관계에 어떤 의미가 있는지 인식한다.

리더가 이런 조치를 잘 취하면 사람들을 더 잘 도와 각자의 책임 분야에서 수행 능력을 높여 줄 수 있다.

 한 번 더 생각해 보기

리더와 따르는 이를 파트너 관계가 되게 해 줄 위의 조치를 생각해 보라. 당신은 사람들의 수행 능력을 높여 주기 위해 위에 열거된 것과 비슷한 행동을 취한 적이 있는가? 아니라면 이제부터 그들과 진정한 파트너 관계를 이루기 위해 당신이 할 수 있는 일은 무엇인가? 당신이 취하고 싶은 첫 번째 조치를 알아낸 뒤, 그것을 언제 시행할지 결정하라.

자아라는
요인

24

너희 말을 항상 은혜 가운데서 소금으로 맛을 냄과 같이 하라
그리하면 각 사람에게 마땅히 대답할 것을 알리라

골로새서 4장 6절

효과적인 코치가 되려면, 사람을 상대의 눈높이에서 만나야 한다. 그런데 사무실이나 가정이나 공동체 등 어디서든, 따르는 이가 이기적일 경우 섬기는 리더는 이중의 도전에 부딪친다. 즉 따르는 이의 마음을 바르게 이끌어 주면서 동시에 학습 과정도 진행해야 한다. 상대가 당신의 리더십에 도전하거나 당신의 동기와 방법을 불신할 때는, 당신의 자아 — 하나님을 밀어내는 성향 — 를 억제하기가 몹시 힘들어질 수 있다. 교만한 마음으로 반응하거나 두려움에 떠밀려 결정하거나 지위의 권력으로 당신의 뜻을 관철하면, 학습 과정이 궤도를 이탈하기 쉽다.

반대로 리더가 이기적일 경우에는 따르는 이가 섬기는 데 다음과 같은 도전이 수반된다. 즉 리더에게 복음의 증인이 되면서 동시에 생산성과 성장에 필요한 기술과 경험도 계속 습득해야 한다. 가능하기는 하지만, 과정이 고될 수 있다. 따르는 쪽에서 아무리 섬기려 해도, 자아에 지배당하는 리더는 상대에게 환멸과 냉소를 조장할 수 있다. 그 결과 학습 과정은 효율성을 잃는다.

리더의 경우, 리더와 따르는 이의 관계에서 자아라는 요인을 퇴치하는 가장 빠른 길은 교만과 두려움에 빠지기 쉬운 성향을 인정하고 이에 맞서 싸우는 것이다. 리더가 영적으로 건강할수록 따르는 이의 신뢰와 헌신도 높아진다. 남을 감화하고 준비시켜 수행과 헌신의 수준을 향상하고 싶다면, 최선의 첫걸음은 당신 자신의 여정에서 진실성의 모범을 보이는 것이다.

따르는 이의 경우, 자존감과 안전감의 근거를 하나님의 무조건적인 사랑과 약속에 두었다면 이제 대국적 관점을 유지하는 게 중요하다. 자아에 지배당하는 리더의 부실한 대우에 맞대응해서 무엇을 얻고 무엇을 잃겠는지 넓게 보라는 뜻이다. 리더와 따르는 이가 둘 다 기꺼이 자신의 약한 모습을 내보이며 서로 궤도를 벗어나지 않도록 지원한다면, 최고의 결과가 가능하다. 정말 모두가 승리하는 상황이다. 리더도 이기고 따르는 이도 이기고 하나님도 이기신다!

리더와 따르는 이의 관계에 미치는 자아의 영향

 은혜가 넘치면 성과와 관계도 좋아지지만, 갈등이 있으면 성과와 관계도 고전한다. 어느 쪽에서든 은혜를 베풀면, 다른 사람들의 삶에도 은혜가 많아진다. 그래서 그 혜택을 모두가 누린다.
 훌륭한 리더십의 진정한 시험대는 리더의 자아와 따르는 이의 자아가 서로 부딪치는 순간이다. 둘의 관계 속에서 각자 교만과 두려움을 얼마나 잘 인식하고 극복하느냐에 따라, 그들은 공동의 목표를 달성하는 보람을 맛볼 수도 있고 좌절을 자초할 수도 있다.
 다음 도표는 리더와 따르는 이의 관계에 미치는 자아의 영향을 알아보기 쉽게 정리한 것이다. 관계가 잘 풀리지 않을 때는 이 도표에 힘입어, 단합된 목적을 방해할 만한 걸림돌을 찾아낼 수 있다.

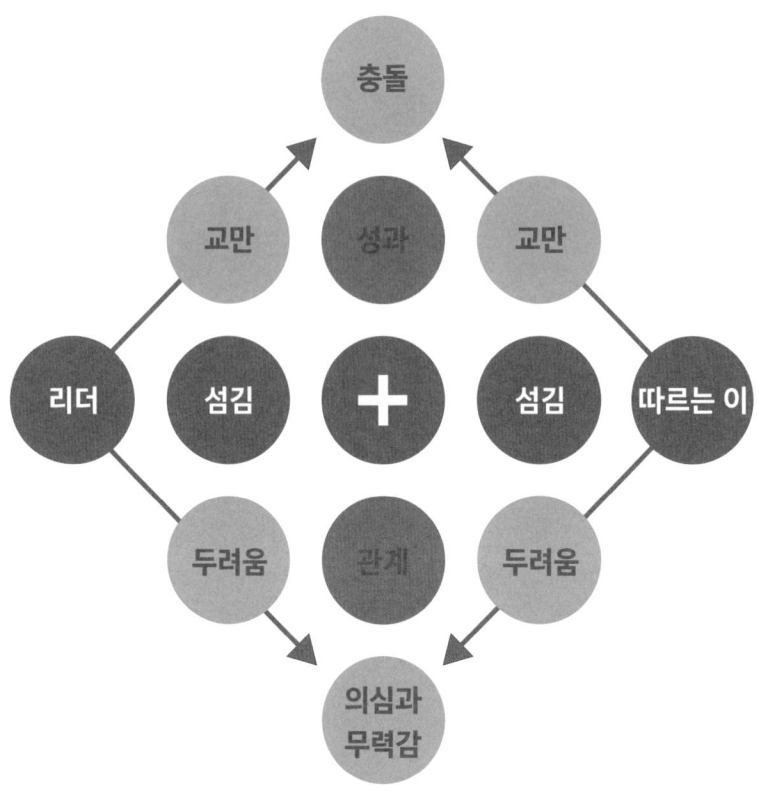

리더와 따르는 이의 가장 바람직한 관계

섬기는 리더+섬기는 따르는 이=성과와 관계

리더와 따르는 이의 이상적 관계는 상호 섬김과 신뢰로 나타난다. 그러면 창의성이 발휘되고, 학습이 이루어지고, 맹점이 밝혀지고, 잠재적 오해가 예방된다. 정말 모두가 승리하는 상황이다.

사례: 어머니와 십대 딸이 어떤 사안에 대해 정보를 교환해 타협점에 도달한다.

사례: 신기술 도입에 필요한 훈련의 수위에 대해 서로 다양한 의견을 교환한 뒤, 리더가 최종 결정을 내린다. 리더는 훈련이 진행됨에 따라 자신의 리더십 유형을 조정하기로 약속한다.

사례: 코치와 스타 선수가 경기 후 특정 상황을 함께 분석해, 승부를 결정지을 미래의 득점 전략에 합의한다. 코치와 선수 둘 다 자아를 통제하며 기꺼이 듣고 배운다. 양쪽 모두 헌신하여 최종 결정 사항을 시행한다.

 한 번 더 생각해 보기

리더와 따르는 이의 관계가 상호 섬김의 유대감을 보여 준 최고의 사례는 겟세마네 동산에서 성자 예수와 성부 하나님 사이에 있었다. "내 아버지여, 만일 할 만하시거든 이 잔을 내게서 지나가게 하옵소서. 그러나 나의 원대로 마시옵고 아버지의 원대로 하옵소서"(마태복음 26장 39절).

리더와 따르는 이의 4가지 늘 비효과적인 관계

교만과 두려움이 뒤섞이면 바람직하지 못한 형태가 나타난다.

1. 교만한 리더+교만한 따르는 이=충돌과 경쟁

리더와 따르는 이가 둘 다 교만하면, 관계가 기 싸움으로 변한다. 협력과 양보는커녕 양쪽 모두 논쟁에 이기고 힘을 과시하여 자신의 위상을 높이려 한다.

> 사례: 코치는 결승전에서 공을 점유하는 시간을 최대한 늘리는 작전으로 이기려 하는데, 젊은 슈퍼스타 선수는 화려한 개인기를 고집한다.
> 사례: 아버지와 아들이 너무 교만해서 서로 미안하다거나 무엇이 필요하다고 말하지 않는다.

2. 두려운 리더+두려운 따르는 이=고립과 무력감

리더와 따르는 이가 두려움에 차 있으면 초반부터 둘 다 그 두려움의 정당성을 입증하려 한다. 상대의 분명한 호의마저 처음부터 의심쩍게 여긴다. 문제가 발생해도 정보를 공유하려 하지 않아 해결에 걸림돌이 될 수 있다.

> 사례: 리더는 정서가 불안해 지위를 잃을까 봐 두려워하고, 따르는 이는 행여 이용당할 것이 두렵다. 이들은 서로 피상적인 칭찬만 주고받으며, 현황을 묻는 말에 방어 반응을 보인다.

3. 교만한 리더+두려운 따르는 이=착취

리더가 따르는 이에게 자기 뜻과 방식을 강요하며 자만심을 뽐내면, 따르는 이는 정서가 불안해 거기에 놀아날 수 있다. 그 결과는 공공선이 아닐 소지가 높다.

사례: 성과에 매달리는 목사가 회중을 위협해 성전 신축에 찬성표를 던지게 만든다.

4. 두려운 리더+교만한 따르는 이=조종

리더는 정서가 불안해 현명하지 못하게 양보하거나 지위의 권력으로 협력을 얻어 내려 하고, 따르는 이는 아집을 꺾지 않는다. 그러면 해로운 결과가 나타난다.

사례: 팀 리더는 통제권을 잃을까 봐 두려워 매사에 시시콜콜 간섭한다. 교만한 직원은 잘못된 지시인 줄을 알면서도 악의적으로 그대로 따르고 순종한다.

사례: 부모는 성질부리는 아이 때문에 창피당할 것이 두려워, 아이가 가게 진열장에서 집는 과자를 그냥 사 준다.

리더와 따르는 이의 4가지 개선 가능한 관계

리더의 자아와 따르는 이의 자아의 다음 4가지 조합은 특수한 문제를 일으키지만, 한쪽에서 변화의 주역으로 섬길 마음만 있다면 관계를 개선할 수 있다. 그 사람이 리더라면 변화를 주도하는 일은 사역의 기회이고, 그 사람이 따르는 이라면 복음의 증인이 될 기회다.

1. 섬기는 리더+두려운 따르는 이=사역

섬기는 리더는 따르는 이가 정서 불안의 행위를 보일 때도 계속 인내한다. 잘한 부분과 정직한 수고를 칭찬하면서 진정으로 안심시켜 준다.

사례: 지팡이로 걷는 법을 배우다가 두려움과 좌절감을 터뜨리는 뇌졸중 환자를 물리 치료사가 인내하며 격려해 준다.
사례: 성질부리는 아이를 부모가 참아 준다.

2. 섬기는 리더+교만한 따르는 이=사역

섬기는 리더는 겸손과 단호한 목적의식의 모범을 보일 뿐 아니라, 기꺼이 기준을 고수하면서 자신의 리더십에 대한 도전을 견뎌 낸다.

사례: 교만한 제자들이 서로 누가 크냐며 말다툼을 벌였을 때 예수는 그들의 발을 씻어 주셨다.

3. 교만한 리더+섬기는 따르는 이=복음의 증인

따르는 이는 리더의 부정적 반응을 선뜻 감수하면서까지 원칙을 고수하거나 과오를 지적한다.

사례: 선지자 나단은 다윗 왕이 밧세바에게 저지른 잘못을 지적했다.

4. 두려운 리더+섬기는 따르는 이=복음의 증인

따르는 이는 원칙을 저버리지 않으면서도 리더의 정서 불안에 대해 겸손히 존중하는 반응을 보인다.

사례: 다윗은 두려움에 찌든 사울 왕에게 추격당할 때 그를 죽일 기회가 있었는데도 일부러 마다했다.
사례: 대학에 진학해 집을 떠나게 된 딸 때문에 부모가 두려워할 때 딸이 인내심을 보인다.

학습의 4단계에 미치는 자아의 영향

앞서 거듭 강조했듯이 우리는 모두 완전하지 못하다. 그래서 날마다 자아 문제를 직시해야 한다. 그렇지 않으면 그런 문제가 우리를 목적에서 이탈시키고, 리더와 따르는 이의 관계에 악영향을 미친다. 학습의 4단계에서 리더와 따르는 이에게 닥쳐올 수 있는 자아 문제를 단계별로 살펴보자.

초심자 단계

학습자인 초심자의 자아 문제	스승인 리더의 자아 문제
실패에 대한 두려움	기초를 가르칠 때 조급해 함
자신의 부족함에 대한 두려움	더딘 진척에 대한 좌절
어리석어 보일 것에 대한 두려움	조기에 위임하고 싶은 유혹
지위에 대한 교만	학습자의 잠재력을 속단함
이전의 수행 성과에 대한 교만	실패에 대한 두려움
리더나 훈련 방법에 대한 신뢰 부족	

도제 단계

학습자인 도제의 자아 문제	스승인 리더의 자아 문제
진척이 없어 낙심함	실패에 대한 두려움
학습 과정에 대한 조급증	열정이 없어 좌절함
학습 과정에 대한 믿음의 상실	사람에 대한 비현실적 기대
실패에 대한 두려움	남의 평가에 대한 두려움
자신의 부족함에 대한 두려움	비판에 대한 두려움
리더에 대한 믿음의 상실	지위를 잃을 것에 대한 두려움
일에 대한 열의가 식음	

장인 단계

학습자인 장인의 자아 문제	스승인 리더의 자아 문제
새로운 상황 속에 들어갈 때 실패할 것에 대한 두려움	민감성의 부족, 열정의 상실
기술의 확대 응용에서 성공할 것에 대한 두려움	조급증
탈진, 열정과 비전의 상실	개인의 사안을 다루는 데 요구되는 친밀함에 대한 두려움
퇴행에 대한 두려움	학습자가 스승을 능가할 것에 대한 두려움
경쟁에 대한 두려움	
수행 중에 실수를 지적받을 것에 대한 두려움	
착취당할 것에 대한 두려움	

대가 겸 스승 단계

학습자인 대가의 자아 문제	스승인 리더의 자아 문제
현재 알고 있는 기술에 안주함	따르는 자가 온전히 영감을 받고 충분히 준비된 데 따른, 경쟁에 대한 두려움
비판이나 지시를 받아들이지 않으려는 마음	스승이 하는 일을 학습자도 할 수 있게 된 데 따른, 퇴물이 될 것에 대한 두려움
자만심	정보나 공로를 공유하지 않으려는 마음
기술을 이기적 목적으로 오용함	통제권을 잃을 것에 대한 두려움

리더와 따르는 이는 둘의 관계를 가로막을 수 있는 자아의 장벽을 인식하고 기꺼이 그 문제를 거론해야 한다. 그러면 각자의 준비, 개방적 소통, 관계와 서로를 섬기려는 상호 헌신 등을 통해 그런 장벽을 개인적으로 그리고 함께 극복해 나갈 수 있다.

 한 번 더 생각해 보기

당신은 어떤 수행 코치인가? 당신이 사람들에게 기대하는 성과를 그들도 아는가? 일단 목표가 명확히 소통되었다면, 이제 당신은 사람들을 도와 승리하고 목표를 달성하고 A학점을 받게 하는 데 혼신의 노력을 다하고 있는가? 당신의 사람 중 일부가 교만이나 두려움에 지배당해도 당신은 섬기는 마음을 유지할 수 있는가? 솔직하게 답해 보라.

토의 가이드

Part 5. 훌륭한 리더의 손(21~24장)

손은 예수 같은 리더의 행동 부분을 보여 주는 강렬한 상징이다. 손으로 그분은 두려워하는 자를 건지고, 의심하는 자에게 확신을 주고, 넘어진 자를 일으키고, 다른 데 마음이 팔린 자를 더 높은 소명으로, 그리고 그분과의 특별한 인격적 관계로 부르셨다.

핵심 개념 1

예수는 탁월한 수행 코치셨다. 제자들이 개인, 그리고 단체로서 성장해 감에 따라 그분의 리더십 유형도 적절히 변신했다. 그분은 또 제자들에게 자신이 떠나신 후에 구원의 메시지를 전하는 일을 계승할 권한도 부여하셨다. 예수는 **머리**와 **마음**에 품고 계신 섬기는 리더십을 손으로 — 리더이신 자신의 효과적인 섬김을 통해 — 능히 제자들에게 소통하셨다.

1. 당신이 속한 기관에서 소통에 실패해 결과가 기대했던 바와 크게 달라졌던 때를 말해 보라. 다들 잘 이해했는지를 애초에 확인했더라면 면할 수 있었을, 그 좌절과 에너지 낭비를 되짚어 보라.

2. 일상 코칭을 통해서만 리더는 긍정적 성과와 건강한 관계라는 이중 목표를 확실히 달성할 수 있다. 리더가 책임만 위임하고 중간에 도움과 지도를 베풀지 않을 때 벌어지는 일을 3가지만 꼽아 보라.

핵심 개념 2

초심자가 대가 겸 스승으로 발전해 나가려면, 리더가 파트너가 되어 다음 학습 단계로 넘어가는 데 필요한 지시와 지원을 베풀어야 한다.

1. 당신이 미숙한 초심자로서 새로운 직무나 역할을 앞두고 있었던 때를 말해 보라. 시작하기 위해 남에게서 당신에게 가장 필요했던 것은 무엇인가? 그 필요한 것을 얻었는가? 얻지 못했다면 결과는 어땠는가?

2. 무언가를 새로 배우는 단계에서 당신이 실패나 초기의 쉬운 성공을 넘어 더 수준 높은 이해와 수행에 이를 수 있도록, 남이 당신을 밀어주어야 했던 때를 말해 보라. 주위에 당신을 도와 다음 단계로 올라서게 해 주는 사람이 없어, 당신이 그만두었던 때를 떠올려 보라. 당신이 이끄는 대상 중에서 도움이나 지원이 필요한 사람이 누구인지를 파악하기 위해 당신이 리더로서 하는 일은 무엇인가? 그들이 그만두려는 징후로 당신이 주시하고 있는 것은 무엇인가?

3. 당신이 일을 잘하고도 별로 인정받지 못했던 때가 기억나는가? 그때 리더가 당신 곁에 다가와 다소나마 인정을 표현해 주었다면 어땠을까? 그런 배려가 당신에게 어떤 영향을 미쳤겠는가?

4. 당신 자신도 근래에 배웠던 것을 남에게 가르치고 지도할 기회가 주어졌던 때를 말해 보라. 당신이 따르는 자로서 준비되어 있었던 것이 남의 리더 역할을 하는 데 어떤 영향을 미쳤는가?

핵심 개념 3

훌륭한 리더십의 진정한 시험대는 리더의 자아와 따르는 이의 자아가 서로 부딪치는 순간이다. 둘의 관계 속에서 각자 교만과 두려움을 얼마나 잘 인식하고 극복하느냐에 따라, 그들은 공동의 목표를 달성하는 보람을 맛볼 수도 있고 좌절을 자초할 수도 있다.

1. 리더와 따르는 이의 이상적 관계는 상호 섬김과 신뢰로 나타난다. 리더로서든 따르는 이로서든 당신이 업무상의 관계에서 그것을 경험했던 때를 말해 보라. 이런 긍정적인 경험과 효과적인 파트너 관계를 낳는 데 도움이 된 행동은 무엇인가?

2. 당신은 어떻게 사람들을 도와 수행 능력을 높여 주고 있는가? 그들과 진정한 파트너 관계를 이루기 위해 당신이 할 수 있는 일은 무엇인가? 당신이 취하고 싶은 첫 번째 조치를 알아낸 뒤, 그것을 언제 시행할지 결정하라.

3. 5부에서 당신에게 가장 중요하게 다가온 개념은 무엇인가? 그것을 당신의 삶 속에 실행하기 위해 무엇을 하겠는가? 기한을 언제까지로 정하겠는가?

LEAD LIKE JESUS
REVISITED

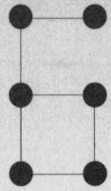

행위

―― PART 6 ――

습관

사랑에는 거짓이 없나니 악을 미워하고 선에 속하라
형제를 사랑하여 서로 우애하고 존경하기를 서로 먼저 하며
부지런하여 게으르지 말고 열심을 품고 주를 섬기라
소망 중에 즐거워하며 환난 중에 참으며 기도에 항상 힘쓰며
성도들의 쓸 것을 공급하며 손 대접하기를 힘쓰라

로마서 12장 9~13절

지난 10여 년간 우리가 깨달은 사실이 있다. 예수 같은 리더가 되려면 그분과의 관계가 필수다. 그분과의 관계를 통해 '나'라는 사람 자체가 변화되지 않고는 리더로서도 달라질 수 없다. 예수를 따르지 않고는 그분 같은 리더가 될 수 없다. 우리가 깨달은 사실이 또 있는데, 바로 우리 힘으로는 예수 같은 리더가 될 수 없다. 스스로는 불가능한 일이다. 예수와의 친밀한 관계를 통해서만 우리 마음이 변화되고 생각이 깨이고 행동이 달라진다. 그러려면 몇 가지 습관을 실천해 그분과 함께 있고 그분께 집중해야 한다. 리더로서 우리가 행하는 일은, 하나님의 임재 안에서 시간을 보내면서 우리 마음과 생각에 일어난 변화의 직접적 결과다.

앞서 3부에서는 고독을 경험하고, 기도를 실천하고, 성경을 알고 적용하며, 지원 관계를 유지하는 등의 '존재 습관'을 살펴보았다. 이 모든 실천은 하나님의 사랑을 받아들이고 그 안에 거하는 중심 습관을 보강해 준다.

계속 강조했듯이 예수 같은 리더가 되려면 그분을 더 닮아야 한다.

예수를 우리의 구주와 주님으로만 아니라, 하나님이 바라시는 대로 날마다 본받아야 할 대상으로 보아야 한다. 그분을 그렇게 보면 리더로서 우리도 소정의 습관을 실천해야 함을 깨닫는다. 예컨대 야고보서에 보듯이 우리는 '듣기만' 할 게 아니라 '말씀을 행하는 자'가 되어야 한다(야고보서 1장 22절). 다시 말해서 **존재**에서 **행위**로 나아가야 한다. 이 연계가 특히 중요한 이유는, 우리가 믿기로 기독교의 다음 번 큰 운동이 단지 말의 선포가 아니라 행동의 시범이어야 하기 때문이다.

우리가 믿는 것을 다른 사람들도 믿기를 바란다면, 우리의 행실이 비그리스도인과는 달라야 한다. 예수는 그것을 이렇게 표현하셨다.

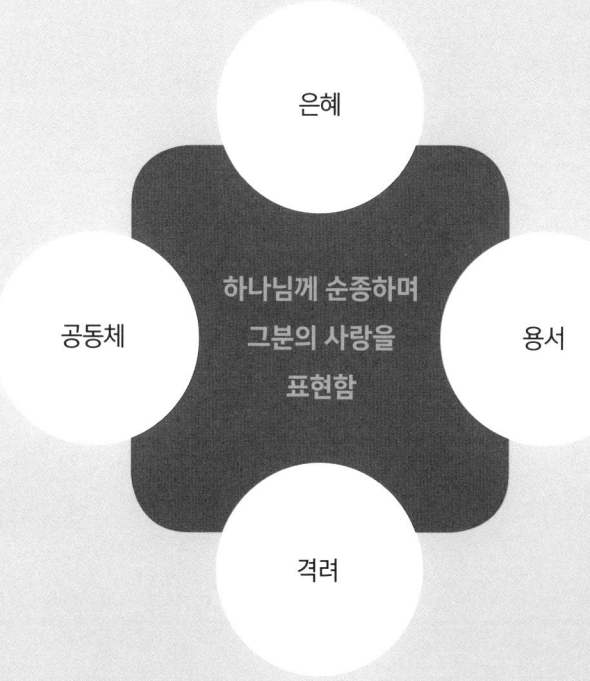

"이같이 너희 빛이 사람 앞에 비치게 하여 그들로 너희 착한 행실을 보고 하늘에 계신 너희 아버지께 영광을 돌리게 하라"(마태복음 5장 16절).

우리의 리더십이 예수를 닮으려면, 당연히 그분의 대인 교류의 특징인 5가지 습관을 잘 살펴보아야 한다. 보다시피 중심이 되는 행위 습관은 하나님께 순종하며 그분의 사랑을 표현하는 것이다. 나머지 4가지 습관 — 은혜, 용서, 격려, 공동체 — 은 하나님의 무조건적인 사랑이 그분의 사람들을 통해 표현되는 방식이다.

하나님께 순종하며 그분의
무조건적인 사랑을 표현하는 습관

25

너희는 하나님이 택하사 거룩하고 사랑받는 자처럼
긍휼과 자비와 겸손과 온유와 오래 참음을 옷 입고
누가 누구에게 불만이 있거든 서로 용납하여 피차 용서하되
주께서 너희를 용서하신 것같이 너희도 그리하고
이 모든 것 위에 사랑을 더하라 이는 온전하게 매는 띠니라

골로새서 3장 12~14절

우리가 자주 받는 질문이 있다. "사랑이 리더십과 무슨 상관이 있습니까?" 간단히 답하자면, **처음부터 끝까지 모두 상관된다.** 사랑은 리더십의 핵심 가치며, 예수 같은 리더에게는 더 말할 것도 없다. 자신의 영향권 내에 있는 모든 상황에서 우리가 던져야 할 질문은 이것이다. "어떻게 하면 최대한 사랑할 수 있을까?" 리더인 당신은 늘 사랑으로 반응하는 쪽을 택할 수 있는데, 그 방안이 대개 가장 쉬운 길은 아니다. 사랑하려면 때로 당신의 교만과 두려움을 내려놓고, 힘들어도 직원에게 책임을 물어야 한다. 리더들은 그런 대화를 회피할 때가 있다. 그러나 사랑하려면 진실을 말해 상대의 발전을 도와야 한다. 상대를 놓아 보내는 게 최고의 사랑인 상황도 있다. 리더로서 우리는 직원을 해고할 때도 은혜와 예우와 관용은 물론 사랑을 잃어서는 안 된다.

"어떻게 하면 최대한 사랑할 수 있을까?"라는 물음은 가정을 이끌 때도 필요하다. 때로 우리는 가장 사랑하는 가족보다 생판 모르는 남에게 더 친절과 사랑과 배려를 베푼다. 가정에 사랑의 환경을 조성하면, 사랑할 줄 아는 사람들이 길러진다. 사실 리더인 우리는 자신의 영향권이라면 어디에나 사랑과 은혜와 배려의 환경을 조성해야 한다.

하나님의 말씀에 아주 분명히 밝혀져 있듯이, 사랑은 그분을 따르는 모든 사람의 사명이다. 성경 전체에 사랑의 개념이 등장한다. 가장 큰 두 계명은 우리의 전 존재로 하나님을 사랑하고 타인을 자신처럼 사랑하는 것이다(마태복음 22장 36~40절). 고린도전서 12장 31절에 바울은 "너희는 더욱 큰 은사를 사모하라. 내가 또한 가장 좋은 길을 너희에게 보이리라"라고 쓴 뒤 이렇게 말을 이었다.

내가 사람의 방언과 천사의 말을 할지라도 사랑이 없으면 소리 나는 구리와 울리는 꽹과리가 되고 내가 예언하는 능력이 있어 모든 비밀과 모든 지식을 알고 또 산을 옮길 만한 모든 믿음이 있을지라도 사랑이 없으면 내가 아무것도 아니요 내가 내게 있는 모든 것으로 구제하고 또 내 몸을 불사르게 내줄지라도 사랑이 없으면 내게 아무 유익이 없느니라(고린도전서 13장 1~3절).

보다시피 사랑이 없으면, 우리는 **아무것도 아니고 아무 유익도 없다.** 앞서 말했듯이 예수를 닮은 리더십의 기초는 사랑이다. 예수 같은 리더가 되려면, 다양한 방식으로 늘 사랑을 행동에 옮겨야 한다.

 한 번 더 생각해 보기

헨리 드러몬드의 《사랑, 세상에서 가장 위대한》에 보면 그의 표현으로 "사랑의 스펙트럼"의 9가지 요소가 나온다.[1] 고린도전서 13장 4~7절에 기초해 그는 인내심, 친절, 관용, 예의, 겸손, 이타심, 온유함, 순수함, 진실성을 꼽았다.
예수 같은 리더가 되려는 우리에게 도전적인 연습은 사랑의 그런 측면들을 공부한 뒤 그 각각에 대해 자신에게 이렇게 묻는 것이다.

◆ 내가 삶 속에서 사랑의 이 측면을 실천하는 때는 언제인가?
◆ 내가 삶 속에서 사랑의 이 측면을 실천하기 힘들었을 때는 언제인가?

사랑의 이런 요소들을 자신이 어떻게 표현하고 있는지를 정확히 알수록, 당신은 그것을 일상의 선택 속에 더 잘 통합할 수 있다. 또한 사랑에 기초한 리더가 되기도 더 쉬워진다.

하나님의 백성인 우리는 "사랑 가운데서 뿌리가 박히고 터가 굳어져" 있다(에베소서 3장 17절). **그분의** 사랑 가운데서 말이다. 하나님이 먼저 우리를 사랑하셨고, 그 사랑의 표현으로 이 땅에 예수로 오셔서 우리 죄를 위해 십자가에서 죽으셨다. 이것이 사랑이다!

자신이 받은 것이면, 누구나 남에게 줄 수 있다. 그래서 하나님의 사랑을 받은 우리도, 그 사랑을 남에게 나눌 수 있다. 하나님의 사랑은 위력이 있어 모든 것을 변화시킨다. 지금 우리가 말하는 사랑은, 우리 자신에게서 비롯될 수 없다. 이 사랑은 자신에게 희생이 따를지라도 상대의 유익을 도모한다. 이 사랑은 헌신적으로 사람을 도와 지금의 자리에서 하나님이 원하시는 자리로 옮겨 가게 한다. 이 사랑은 담대히 진실을 말하면서도 동시에 따뜻하게 손을 잡아 준다. 어떻게 이처럼 사랑할 것인가? 다시 말하지만, **당신의** 힘으로는 안 된다. 하지만 당신이 기꺼이 하나님께 자신을 내어 드린다면, 그분이 당신을 통해 사람들을 사랑하실 수 있다. 그렇다고 오해하지는 말라. 때에 따라 당신이 모든 수를 써서 아무리 사랑해도 사람이나 환경이 달라지지 않을 수도 있다(변하지 않는 학대 상황에서 당신 자신을 보호하도록 하나님이 당신에게 선을 그어 주신다). 그래도 여기 사랑으로 변화되고 구원된 삶의 실제 이야기를 소개한다.

Lead Like Jesus 워크숍에서 어느 여성 참석자가 털어놓은 이야기다. 그녀는 훌륭한 남자와 결혼했는데, 그의 마음 깊이 쌓여 있던 분노를 전혀 몰랐다. 신혼여행 때부터 문제가 터졌다. 그가 아주 사소한 일로 화내며 비속어로 욕까지 한 것이다. 그녀는 **자신의** 잘못인 줄로 알았다. 자신의 행동이 달라지면 남편이 결혼 전의 모습으로 돌아오리라 생각했다. 그래서 행동을 조심하면서 남편을 기쁘게 하려고 노력했다. 가장 힘든 일은 그의 분노를 예측하는 부분이었다. 도무지 전후 맥락이 없었다. 똑같은 상황이 어떤 날은 아무런 문제도 아니었다가 어떤 날은 분노의 열변을 촉발하곤 했다. 살얼음을 딛는 삶의 연속이었고, 그 얼음마저 깨져 가고 있었다. 그녀의 몸에 평생 앓아 본 적 없는 여러 병까지 생겼다. 치료를 받기는 했지만, 알고 보니 그녀의 질환은 고단한 결혼 생활에 대한 몸의 반응이었다.

그녀는 지칠 줄 모르고 남편을 위해 기도했다. 그에게 이런저런 제안도 해 보고, 하나님을 대변해 그를 깨우쳐 주려고까지 했다. 하지만 아무것도 달라지지 않았다. 그러던 어느 날 그녀는 그야말로 필사적으로 이렇게 기도했다. "아버지여, 저도 남편을 아버지께서 사랑하시듯 사랑하게 도와주소서. 아버지의 눈으로 남편을 보게 하소서. 지금의 모습이 아니라 장차 아버지의 은혜로 변화될 모습을 보게 하소서. 남편에게 다시 상처를 입기 전에 미리 용서하게 하소서. 용서하지 않으려는 마음을 내려놓고 남편에게 은혜를 베풀게 하소서. 남편이 말로 상처를 주어도 저 자신을 탓하게 않게 하소서. 사랑으로 반응할 수 있도록 제 마음을 보호하여 주소서."

그렇게 기도하고부터 남편이 달라 보였다. 그녀는 꼭 그의 바른 행동을 포착해서 격려해 주었다. 쪽지와 카드로 자신의 사랑을 상기시켰고, 그의 취향에 맞게 재미있는 시간을 계획했다. 남편이 한바탕 분노를 터뜨린 뒤 처음으로 사과하던 때를 그녀는 지금도 기억한다. 좀처럼 믿어지지 않았다! 눈앞에서 벌어지는 변신을 목격하는 심정이었다. 오랜 시간이 걸렸지만, 하나님은 그녀를 통해 그 남편을 사랑하셔서 그가 늘 되고 싶어 하던 남자로 변화시키셨다.

사랑은 이토록 사람을 구원한다. 우리도 하나님의 사랑을 받아들이면, 그분께 순종하여 남에게 사랑을 표현할 수밖에 없다. 그분이 먼저 우리를 사랑해 주셨기 때문이다. 그런 그분이 우리에게 명하여 그분을 사랑하고 또 남을 사랑하라 하셨다. 우리의 사랑은 은혜, 용서, 격려, 공동체 등의 습관을 통해 표현된다.

 한 번 더 생각해 보기

하나님의 무조건적인 사랑을 주변 사람들에게 더 효과적으로 반사하기 위해 오늘 당신이 할 수 있는 일은 무엇인가?

은혜
습관

26

하나님이 능히 모든 은혜를 너희에게 넘치게 하시나니
이는 너희로 모든 일에 항상 모든 것이 넉넉하여
모든 착한 일을 넘치게 하게 하려 하심이라

고린도후서 9장 8절

용서를 거두면 그 영향이 가해자와 나 자신에게만 미친다고 생각하기 쉽다. 그러나 사실은 앙심이 우리 마음속에 뿌리를 내려서, 거기서 피어나는 독소가 우리의 모든 관계에 영향을 미친다. 이와 비슷하게, 현 순간을 누리지 않고 굳이 과거에 머물러 살아도 그 영향은 우리의 영향권 내에 있는 모두에게 미친다. 은혜와 용서는 권투의 연타와도 같다. 용을 그린 다음 마지막으로 눈동자를 그린다는 뜻의 화룡점정(畵龍點睛)이란 옛말에도 있듯이 은혜는 용서를 완성하여, 이미 용서된 죄와 과거를 덮는다.

은혜는 자격 없이 받는 선물로 정의되어 왔다. 우리가 알기에도 그것은 사실이다. "너희는 그 은혜에 의하여 믿음으로 말미암아 구원을 받았으니 이것은 너희에게서 난 것이 아니요 하나님의 선물이라. 행위에서 난 것이 아니니 이는 누구든지 자랑하지 못하게 함이라"(에베소서 2장 8~9절).

은혜가 없다면 우리는 어떻게 될까? 모두 곤경에 빠질 것이다. 성경은 우리에게 서로 돌아보아 "하나님의 은혜에 이르지 못하는 자가 없도록 하"라고 명한다(히브리서 12장 15절). 리더인 우리는 가정과 교회와 기관에서 은혜를 베푸는 사람이다. 우리가 베풀 수 있는 은혜는, 누구나 각자의 인식 수준에서 최선을 다하고 있다고 믿어 주는 것이다. 어떻게든 은혜를 베푸는 것이 우리의 본분이다. 우리는 은혜의 길로 이끄는 리더다.

당신에게 은혜가 필요했던 적이 있다면 당신도 은혜의 위력을 안다. 비판과 벌을 받아 마땅한 상황에서 대신 은혜가 주어지면, 잘 믿어지지도 않고 말로 표현하기도 어렵다. 로마서 5장 20~21절에 은혜에 대한 이런 말씀이 있다.

율법이 들어온 것은 범죄를 더하게 하려 함이라. 그러나 죄가 더한 곳에 은혜가 더욱 넘쳤나니 이는 죄가 사망 안에서 왕 노릇한 것같이 은혜도 또한 의로 말미암아 왕 노릇하여 우리 주 예수 그리스도로 말미암아 영생에 이르게 하려 함이라.

믿기 어렵지만, 사람의 죄가 더할수록 하나님의 은혜는 더욱 넘친다. 하지만 위 본문에 바로 뒤이어 뻔한 질문과 그에 대한 답이 나온다. "그런즉 우리가 무슨 말을 하리요. 은혜를 더하게 하려고 죄에 거하겠느냐. 그럴 수 없느니라. 죄에 대하여 죽은 우리가 어찌 그 가운데 더 살리요"(로마서 6장 1~2절).

은혜 덕분에 우리는 딴사람이 되었고, 이전의 모습으로 돌아갈 마음이 없다. 이렇듯 은혜에 대한 반응으로 우리는 나쁜 행동을 계속하는 게 아니라 이전보다 나아지고 싶어진다. 당신이 완전히 얼간이처럼 행동했는데 당신을 사랑하는 누군가가 은혜로 반응한 적이 있는가? 그래서 당신은 더 얼간이가 되고 싶던가? 이상적으로 이런 은혜는 우리를 — 잘못된 행동과 함께 — 당장 막아 세운다.

우리의 친구 탐(Tom)이 놀라운 은혜의 이야기를 해 주었다. 결혼 초기 그는 다른 여자와 함께 있다가 아내에게 들켰다. 즉석에서 아내가 그에게 다가와 "나중에 얘기 좀 해요"라고 말했다. 그는 급히 집으로 돌아가 아내가 지금 대화하려는지 보았다. 그녀는 시간이 필요하다고 말했다. 그때가 화요일이었는데 금요일이면 대화할 준비가 되겠다는 것이었다. 탐은 그 며칠이 고문과도 같았다고 한다. 그의 생각에 자신은 아내와 어린 두 자녀를 잃은 게 분명했다. 아내가 자신을 가정에 계속 받아 줄 리가 없었다.

금요일에 그녀는 준비가 되었다며 탐에게 대화를 청했다. 탐은 그 장면을 우리에게 이렇게 묘사했다. 둘이 마주 앉은 자리에서 그녀가 그의 눈을 똑바로 보며 말했다. "나는 결정했어요. 당신에게 최고의 아내와 연인이 되고 아이들에게 최고의 엄마가 되기로 했어요. 이제 당신이 어떻게 할지 결정하세요."

탐은 아내 앞에 무릎을 꿇고 흐느꼈다고 한다. 은혜에 대해 평생 듣기만 했지 한 번도 경험한 적은 없던 그였다. 사실 그는 아내의 믿기 어려운 은혜의 행위를 통해 처음으로 하나님의 은혜를 제대로 깨달았다. 그가 우리에게 하는 말이, 자신도 이후 40년간 아내에게 남편다운 남편이 되려고 노력했고, 아내도 이후 40년간 그날의 약속을 지켰다고 한다.

은혜는 이미 사고를 친 사람에게 베푸는, 행동하는 사랑이다. 은혜는 상대에게 교제를 선사한다. 하나님도 당신에게 은혜로 다가오셔서 그분과의 친밀한 관계를 회복시켜 주셨다. "우리가 아직 죄인 되었을 때에 그리스도께서 우리를 위하여 죽으"셨다(로마서 5장 8절). 우리가 죄 가운데 그분을 떠나도 그분의 은혜는 넘친다. 나아가 하나님의 은혜는 우리를 변화시킨다!

예수는 이 땅에서 리더로 활동하시는 동안 끊임없이 은혜로 손을 내밀어 사람들을 치유하시고 관계를 회복하셨다. 예수 같은 리더가 되려면 우리도 은혜의 주역이 되어 "그 은혜의 지극히 풍성함"을 솔선해서 보여야 한다(에베소서 2장 7절).

한 번 더 생각해 보기

당신의 가정이나 일터에 은혜 — 구체적으로 당신과의 관계를 회복할 기회 — 가 필요한 사람이 있는가? 그렇다면 이 책을 내려놓고 당장 가서 은혜의 주역이 되라.

용서
습관

27

너희가 사람의 잘못을 용서하면 너희 하늘 아버지께서도
너희 잘못을 용서하시려니와 너희가 사람의 잘못을 용서하지 아니하면
너희 아버지께서도 너희 잘못을 용서하지 아니하시리라

마태복음 6장 14~15절

인간적으로 말해서 용서란 불가능한 일이다. 지구상의 모든 사람이 남의 말이나 행동에 상처를 입은 경험이 있다. 상처의 경험은 신뢰가 무너지는 데서부터 관계가 깨지는 데까지 다양한 형태로 찾아온다. 동업자가 당신의 사업을 방해한다. 배우자가 바람을 피운다. 가족이 당신과 남을 이간질한다. 교인들이 당신을 비난한다. 당신이 사랑하는 사람이 학대를 일삼는다. 사랑하는 이에게 남이 상처를 입힌다. 이럴 때 예수를 따르는 우리는 배운 대로 용서해야 한다.

분명히 말하거니와 용서란 사건을 부정한다는 뜻이 아니다. 남이 당신에게 피해를 줬다면 그 사실은 축소되거나 합리화될 수 없으며 그래서도 안 된다. 다만 당신은 그 가해 행위를 용납하지 않으면서도 용서를 베풀 수는 있다. 하나님이 이를 가능하게 해 주신다. 그분과 깊은 관계에 힘입어 당신은 의지적으로 용서하려 애쓸 수 있고, 그 의지에서 시작해 실제로 용서가 가능해진다.

우리는 사람들의 성장과 발전을 도우려는 리더인 만큼, 용서하고 수정하고 그다음으로 넘어가는 건강한 역량이 필요하다. 성과에 급급한 리더는 다소 미흡한 노력을 실패로 속단하고 일축해 버리기 쉽다. 하지만 용서의 여정은 자신을 용서하는 데서부터 시작되어야 한다. 예수와 달리 우리는 100점짜리 리더가 못 된다. 때로 예방할 수 있는 실수도 저지르고, 때로 발끈해서 말하거나 행동해 놓고 후회한다. 자신의 수행과 타인의 평가에 사로잡혀 있으면, 우리는 남의 결점은 고사하고 자신의 결점도 용서할 수 없다. 하지만 예수는 십자가에서 이렇게 부르짖어 수준 높은 용서의 모범을 보이셨다.

"아버지, 저들을 사하여 주옵소서. 자기들이 하는 것을 알지 못함이니이다"(누가복음 23장 34절).

예수 같은 리더가 되는 데 필요한 마음가짐을 우리가 갖추었는지 알아보는 시험이 하나 있다. 이끄는 대상이 우리의 기대대로 수행하지 못했을 때 우리가 어떻게 반응하는지 보면 된다. 이때 명심해야 할 것은, 일 처리가 정확하지 않아도 그에 가깝다면 이는 단순히 학습 과정의 일환이라는 것이다. 그 과정을 거쳐야만 꾸준히 정확하게 할 수 있다. 그래서 진전된 만큼 칭찬해 준다는 개념에 엄청난 위력이 있다.

가정에서도 우리는 용서의 모범을 보여야 한다. 부모인 우리부터 자녀 앞에서 언행이 일치해야 하며, 홧김에 너무 성급히 말했다면 사과해야 한다. 자녀에게 용서를 구할 수 있어야 한다. 우리의 변함없는 소신이 있는데, 실수를 인정하는 사람에게는 웬만해서 누구나—우리의 자녀도—금방 용서를 베푼다는 것이다. 우리가 완전하지 못함을 어차피 자녀도 이미 알고 있다.

용서의 생생한 사례를 우리의 친구 짐(Jim)과 셰리(Sheri)에게서 볼 수 있다. 이 부부는 짐의 생일을 맞아 3박 4일 예정으로 목요일에 여행을 떠났다. 금요일에 특별한 축하의 시간이 계획되어 있었다. 그런데 짐은 금요일 아침에 이메일을 확인하다가 이웃이 보내온 여러 장의 사진을 보았다. 목요일 밤에 짐과 셰리의 집에서 벌어진 파티의 장면이었다. 짐이 원격 조정으로 자택의 방범 CCTV를 틀어 보니 사건의 전말이 재생되었다. 아들 크리스토퍼가 부모의 부재를 틈타 친구 몇을 불러들인 모양이었다. 그런데 파티 소식이 알려지면서 인원이 금세 불어났다. 짐은 집에서 벌어진 일을 보며 화가 치밀 대로 치밀었다.

평소에 짐은 새벽마다 잠시 조용한 시간을 즐기곤 하는데, 하필 그날은 Lead Your Family Like Jesus(가정에서 예수 같은 리더가 되라)라는 책을 읽었다. 하나님이 우리 죄를 다 용서하셨으니 우리도 남을 용서해야 한다고 일깨워 주는 대목이었다. 때로 우리가 실수한 사람을 (아이스하키에서처럼) 페널티 박스로 보내 오랫동안 그대로 둔다는 내용도 있었다. 짐은 자기 부부가 지난 4년 동안 크리스토퍼를 페널티 박스에 둔 게 아닌가 하는 생각이 들었다.

크리스토퍼는 힘든 시기를 보내고 있었다. 고등학교 졸업반 때 풋볼을 하다가 부상을 당해 자신이 원하던 대학에 갈 기회를 잃었는데, 그 후로 4년 동안 그의 행동 때문에 여러 면으로 집안에 어려움이 닥쳤다. 그래서 그는 처벌과 규제로 여러 특권을 박탈당했다. 하지만 단 하나의 행동에 대해서도 반성을 보인 적이 없었다.

짐이 기도로 대책을 구하고 있는데 셰리가 다가왔다. 그는 이 불상사를 전부 아내에게 알렸다. 당장 집으로 떠나자는 아내에게 짐은 책에서 읽은 내용과 기도 중에 든 생각을 나누었다. 그래서 둘은 과거의 악순환을 끊고 이 상황에 다르게 대처하기로 했다. 크리스토퍼에게 그들의 최고의 반응이 필요했다.

그들은 짐의 생일을 예정대로 보내면서 계속 그 문제로 기도하고 생각했다. 크리스토퍼는 부모에게 전화해 언제 돌아올 거냐고 물었다. 그들은 요즘이 아주 바쁠 때라서 나흘을 다 채울지 잘 모르겠다고 말했다. 사실은 다 채우기로 했지만, 크리스토퍼에게 부모가 언제라도 돌아올 수 있다는 여운을 남기고 싶었다.

짐과 셰리가 귀가하니 집이 깨끗이 치워져 있었다. 사진 속에 보이던 난장판을 청소하느라 애를 많이 썼을 게 분명했다. 그들은 아들과 함께 앉아, 이미 다 알고 있다고 말했다. 그를 사랑한다고, 용서한다고, 힘든 4년이었음을 이해한다고 말했다. 아들은 얼굴을 두 손에 파묻고 흐느끼며 대답했다. "그동안 온갖 말썽을 일으켜 정말 죄송해요." 이때가 전환점이었다. 짐이 우리에게 말했듯이 그들이 기도하며 기다려 온 순간이었다. 그 순간은 짐과 셰리가 기꺼이 용서의 위력을 믿었을 때 찾아왔다.

용서는 상처나 실망에 대한 자연스러운 반응이 아니다. 용서는 자아, 계획, 의지, 삶을 하나님께 바친 사람이 그분께 순종하는 초자연적 반응이다. 하나님께 받은 용서를 자신도 똑같이 베풀겠다는 선택이다. 예수는 제자들에게 용서를 가르치셨고, 자신을 배반하는 이들에게 용서를 실천하셨다. 그리고 마침내 자신을 십자가에 죽이는 데 가담한 무리에게까지 기꺼이 용서를 베푸셨다.

용서의 반대는 비판인데, 비판은 정죄할 목적으로 잘못을 지적하는 것이다. 반면에 분별은 수정하고 회복할 목적으로 잘못을 지적하는 것이다. 그렇다면 용서를 거둘 때 우리는 진심으로 수정하거나 회복하려 하는가, 아니면 정죄를 통해 자신이 득을 보려는 것인가?

성경에 뭐라고 했는지 보자.

"남에게 이래라저래라 하던 것을 그만두십시오. 오히려 여러분이 관심 가져야 할 일은 이것입니다. 쓸데없이 다른 사람의 길에 끼어들어서, 어려운 삶을 더 어렵게 만들지는 않는지 살피는 것입니다"(로마서 14장 13절,《메시지》).

야고보서 4장 11절에 이런 말씀도 있다.

"형제들아, 서로 비방하지 말라. 형제를 비방하는 자나 형제를 판단하는 자는 곧 율법을 비방하고 율법을 판단하는 것이라. 네가 만일 율법을 판단하면 율법의 준행자가 아니요 재판관이로다."

한 번 더 생각해 보기

아이스하키 경기에서 반칙을 범한 선수는, 일정 시간 동안 페널티 박스 안에 있어야 경기에 복귀할 수 있다. 이를 배경으로 지금 잠시 시간을 내서 하나님께 다음 질문의 답을 보여 달라고 기도하라.

- 당신은 누군가를 페널티 박스로 보낸 적이 있는가? 그 사람이 거기에 있은 지 얼마나 되었는가? 기한이 다 차지 않았는가?
- 지금도 당신은 과거에 입은 상처로 자신의 삶을 규정하는가? 그렇다면 왜인가?
- 당신은 스스로 페널티 박스 안에 들어가 있는가? 이제 그동안 품었던 죄책감의 기한이 다 차지 않았는가? 왜 그렇거나 그렇지 않은가?

하나님께 순종하고 그분의 사랑을 표현하면, 페널티 박스에서 나와서 자신과 남을 용서할 수 있다.

격려
습관

28

우리 주 예수 그리스도와 우리를 사랑하시고
영원한 위로와 좋은 소망을 은혜로 주신 하나님 우리 아버지께서
너희 마음을 위로하시고 모든 선한 일과 말에
굳건하게 하시기를 원하노라

데살로니가후서 2장 16~17절

주님의 은혜와 용서는 우리의 영적 방향을 바꾸어 준다. 성경에 쓰인 **회개**라는 단어는 '새로운 방향으로 가겠다는 결단'을 뜻한다. 중요하게 주목할 점은, 처음부터 예수의 메시지가 회개의 촉구였다는 것이다. "이때부터 예수께서 비로소 전파하여 이르시되 '회개하라, 천국이 가까이 왔느니라' 하시더라"(마태복음 4장 17절). 지금도 그분의 메시지는 똑같다.

코칭의 사이클은 격려로 완성된다. 격려는 당신이 코칭 상대를 도와 후퇴하지 않고 끝까지 매진하게 할 기회다. 효과적인 격려의 핵심 요소는 사람들의 바른 행동을 포착하는 것이다. 목표는 긍정적인 면을 강화하는 것이다. 빌립보서 4장 8절에 그렇게 하라는 권유가 나온다. "무엇에든지 참되며 무엇에든지 경건하며 무엇에든지 옳으며 무엇에든지 정결하며 무엇에든지 사랑받을 만하며 무엇에든지 칭찬받을 만하며 무슨 덕이 있든지 무슨 기림이 있든지 이것들을 생각하라."

칙필레(Chick-fil-A)의 창업자 S. 트루엣 캐시(S. Truett Cathy)가 자주 하던 말이 있다. "누구에게 격려가 필요합니까? 숨 쉬는 모든 사람에게 필요합니다!" 진심 어린 격려를 듣는 순간 삶이 달라진다. 당신의 삶에서 그런 순간을 떠올려 보라. 상사가 당신의 노고를 알아주었거나, 프로젝트를 마친 후 "아주 잘했습니다"라는 말을 들었거나, 남이 당신의 달라진 점을 알아보고 칭찬해 주었다. 격려는 우리의 관점을 한순간에 바꾸어 놓는다. 예수는 "내가 결코 너희를 버리지 아니하고 너희를 떠나지 아니하리라"와 같은 말씀으로 시종일관 사람들을 격려하셨다(히브리서 13장 5절). 그때나 지금이나 이런 말씀은 그분의 제자들에게 살아갈 힘과 희망을 준다.

격려가 종종 말을 통해 이루어지듯이 상처도 마찬가지다. 성경은 우리에게 말을 조심하라고 경고한다. "죽고 사는 것이 혀의 힘에 달렸나니"(잠언 18장 21절). 우리가 알기에도 이것은 사실이다. 어머니의 말로 인한 상처에서 여태 헤어나지 못하고 있거나 아버지의 기준에 충분히 도달하려고 안간힘을 다하는 성인들의 사연을 우리는 귀가 따갑게 듣는다. 자녀가 풋볼 쿼터백이거나 연극 주인공인데도 시합이나 공연에 한 번도 가 보지 않은 부모도 있다. 때로 격려란 단순히 함께 있어 응원해 주는 것이다.

어떤 리더는 자신이 받은 상처 때문에 예수 같은 리더가 되는 데 애를 먹는다. 지금까지 우리가 본 바로는 자존감이 낮은 사람일수록 칭찬과 격려를 통해 남의 자존감을 세워 주기도 어렵다. 타인을 격려하려면, 남의 장점을 인정하고 그 인정을 말로 표현할 만큼 정서적으로 안정되어 있어야 한다. 알다시피 마음에 쌓인 것이 말로 흘러나오는 법이다(누가복음 6장 45절).

격려가 별일 아닌 듯 보일 수 있지만, 격려의 위력은 순식간에 사람의 하루를 — 또는 일생까지도 — 바꾸어 놓을 수 있다. 격려의 언행이 삶의 방향을 전환한 위력을 다음 두 사연에서 볼 수 있다.

브라이언(Brian)이라는 사람은 어떤 리더가 격려를 통해 자신의 삶을 달라지게 했던 이야기를 우리에게 해 주었다. 여러 해 동안 브라이언은 에드(Ed)가 꾸준히 사무실을 오가며 사람들에게 인사를 건네는 것을 보았다. 에드는 중역들의 이름을 알았을 뿐 아니라 모든 직원을 알고 하나하나 귀한 존재로 대했다. 대부분의 경우 직원들의 자녀 이름까지 알았다. 그는 그들에게 가족의 안부도 묻고 업무와 관련해 격려도 해 주었다. 어느 날 브라이언은 아들이 의대에 진학하려 한다는 말을 에드에게 했다. 에드는 마침 그 대학에 자기가 아는 사람이 있다며 브라이언의 아들을 위해 기꺼이 추천서를 써 주겠다고 했다. 에드의 바쁜 일정을 잘 알았기에 브라이언은 그에게 막상 그럴 시간이나 있으려나 싶었지만, 에드는 추천서를 써 주었다. 브라이언의 아들은 합격해 우등생으로 졸업하고 고향에 돌아와 지역사회의 든든한 기둥이 되었다. 브라이언에 따르면, 자신의 영향권 내의 사람들을 격려해 주는 에드라는 리더가 없었다면 그의 아들의 삶은 그렇게 풀리지 않았을 것이다.

인생의 가장 어두운 날일수록 격려는 특히 고맙게 다가온다. 필리스의 두 번째 남편이 세상을 떠났을 때 전국 각지에서 그녀의 일가친지가 모였다. 장례식이 끝난 후 필리스의 교회 사람들이 타지에서 온 모든 조문객에게 저녁 식사를 대접했다. 그녀가 사랑하는 이들과 함께 차를 몰고 집으로 향했을 때는 이미 해가 진 뒤였다. 길모퉁이를 도는 순간 수백 개의 불빛이 눈에 들어왔다. 모래를 넣은 흰색 봉투 안에서 깜빡이는 촛불이 막다른 골목을 돌아 차고와 현관 앞에까지 쭉 놓여 있어, 그녀의 귀갓길을 밝혀 주었다. 어찌나 감동적인 광경인지 필리스와 일가친지는 보면서도 믿어지지 않았다. 그 아름다운 광경을 바라보며 누군가가 베풀어 준 격려를 느끼는 순간, 잠시나마 하루의 고통이 씻겨 나갔다. 대문에 이웃의 카드가 끼워져 있었다. 카드에 적힌 내용을 보니, 그날 자신이 필리스를 어떻게 격려해 주어야 할지를 몰라서, 그녀의 앞길을 변함없이 밝혀 주실 하나님을 상기시키고자 귀갓길에 불을 밝혀 놓았다고 했다.

격려는 우리의 영향권 내에 있는 사람들에게 하나님의 사랑을 실감 나게 해 주는 확실한 길이다. 켄에게 세상을 향한 소원이 하나 있다면, 사람들이 자기가 옳다는 생각을 버리고 대신 서로의 바른 행동을 포착하는 데 집중하는 것이다. 예수 같은 리더가 되려는 우리는, 격려의 유통자가 되어야 한다.

 한 번 더 생각해 보기

성장기에 당신이 더 자주 들었으면 하는 말을 생각해 보라. "너를 사랑한다," "참 잘했구나," "너와 함께 있는 시간이 참 좋다," "네 미소가 일품인걸," "너는 나의 복이다"와 같은 말이다.

오늘 다른 사람들에게 그런 격려의 말을 해 주라.

공동체
습관

29

이제 인내와 위로의 하나님이 너희로 그리스도 예수를 본받아
서로 뜻이 같게 하여 주사 한마음과 한 입으로 하나님 곧
우리 주 예수 그리스도의 아버지께 영광을 돌리게 하려 하노라

로마서 15장 5~6절

은혜와 용서와 격려라는 행위 습관은, 공동체의 정황에서 최고의 진가를 발휘한다. 그 공동체는 당신의 가정일 수도 있고, 교회의 지원 그룹일 수도 있고, 직장의 업무팀일 수도 있다.

우리는 본래 혼자 사는 존재가 아니다. 하나님도 남자 혼자 있어서는 안 된다고 보시고 여자를 지어 곁에 두셨다. 창세기 1장 27~28절에 이렇게 나와 있다.

> 하나님이 자기 형상 곧 하나님의 형상대로 사람을 창조하시되 남자와 여자를 창조하시고 하나님이 그들에게 복을 주시며 하나님이 그들에게 이르시되 "생육하고 번성하여 땅에 충만하라, 땅을 정복하라, 바다의 물고기와 하늘의 새와 땅에 움직이는 모든 생물을 다스리라" 하시니라.

공동체 생활은 하나님의 발상이며, 그분은 우리에게 그런 공동체를 가장 잘 세우는 법도 가르쳐 주셨다.

성경의 핵심 주제 중에서 하나님 나라는 곧 하나님이 왕이신 공동체다. 존 오트버그는 종종 "예수가 오셔서 가르치신 복음은 무엇입니까?"라고 물은 뒤, 마태복음과 마가복음과 누가복음과 요한복음과 사도행전의 다양한 본문으로 그 질문에 답한다. 바로 예수가 "하나님의 나라가 가까이 왔으니"라고 선포하신 대목이다(마가복음 1장 15절). 성경은 우리에게 "먼저 그의 나라(를) … 구하라"라고 명한다(마태복음 6장 33절).

흔히 말하듯, 천국에는 믿음으로 가지만 이 땅에 천국이 임하게 하는 것은 우리의 행위다. 예수 같은 리더는 이 땅의 공동체 안에 천국이 임하게 하려 한다. 리더로서 우리는 솔선해서 서로 사랑하고(요한복음 13장 34절), 서로 용서하고(골로새서 3장 13절), 자기보다 남을 낮게 여겨야 한다(빌립보서 2장 3~4절). 서로 가르쳐 바로잡아 주고(골로새서 3장 16절), 서로 권면하고(데살로니가전서 5장 11절), 서로 기도해 주고(야고보서 5장 16절), 서로 짐을 져야 한다(갈라디아서 6장 2절). 서로 우애하고(로마서 12장 10절), 친절과 긍휼을 베풀고(에베소서 4장 32절), 후히 대접해야 한다(베드로전서 4장 9절). 그렇게 섬기면서 "그리스도를 경외함으로 피차 복종"해야 한다(에베소서 5장 21절).

예수 같은 리더가 되려면 "내가 너희를 사랑한 것같이 너희도 서로 사랑하라" 하신 하나님의 명령을 내면화하고 남에게도 똑같이 하도록 가르쳐야 한다(요한복음 15장 12절).

함께하는 삶의 한 사례

"철이 철을 날카롭게 하는 것같이 사람이 그의 친구의 얼굴을 빛나게 하느니라"(잠언 27장 17절).

필의 리더십 여정에서 가장 중요한 면 중 하나는, 다른 네 남자와 함께 감시 그룹의 일원이 된 것이다. 감시라는 단어를 좋아하지 않는 사람들도 있다. 하지만 아래의 필의 이야기에서 보듯이 이 습관이야말로 그 그룹의 영적 성장과 발전에 핵심 역할을 했다.

그룹 멤버들은 그들의 표현으로 "함께하는 삶"을 통해 필의 가장 절친한 친구들이 되었다. 필의 회고에 따르면 그가 그 모임에 초대받은 때는 교회 장로회 회장으로 초선 되어 처음에 힘들던 무렵이었다. 담임 목사의 요청으로 그 직분을 맡기로 했는데, 정작 목사는 필이 취임한 지 8주 만에 다른 교회로 옮겨 가 충격을 안겨 주었다. 필은 리더로서 이 중책을 감당할 엄두가 나지 않았다. 새벽 3시에 자전거를 타고 동네를 돌면서 하나님께 못하겠다고 울부짖던 기억도 있다. 그의 회사도 긴박한 사정으로 혼란에 빠져 있었다. 그가 근무하던 제조 공장을 본부에서 폐쇄하기로 해, 필이 현지 경영진과 노조 임원들과 함께 그 결정을 번복하려고 애쓰던 중이었다. 이래저래 할 일은 많은데, 그는 사면초가로 외톨이가 된 심정이었다.

그 무렵에 교회 장로회의 전임 회장이었던 할리 데이먼(Harle Damon)이 필을 아침식사에 초대했는데, 할리 외에도 그 교회의 두 남자가 더 있다고 했다. 할리의 설명에 따르면, 이 만남의 취지는 그리스도인의 행보를 서로 돕기 위한 감시 그룹의 결성을 타진하는 데 있었다.

그런 그룹에 속해 본 적이 없던 필은, 거기에 무엇이 수반될지 약간 불안했다. 이런 굉장한 남자들에게 직장과 교회와 가정의 리더로서 자신의 고민을 털어놓고 싶은지도 긴가민가했다. 그래도 그는 일단 해보기로 했다. 그때는 잘 몰랐지만, 이 그리스도인들과 더불어 교제의 손을 맞잡은 그때부터 그의 신앙 여정에 한없이 소중하고 영속적인 세계가 열렸다.

그 뒤로 25년 동안 이 남자들은, 매주 한 번씩 똑같은 식당의 똑같은 자리에 모여 사실상 똑같은 아침 식사를 주문했다. 진행 순서도 늘 똑같다. 간단히 말씀을 나누고, 모임 시작과 끝에 함께 기도하고, 그 중간에 즐거운 웃음꽃을 피운다. 이 모임이 여느 남성 조찬회와 다른 점은 서로에게 던지는 감시의 질문이다.

그들은 6개월 단위로 일련의 질문을 정해 놓고 매주 각자 거기에 답한다. 질문의 내용은 대인 관계, 교회, 직장 등에서 신앙을 실천하는 데 중요한 사안들이다. 다음은 여태 그들이 단골로 서로에게 던진 질문의 일부다.

지난번 모임 이후로
1. 당신은 날마다 기도하고 하나님의 말씀을 읽는 습관을 지켰는가? 하나님과 자신에 대해 무엇을 배웠는가?
2. 직장과 가정과 교회와 개인 시간의 건강한 균형을 유지했는가?
3. 지난주에 하나님과 동행하는 삶에서 당신을 괴롭힌 유혹은 무엇인가? 어떻게 처리했는가?
4. 생동감 있는 사랑의 관계를 유지하고자 아내에게 알찬 시간을 할애했는가?
5. 지난주에 진실성을 타협한 일이 있는가?
6. 주변 사람들을 하나님의 사랑의 대상으로 대하고, 사랑으로 긍정적인 태도를 유지하고, 은혜롭게 말하고, 짜증과 험담과 불평을 삼갔는가?
7. 규칙적인 운동과 충분한 수면과 건강한 식생활을 통해 신체 건강을 유지하거나 개선하려고 적극적으로 노력했는가?

이 모임을 위한 토의의 행동 수칙은 다음과 같다.

◆ 모든 토의 내용은 철저히 비밀에 부친다. 그룹 바깥의 누구에게도 절대로 아무것도 발설해서는 안 된다.
◆ 본인이 요청하지 않는 한 조언을 삼간다. 문제를 해결해 주려는 자

세를 버린다.
- 자세히 털어놓아야 한다는 부담 없이 본인이 편하게 느껴지는 만큼만 나눈다. 여기는 심층 치료의 자리가 아니다.

다음은 필의 회고다.

"800회 이상 함께 만나 아침을 먹으면서 우리는 삶의 모든 사안을 서로를 위한 기도 제목으로 보았다. 그중에는 사적인 유혹, 부부와 가정의 문제, 직장의 위기, 교회 리더로서의 고충, 우리 멤버의 질병, 사랑하는 이의 죽음, 결국 우리 중 두 사람의 죽음도 있었다. 하나님은 이런 흉금 없는 교제 시간을 통해 우리 각자에게 말씀하셨다. 지금까지 그분이 주신 격려의 말씀과 긍휼의 말씀과 지혜의 말씀은 내 삶의 그 무엇에도 견줄 수 없다."

필의 기억 속에 유난히 깊게 새겨진 일화가 있다. 그때 그는 아버지가 사사로이 자신을 몹시 실망하게 했다고 느껴져 아버지에게 몹시 화가 나 있었다. 그 분노와 좌절감을 그룹에 털어놓았더니 그리스도 안의 한 형제가 필의 눈을 보며, 분노를 내려놓고 아버지를 용서해야 한다고 말해 주었다. 듣기 힘든 고언이었지만, 친구의 말이 옳음을 알았기에 필은 그대로 했다. 필의 아버지는 그로부터 2년 후에 돌아가셨는데, 돌아가실 때에는 부자 관계가 사랑으로 건강하게 회복되어 있었다. 서로 알고 신뢰하는 그 사람이 그때 필에게 직언하지 않았다면 결과가 많이 달라졌을 수도 있다.

한 번 더 생각해 보기

도덕적으로 실패한 적이 있는 그리스도인 리더 237명을 대상으로 몇 년 전에 실시된 연구가 있다. 연구 목적은 그런 실패에 공통분모가 있는지 알아보기 위해서였다. 연구진이 발표한 그들 모두의 공통점은 딱 하나였다. 그중 누구도 다른 사람들과의 감시 관계가 없었다는 것이다.[1]

당신은 감시 그룹에 속해 있는가? 그렇지 않다면 이제라도 속하거나 그룹을 새로 결성해 보라. 이런 그리스도인의 교제에 참여해 주님과의 관계와 다른 그리스도인들과의 관계를 보강할 방도를 모색해 보라.

기관과 교회와 가정에서 우리는 공동체로 살아간다. 예수 역시 제자들과 더불어 공동체 생활의 모범을 보이셨다. 그분은 공동체의 사명과 비전을 수립하고, 제자들에게 "가서 모든 민족을 제자로 삼"으라는 미래상을 제시하셨다(마태복음 28장 19절).

예수는 제자들의 신뢰를 얻어 내셨다. 그들은 예수를 다른 누구보다도 신뢰할 수 있음을 배웠다. 그분은 또 제자들에게 권한을 부여하셨고, 이로써 공동체가 세워졌다. 기관이 융성하려면 사람들이 리더를 신뢰할 뿐 아니라 리더 쪽에서도 그들을 신뢰하고 권한을 부여해야 한다. 상호 신뢰야말로 건강한 공동체의 기초인데, 그런 신뢰가 쌓이려면 시간이 걸려야만 한다.

자동차 부품 업체인 카돈 인더스트리는 기관에 공동체가 세워진 훌륭한 사례다. 이 회사의 가치관은 범사에 하나님을 영화롭게 하고, 사람들의 발전을 돕고, 탁월함을 추구하고, 수익성을 높이는 것이다. 소유주이자 사장인 마이클 카돈(Michael Cardone)은 우리 Lead Like Jesus 사역기관의 이사다. 회사의 가치관을 어떻게 6천 명의 다문화 직원들에게 심어 주었느냐는 우리의 질문에 그는 "사랑에 이의를 달 사람은 없습니다"라고 답했다. 이어 그는 "회사가 직원들을 아끼고 발전을 도우려 함을 직원들이 알면, 일하는 수준이 달라집니다"라고 덧붙였다. 우리도 그 말에 동의한다. 사랑이야말로 신뢰의 공동체를 창출하는 핵심 요소다.

 한 번 더 생각해 보기

현재 당신의 가정이나 일터나 기관의 공동체 문화를 표현해 줄 세 단어를 생각해 보라. 그 세 단어로 대변되는 공동체의 모습에 만족하는가? 그렇지 않다면 당신의 공동체가 달라져야 할 부분은 무엇인가?

예수는 그분이 우리를 사랑하시듯이 우리도 서로 사랑하라고 명하셨다. 당신의 가정과 일터와 공동체에서 이 명령을 실천하기 위해 당신이 할 수 있는 일은 무엇인가? 구체적으로 3가지를 정해서 오늘 행동에 옮기라.

사랑의 공동체는 선을 그어, 그 문화 안에 용납되는 것과 용납되지 않는 것이 무엇인지를 분명히 밝힌다. 동시에 공동체는 구성원의 창의력을 고취한다. 그러므로 당신의 기관이 비전과 사명을 얼마나 성공리에 실현할지는 공동체의 문화에 일부 달려 있다. 예수 같은 리더가 되려면, 신뢰와 사랑의 공동체를 세워야 한다. 자신의 사명과 비전과 가치관뿐 아니라 직원과 고객까지도 사랑하지 않고는, 당신은 결코 장기적인 성과를 낼 수 없다.

 한 번 더 생각해 보기

존재 습관처럼 행위 습관을 통해서도, 오늘 우리가 예수 같은 리더가 될 준비가 얼마나 되어 있는지를 가늠해 볼 수 있다. 다음 질문의 답을 통해 당신에 대해 무엇을 알 수 있는가?

- **하나님께 순종하고 그분의 무조건적인 사랑을 표현함** — 당신의 영향권 내의 사람들에게 하나님의 사랑을 나눌 마음이 있는가?
- **은혜** — 당신의 가정과 일터에서 사람들에게 은혜를 베풀 기회를 찾겠는가?
- **용서** — 당신의 영향권 내에서 당신의 용서가 필요한 사람은 누구인가? 언제 용서를 베풀 수 있겠는가?
- **격려** — 오늘 당신이 누군가에게 베풀 격려나 칭찬의 말은 무엇인가?
- **공동체** — 당신의 가정과 일터에 사랑과 은혜의 공동체를 가꾸기 위해 당신이 취할 조치는 무엇인가?

예수 같은 리더는
자신에게서부터 출발한다

30

그러므로 너희는 가서 모든 민족을 제자로 삼아
아버지와 아들과 성령의 이름으로 세례를 베풀고
내가 너희에게 분부한 모든 것을 가르쳐 지키게 하라

마태복음 28장 19~20절

이 책을 읽는 것으로, 당신은 예수 같은 리더가 되는 흥미진진한 새 여정에 첫발을 내디뎠다. 배운 바를 직장이나 가정이나 공동체에 적용하기 시작했다. 그런데 풍경은 비슷해 보일 것이다. 책을 읽는 동안에도 삶 속에서 당신의 역할과 책무와 도전은 달라지지 않았을 것이다. 다만 **달라진** 것은, 당신이 거기에 접근하는 방식이다.

주변 사람들도 당신이 이 여정에 오르기 전과 똑같을 것이다. 그들의 행동이 과거와 같으리라고 예상하라. 당신의 리더십에 대한 그들의 반응도 늘 하던 대로라고 생각하라. 자신들을 대하는 당신의 태도가 달라졌다고 느껴지면, 그들은 때로 당신의 동기에 의문을 품고, 당신이 이루려는 일을 곡해하고, 당신의 헌신을 시험할 것이다. 일부는 당신이 창출하려는 변화를 받아들이고, 일부는 의심하고, 일부는 당신에게 위협을 느끼고, 일부는 자기 나름의 이유로 변화에 저항할 것이다.

그러므로 중요하게 명심할 점은, 사람들이 당신에게 특정한 방식으로 반응하도록 조건화되어 있다는 것이다. 그들은 계속 그렇게 반응할 것이다. 당신의 헌신이 장기적이라고 느껴지지 않는 한, 그리고 자신들에게 성공할 능력이 있음을 믿지 못하는 한에는 그렇다. 당신이 더 오래 예수 같은 리더로 이끌수록 사람들도 그만큼 더 변화될 것이다. 개개인이 이런 원리를 받아들임에 따라 업무팀이나 가정이나 공동체도 변화될 것이다. 당신 기관의 문화에서 예수에 대해 자유롭게 말하는 게 허용되지 않아도 걱정하지 말라. 예수처럼 행동하라. 그러다 당신의 리더십 방식에 사람들의 마음이 끌려 거기에 관해 묻거든, 당신의 리더십 역할 모델을 서슴없이 소개하라. 당신 삶의 리더를 그들에게 보여 주라.

조언이 더 있다. 함께 일하는 다른 리더들을 변화시키려 애쓰는 과

오를 범하지 말라. 자신에게 집중하라. 남에게서 보고 싶은 변화를 자신부터 이루라.

  예수 같은 리더의 삶은 큰 결정에서나 작은 선택에서나 매 순간 표시가 난다. 예수처럼 이끌다 보면 당신의 선한 의도를 공개해야 할 때가 있다. 그 순간은 예기치 않게 찾아올 수 있다. 예컨대 당신이 이끄는 방식이 어딘지 다름을 알아채고 누군가가 그 경위를 물을 수 있다. 당신은 대답할 준비가 되어 있는가?

리더의 개인 사명 선언서

  당신이 무대에 서 있다고 상상해 보라. 강당 안은 당신이 날마다 함께 살고 일하는 사람들로 가득하다. 객석의 조명이 밝혀진다. 당신의 배우자, 자녀와 손주, 형제자매, 부모, 친구, 상사, 동료 직원, 목사, 이웃 등이 똑똑히 보인다.

  당신을 올려다보는 얼굴들을 잠시 하나하나 머릿속에 떠올려 보라. 모두 눈을 동그랗게 뜨고 마음을 열어 당신과 당신이 하려는 말에 집중해 있다. 사방에 사랑과 기대감이 감돈다. 이보다 더 긍정적이고 잘 받아 주는 군중을 당신은 상상할 수 없다. 그들은 당신에게서 당신과 자신들에게 매우 중요한 메시지를 들으려고 모였다.

  말을 시작하려는데 장내에 당신의 시선을 사로잡는 것이 있다. 청중 바로 뒤쪽의 벽에 걸려 있는 십자가다.

  드디어 상상 속의 당신이 조금 앞으로 나서자 아주 특별한 그 사람들의 눈웃음과 얼굴이 한결 바짝 다가온다. 당신의 연설이 시작된다.

당신은 할 말을 아주 정성 들여 준비했고, 중요한 요점을 잊지 않으려고 종이에 적어 왔다. 접은 종이를 주머니에서 꺼내 당신의 의중을 담은 개인 사명 선언서를 낭독하기 시작한다. 예수 같은 리더가 되고 싶다는 내용이다. 당신이라면 뭐라고 말하겠는가? 아마 아래와 비슷할 것이다.

"이 중요한 순간을 저와 함께하기 위해 와 주신 모든 분께 감사드립니다. 이렇게 한 분 한 분을 초대한 이유는, 한 번쯤 제가 여러분의 생각이나 행동이나 발달에 영향을 미치려 한 적이 있기 때문입니다. 다시 말해서, 저는 소정의 목적과 선하고 긍정적인 목표를 위해 어디선가 여러분 각자의 리더로서 나름대로 애썼습니다. 그 리더의 자리는 공식적이었을 수도 있고 비공식이었을 수도 있는데, 전자는 기관에서 수행하는 역할이고 후자는 생활 속의 관계입니다.

 그 결과 우리는 함께 성공을 이루어 관계와 성과에 대해 기뻐했던 적도 있고, 성과와 그것이 관계에 미친 영향 둘 다에 함께 좌절한 적도 있습니다. 교만, 두려움, 탈진, 판단력 부족 등 무엇 때문에든 제가 리더로서 부실했던 점에 대해서는 이 자리에서 사과드리며 여러분의 용서를 구합니다.

 저의 과오로 인해 우리가 지불한 대가를 일축하거나 축소할 마음은 없습니다. 그래서 저는 오늘 여러분 모두에게 도움을 청하려 합니다. 여러분의 더 수준 높은 리더가 되도록 저를 잘 감시해 주십시오. 제가 개인적으로 도달한 결론은, 제게 맡겨진 영향력을 최대한 선용하려면 신뢰할 만하고 적합한 리더십 역할 모델을 따라야 한다는 것입니다. 제가 본받아야 할 리더는, 저를 감화하여 준비시키고 곁에서 동행해 주실 분입니다. 제게 일보다 사람을 더 중시하라고 명하실 분입니다.

제게 능력을 주셔서 제가 이끄는 현장과 복된 관계 속에 기쁨을 퍼뜨리게 하실 분입니다.

옛 복음성가에 '주님 뜻대로 살기로 했네. 뒤돌아서지 않겠네'라는 가사가 있는데, 그것이 곧 제 마음의 소원입니다. 그래서 저는 사람들의 사고와 행동과 발달에 영향을 미칠 기회가 주어지는 대로, 리더이신 예수의 가르침과 모본을 따르기로 전적으로 헌신합니다. 예수처럼 저도 하늘 아버지와의 친밀한 관계를 통하지 않고는 이 일을 할 수 없음을 인정합니다. 제 삶의 최고 목적은 하나님을 영화롭게 하는 것입니다. 그분을 사랑하고 사람들을 사랑하면 그분께 영광이 돌아갈 것을 압니다. 예수를 닮을수록 저는 그분 같은 리더가 될 것입니다. 제 리더십에서 중요한 것은 결코 저 자신이 아니라 늘 하나님을 영화롭게 하는 삶, 여러분, 우리의 공동의 사명, 그리고 우리가 섬기는 사람들입니다.

여러분은 저를 잘 아시니 이 목표가 불가능해 보일 수도 있습니다. 저 자신이 듣기에도 그렇습니다. 제가 완벽해지려 한다면, 이 목표는 달성이 불가능할 것입니다. 제가 중단도 없고 퇴보도 없는 발전을 약속하는 것이라면, 여러분은 제 의도를 무시하고 그 의도의 실천에 일말의 희망도 두지 않는 게 옳을 것입니다. 그러나 저는 성령의 인도하심을 받아 하루하루를 기도로 시작하겠습니다. 리더로서 매번 최선의 결정을 내리게 도와 달라고 기도하고, 또 예수 그리스도를 섬기고 여러분을 섬김으로써 하나님께 영광을 돌리게 해 달라고 기도하겠습니다."

한 번 더 생각해 보기

이 연설문을 당신의 것으로 만들라. 당신이 고치고 싶은 부분은 어디이며 그 이유는 무엇인가? 자신의 수고에 스스로 만족감이 들 때, 당신은 그렇게 연설하겠는가? 청중을 초대해 놓고 말로 할 수도 있고, 매 순간 리더로서 당신이 내리는 결정을 통해서 할 수도 있다.

마지막 7부에서는 다음 단계로 넘어가, 당신이 점점 더 예수 같은 리더가 되는 데 도움이 될 도구와 기술을 몇 가지 제시하려 한다. 아울러 기존의 기술을 더 단련하는 법과 예수 같은 리더가 되는 새롭고 더 효과적인 길을 개발하는 법도 소개할 것이다.

토의 가이드

Part 6. 행위 습관(25~30장)

예수와의 관계를 통해 나라는 사람 자체가 변화하지 않고는 리더로서도 달라질 리 없다. 예수를 따르지 않고는 그분 같은 리더가 될 수 없다.

핵심 개념 1

은혜란 누구나 각자의 인식 수준에서 최선을 다하고 있다고 믿어 주는 것이다. 어떻게든 은혜를 베푸는 것이 우리의 본분이다. 우리는 은혜의 길로 이끄는 리더다.

1. 당신의 권위 아래 있거나 영향권 내에 있는 사람에게 리더로서 은혜를 베푼다는 것이 어떤 의미인지 자신의 말로 표현해 보라.

2. 당신의 가정이나 일터에 특히 당장 은혜가 필요한 사람은 누구인가? 지금 가서 은혜의 주역이 되어라.

핵심 개념 2

하나님과의 깊은 관계에 힘입어 당신은 의지적으로 용서하려 애쓸 수 있고, 용서하려는 그 의지에서 시작해 실제로 남을 용서하는 게 가능해진다.

1. 용서는 왜 리더십의 중요한 단면인가?

2. 진정한 용서로 관계의 앞날에 긍정적 영향을 미치려면 어떤 대가를 치러야

하는가?

3. 당신을 실망하게 했지만 그래도 생산적인 관계를 회복하기 위해 당신이 용서해야 할 사람은 누구인가?

핵심 개념 3

격려는 우리의 관점을 한순간에 바꾸어 놓는다. 예수는 리더로 활동하는 동안 격려의 모범을 보이셨다.

1. 성장기에 당신이 더 자주 들었으면 하는 말은 무엇인가? 오늘 적어도 세 사람에게 그런 격려의 말을 해 주라. 당신의 가족도 빼놓지 말라.

2. 당신의 격려의 말이나 행동이 필요한 사람을 몇 명 꼽아 보라. 각자에게 구체적으로 무엇이 필요한가? 언제 격려해 줄 수 있겠는가?

핵심 개념 4

공동체 생활은 하나님의 발상이며, 그분은 우리에게 공동체를 가장 잘 세우는 법도 가르쳐 주셨다.

1. 당신은 감시 그룹에 속해 있는가? 그렇지 않다면 이런 그리스도인의 교제에 참여해 사람들과의 관계를 보강할 방도를 모색해 보라.

핵심 개념 5

예수 같은 리더가 되려면, 하나님을 사랑하고 이웃을 사랑으로 섬긴다는 인생 목적을 기본으로 받아들여야 한다.

1. 고린도전서 13장에 사도 바울이 말한 사랑의 특성은 인내심, 친절, 관용, 예의, 겸손, 이타심, 온유함, 순수함, 진실성 등이다. 각 특성에 대해 이렇게 자문해 보라.
   - 내 삶에 사랑의 이 측면이 나타나는 때는 언제인가?
   - 내가 사랑의 이 측면을 실천하기가 특히 힘들 때는 언제인가?

2. 사랑으로 행했어야 하는데 관행적이거나 가장 쉽거나 안전한 길로 가는 바람에 신뢰가 회복 또는 유지되지 못했던 때를 떠올려 보라. 그때 사랑하지 못하게 당신의 발목을 잡은 것은 무엇인가? 이 경험을 잊지 말고 미래의 교훈으로 삼아라.

핵심 개념 6

실제적인 관점에서 볼 때 예수 같은 리더는 훌륭한 리더십의 이중 목표인 성과와 관계를 이루어 낸다.

1. 리더로서 현재의 임기를 마칠 때 당신은 다음 중 무엇을 유산으로 남기고 싶은가? 그 이유는 무엇인가?
   - 고객 서비스가 향상되어 있다.
   - 당신의 영향권 내에 있는 사람들의 재능과 실력이 더 개발되어 있다.
   - 주변 세상에 유의미한 영향을 미쳤다.

2. 당신이 선택한 그 목표에 맞추어 2가지 행동 방침을 정한 뒤, 앞으로 30일 동안 실천에 주력하라.

3. 6부에서 당신에게 가장 중요하게 다가온 개념은 무엇인가? 그것을 당신의 삶 속에 실행하기 위해 무엇을 하겠는가? 기한을 언제까지로 정하겠는가?

LEAD LIKE JESUS
REVISITED

예수 같은 리더의

― PART 7 ―

다음 단계

> 내가 원하는바 선은 행하지 아니하고 도리어 원하지 아니하는바
> 악을 행하는도다 … 오호라 나는 곤고한 사람이로다
> 이 사망의 몸에서 누가 나를 건져내랴
> 우리 주 예수 그리스도로 말미암아 하나님께 감사하리로다
>
> 로마서 7장 19, 24~25절

자신이 '곤고한 사람'이라는 바울의 말은 사실상 그가 아직 공사 중이었다는 뜻이다. 우리도 모두 그렇지 않은가? 누구도 완전하지 못하다. 주님과의 관계 속에서 그분을 통해서만 우리는 예수를 더 닮아 간다. 이 변화가 예수 같은 리더의 핵심이다. 우리 자신이 변화되는 중이라야만, 주변 사람들의 삶에도 긍정적 변화를 낳을 수 있다. 다시 말해서 예수 같은 리더는 변화의 리더다.

변화를 주도하고, 변화의 본을 보이고, 변화에 반응하고, 장기적 변화를 지속하는 것이야말로 리더의 기본 요소다. 리더십의 관건은 어딘가로 나아가는 것이다. 오늘의 행위와 선택을 통해 미래를 시야에 들여놓는 것이다.

변화의 리더로 인류 역사 속에 들어오신 예수는, 뜻하신 변화를 이룰 수단과 모범을 둘 다 내보이셨다. 그분의 리더 역할 중에는, 그분만이 하실 수 있는 일도 있었다. 예컨대 십자가의 거룩한 일은, 그분이 홀로 다 이루셨다. 반면에 제자들의 발을 씻어 주신 행위는, 우리 모두에게 그분의 이름으로 하라고 명하신 섬김을 상징한다. 손으로 행하신 이 2가지 일을 통해 예수는, 위대한 리더십의 정의를 권력과 지위와

명성의 자리에서 겸손한 사랑의 종의 역할로 바꾸어 놓으셨다.

예수가 오셔서 선보이신 변화는, 현행의 사고와 행동을 적당히 뜯어고쳐 기존 제도 내에서 수행 수준을 높이는 방식이 아니었다. 그분이 오셔서 주도하신 변화는 근본적이고 혁명적이었다. 그분은 오셔서 세상을 뒤엎으신 뒤 정상 위치로 바로잡으셨다. 관계의 모든 측면에서 **사랑**을 최고 기준으로 삼으신 결과였다. 예수가 그분을 따르는 모든 사람에게 명하시는 것은, 각자 주어진 자리에서 소임을 다해 이 변화를 자기 세대에 이루어 나가는 것이다.

당신이 이루려는 변화가 무엇이든 그것은 쉬운 일이 아니다. 변화에 따를 유익이 상상을 초월할 정도로 크다 해도 마찬가지다. 그래서 이번 마지막 7부의 초점은, 당신과 주변 사람에게는 물론 당신이 속한 다양한 기관에까지 영향을 미칠 변화의 역동이다.

긍정적 변화를
주도하라

31

진실로 너희에게 이르노니 너희가 돌이켜 어린 아이들과 같이
되지 아니하면 결단코 천국에 들어가지 못하리라

마태복음 18장 3절

앞서 말했듯이 예수 같은 리더의 마음과 머리는 내부 영역이다. 그래서 훌륭한 리더십은 전인적인 직무이며, "당신은 섬기려고 있는가, 아니면 섬김을 받으려고 있는가?"라는 **마음**의 문제로 시작된다. 이 부분을 보강해 주는 것이 존재 습관이다. 일단 마음이 바르게 되었으면, 예수 같은 리더의 여정은 **머리**로 이동한다. 예수를 닮은 리더십에 대한 신념이 형성되는 곳이다. 그러나 신념을 행동에 옮기지 않는 한, 사람들은 당신의 마음과 머리에 무엇이 들어 있는지 알 길이 없다. 그래서 당신은, 예수 같은 리더의 손으로 행위 습관을 기르는 데 힘써야 한다. 하지만 리더로서 자신이 배운 바를 일상생활 속에 실제로 적용하기란 쉽지 않다. 왜 그럴까?

이 질문에 답하려면, 첫째로 변화의 장이 당신의 모든 영향권임을 알아야 한다. 즉 당신은 자신으로부터 시작해 개인의 리더, 소그룹의 리더, 기관이나 공동체의 리더로서도 변해야 한다. 둘째로 알아야 할 것은, 변화의 몇 가지 수위와 사람들이 변화에 저항하는 다양한 이유다.

변화의 4가지 수위

영속적 변화의 리더가 되려면, 변화의 4가지 필수 수위를 이해하고 거기에 적절히 대응해야 한다.[1]

- ◆ 지식의 변화
- ◆ 행동의 변화
- ◆ 태도의 변화
- ◆ 문화적 규범과 기대의 변화

변화의 수위를 차례로 하나씩 살펴보면서 리더에게 요구되는 바가 무엇인지 알아보자.

지식의 변화

지식의 변화는 여러모로 가장 쉽게 이루어진다. 내용을 읽거나 듣기만 하면 된다. 지금은 인터넷 시대라서 새로운 정보와 자료에 그야말로 즉시 접속할 수 있다.

켄의 아내 마지가 자주 말하듯 지식과 행동의 괴리에 비하면 무지와 지식의 간극은 차라리 미미한 편이다. 그래서 효과적인 변화의 리더가 되려면, 새로운 정보만 주어서는 안 되고 주변 세상을 보는 눈을 바꿀 만한 설득력 있는 이유도 제시해야 한다. 우리의 사랑하는 친구 폴 J. 마이어(Paul J. Meyer)에 따르면, 개인이나 단체의 지식 기반을 바꾸려면 "반복! 반복! 반복!"이 핵심 요소다.

효과적인 지식 전수의 두 번째 측면은, 상대가 이해했는지 확인하는 것이다. 이해를 확인하지도 않고 내용 발표만으로 충분히 소통했다고 믿는 리더는, 수행 단계에서 일대 충격을 면할 수 없다.

예수가 군중과 개인에게 주신 말씀을 성경 도처에서 들어 보면 알겠지만, 그분은 동일한 메시지를 아주 다양한 형태로 계속 반복하심으로써 청중의 필요를 채워 주셨다. 그분은 또 일부러 질문을 유도해 사람들에게 명확히 이해하게 해 주셨다. 그분이 리더십의 이런 측면을 중시하신 것을 하나님께 드리신 기도에서도 볼 수 있다. "세상 중에서 내게 주신 사람들에게 내가 아버지의 이름을 나타내었나이다. … 지금 그들은 아버지께서 내게 주신 것이 다 아버지로부터 온 것인 줄 알았나이다. 나는 아버지께서 내게 주신 말씀들을 그들에게 주었사오며 그들은 이것을 받고"(요한복음 17장 6~8절).

태도의 변화

태도는 지식에 감정이 실린 상태이므로 지식보다 변화되기가 어렵다. 태도란 자신이 아는 바에 대한 긍정이나 부정의 강한 느낌이다. 태도가 정보로 시작되기는 하지만, 아무런 문맥도 없이 정보만으로 변화의 열정을 불러일으키기는 어렵다. 그래서 변화의 리더의 일차적 도전은, 사람들 앞에 제시하는 새로운 길이 옳고도 중요함을 그들에게 확신시키는 것이다. 사람들이 리더의 말을 들으려면, 리더 쪽에서 신뢰를 바탕으로 그런 권리를 얻어 내야 한다. 당신을 신뢰하는 사람은 당신의 말을 듣게 마련이고, 그 신뢰가 지속하면 필시 당신에게 합류할 것이다.

행동의 변화

행동의 변화도 만만치 않다. 이제 무언가를 **해야** 하기에 지식이나 태도의 변화와는 다르다. 예컨대 절대다수의 흡연자는 담배가 건강에 좋지 않음을 알며, 금연에 대한 태도도 대부분 긍정적이다. 그러나 실제로 담배를 끊기란 쉽지 않고, 흡연 습관이 오래되었을수록 특히 더하다. 켄은 자신이 흡연하지는 않고 그저 먹을 뿐이라고 늘 농담처럼 말했다. 그는 자신이 5~7㎏ 정도 과체중임을 알며, 살을 빼는 데 대한 태도도 긍정적이다. 그런데 먹는 행동을 고치기가 어려웠다. 멀리서 치즈케이크 냄새가 살살 풍겨 오면 특히 더하다. 다행히 몇 년 전에 변화가 있었다. 켄에게 미래에 대한 필수 비전이 생겨났는데, 하나님이 그에게 수행하도록 맡기신 역할은 예수 같은 리더가 되라는 메시지를 전하는 것이다. 그 결과 지금은 그의 생활방식이 훨씬 더 건강해졌다.[2]

지식과 태도의 변화가 실제로 조금이라도 유용하려면, 마땅히 행동의 변화를 불러일으켜야 한다. 새해의 모든 결심에서 관건은, 그 선한 의도를 어떻게 행동에 옮길 것이냐의 문제다. 성격이나 행실을 고치려는 모든 다짐도 마찬가지다. 변화의 리더는 사람들에게 새로운 습성을 길러 줄 행동을 알아내서 그 행동의 모범을 보이고, 그들의 바른 행동을 포착해서 진전을 칭찬해 주어야 한다.

 한 번 더 생각해 보기

당신에게 꼭 필요한 사적인 변화를 하나 떠올려 보라. 이에 대한 당신의 태도는 긍정적인데 아직 아무런 조치도 취하지 않았다. 그 이유가 무엇인가? 행동을 막는 그 장벽을 돌파하려면, 당신에게 필요한 도움을 어디서 얻을 수 있겠는가?

문화적 규범과 기대의 변화

이것이 가장 힘든 변화다. 옳고 그른 행동에 대한 관점이 사람마다 다르기 때문이다. 그 결과 공동체 내의 영속적 변화는 시간이 걸려야만 가능하고, 그래서 변화의 리더는 장기전으로 가야 한다. 변화에 탄력이 붙어 한 문화를 바꾸어 놓을 정도가 되려면, 공동체의 더 높은 목적에 가담해 협력하려는 갈망을 모든 구성원이 기본으로 공유해야 한다. 문화적 변화의 시발점이 된 아래의 위력적인 사례를 생각해 보라.

아프리카 가나에서 개최된 Lead Like Jesus 훈련에 최고 추장이 공개적으로 동석했다. 참석자들은 수시로 추장 쪽으로 곁눈질을 했다. 자신들이 그토록 존경하고 두려워하는 리더가 한 공간에서 함께 들으며 배우고 있다는 사실이 다들 믿어지지 않는 눈치였다.

대단한 권력의 소유자인 가나의 전통적 리더에게 그날 섬김이라는 전혀 낯선 개념이 소개되었다. 훈련 프로그램의 마지막 순서로, 관례에 따라 참석자마다 남의 발을 씻어 주는 시간이 있었다. 바가지와 수건이 방 안을 한 바퀴 도는 동안, 다들 예수의 리더십의 모본을 따라 차례로 조원과 이웃의 발을 씻어 주었다.

최고 추장을 향한 가나인의 경의는 어찌나 깊은지 때로 대통령을 공경하는 마음보다도 더하다. 최고 추장과 대화만 하려 해도 신민(臣民)은 고개를 숙이거나 무릎을 꿇거나 납작 엎드려야 한다. 그래서 에웨(Ewe) 부족의 최고 추장이 허리를 굽히고 무릎을 꿇자 좌중은 충격에 빠졌다. 그는 자신을 신민과 구별해 주는 머리 장식을 벗고 부하 앞에 고개를 숙였다. 최고 추장이 부하 앞에 무릎을 꿇을 정도의 극단적인 반문화(反文化) 행위는 오직 예수의 감화로만 가능하다.

가나의 추장직은 전통적으로 정치 제도이면서 종교 제도이기도 하다. 그래서 관습상 가나인은 자기네 최고 추장이 믿는 대로 믿는다. 에웨 부족의 최고 추장이 동석했다는 사실만으로도 다른 모든 참석자는 예수 같은 리더가 된다는 내용에 더 관심을 기울이게 마련이었다.

훈련이 끝난 후 최고 추장은 우리 팀원에게 다가왔다. 그날의 가르침에 감명을 받은 게 분명했다. 이것이 그의 부족과 심지어 나라에까지 어떤 영향을 미칠지는 하나님만이 아실 것이다. 그는 감격에 겨워 "무한히 감사합니다. 여러분을 사랑합니다"라고 말했다.

한 번 더 생각해 보기

리더로서든 따르는 이로서든 당신이 문화적 규범이나 기대의 변화에 관여했던 때를 생각해 보라. 그 일은 어려웠는가? 왜 그렇거나 그렇지 않은가? 모두가 변화를 성공리에 통과해 나가는 데 특별히 도움이 되었던 요소가 있는가? 없다면 무엇이 그 과정에 도움이 될 수 있었겠는가?

용기를 내라! 변화는 어렵다. 하지만 가치 있는 여정이다. 하나님의 영이 그분의 사람들로 더불어 영혼 ─ 당신을 포함해 ─ 을 섬기신다.

변화를 이끌기 어려운 이유

변화를 좋아하는 사람은 기저귀가 젖은 아기뿐이라는 말이 있다. 왜 그럴까? 그동안 우리가 보니 사람들이 변화에 저항하는 데는 7가지 이유가 있다.

1. **어색하게 느껴진다.** 누구나 불편한 느낌을 피하고 싶은 게 인지상정인데, 사고방식이나 태도나 행동을 고치려면 불편이 따른다. 이런 어색함은 지극히 정상이다. 어색한 느낌이 없다면 당신은 변화를 통과하고 있는 게 아니다.

   적용: 사람들을 변화로 이끌 때는 변화의 문맥을 알려 주라. 무슨 변

화가 언제 어떻게 왜 발생하고 있으며, 그것이 왜 중요한지 설명해 주라.

2. **혼자라는 느낌이 든다.** 가정이나 기업이나 기관의 전원이 동일한 상황에 처해 있어도, 우리 대부분은 변화가 닥쳐오면 "왜 하필 나인가?"라며 억울해하는 경향이 있다. 자신의 약점과 한계가 드러날까 봐 두려워하면, 결국 고립감이 들고 변화에 참여할 마음이 달아날 수 있다.

이럴 때 리더부터 솔선해서 속을 내보이며 누구나 고민을 털어놓을 수 있는 안전한 장을 마련해 주면, 사람들이 자기만 그렇게 느껴지는 게 아님을 깨닫는다. 그렇게 다수의 힘을 경험하면 변화에 더 마음이 열리고 자신감도 더 생긴다.

적용: Lead Like Jesus 프로그램 도중에 우리가 실시하는 "자아 중독자 모임"이 있다. 교만과 두려움이 자신의 삶과 관계에 어떻게 부정적 영향을 미치고 있는지를 서로 나누는 시간인데, 그 모임을 마칠 때마다 자주 나오는 말이 있다. "나만 그런 줄 알았는데 …"

3. **포기해야 할 부분에 집중한다.** 변화를 제의하면 대개 사람들은 자신에게 손해라는 반응부터 보인다. 이 말이 무슨 뜻일까? 과거의 성취에 대한 자부심, 안정된 관계, 자기 나름의 균형 잡힌 우선순위 등을 내려놓기가 어렵다는 뜻이다. 그래서 효과적인 변화의 리더는 사람들에게 과거를 존중할 여지를 주면서도 거기에 머물지는 못하게 한다. 그들을 도와 현 실태를 인식하고 바람직한 미래상을 새로

그리게 한다.

적용: 변화를 겪고 있는 그룹을 도울 때면 우리는 종종 '애도의 시간'을 갖는다. 이 변화 때문에 포기해야 할 것들에 대해 허심탄회하게 대화하는 시간이다. 변화의 유익을 받아들일 수 있으려면 그전에 상실을 애도할 기회가 필요하다.

4. 변화를 감당하는 데 한계가 있다. 이미 변화는 늘 사방 어디에나 있다. 영속적 변화를 이끌려면 사람들이 상대해야 할 변화의 강도와 속도를 당신이 잘 조절해야 한다. 변화를 감당하기에 너무 벅차면, 당신이 의도한 결과가 아무리 긍정적이어도 그들이 지레 겁을 먹고 낙심할 수 있다. 그래서 한꺼번에 다 바꾸지 않는 게 최선이다. 가장 큰 차이를 낳을 만한 핵심 영역을 선별하라.

적용: 변화를 시행할 때는 일단 사람들에게 성공을 경험하게 한 뒤, 그 토대 위에 다른 요소를 더하라. 어떤 이들에게는 십계명이 너무 많아 보일 수 있다. 율법 중에서 어느 계명이 가장 크냐는 질문에 예수는 이렇게 답하셨다.

"네 마음을 다하고 목숨을 다하고 뜻을 다하여 주 너의 하나님을 사랑하라 하셨으니 이것이 크고 첫째 되는 계명이요 둘째도 그와 같으니 네 이웃을 네 자신 같이 사랑하라 하셨으니 이 두 계명이 온 율법과 선지자의 강령이니라"(마태복음 22장 36~40절). 이 두 계명대로 사는 사람은 "살인하지 말라", "도둑질하지 말라", "간음하지 말라"와 같은 계명을 굳이 기억할 필요가 없다. 다시 말해 나머지 모든 것은 예수가 가장 크다 하신 두 계명 속에 당연히 내포되어 있다.

5. **자원을 염려한다.** 변화에 대한 두려움은 종종 변화의 시행에 요구되는 자원이 부족할 것에 대한 두려움으로 표출된다. 이런 걱정 때문에 기존의 자원을 독점하려 할 수 있는데, 그러면 협력은 끝난다. 효과적인 리더는 사람들을 공동의 가용 자원에 눈뜨게 함으로써 걱정을 가라앉혀 준다.

적용: 사상 최고의 변화의 리더이신 예수는 자원 걱정일랑 하지 말라시며, 제자들에게 무엇이든 필요한 것은 다 공급해 주실 하나님을 가리켜 보이셨다.

> 염려하여 이르기를 무엇을 먹을까 무엇을 마실까 무엇을 입을까 하지 말라. 이는 다 이방인들이 구하는 것이라. 너희 하늘 아버지께서 이 모든 것이 너희에게 있어야 할 줄을 아시느니라. 그런즉 너희는 먼저 그의 나라와 그의 의를 구하라. 그리하면 이 모든 것을 너희에게 더하시리라 (마태복음 6장 31~33절).

6. **준비된 정도가 사람마다 다르다.** 변화를 지지한다고 제일 먼저 손을 드는 사람일수록 변화를 사익의 관점에서 볼 수 있다. 변화의 가치를 서서히 확신하는 사람이 오히려 장기적으로 더 잘 따를 수 있다. 아울러 리더가 시간을 투자해 자신의 의중을 분명히 설명해 주면서 초기의 주저하는 이들을 격려해 주면, 마지못해 끌려오는 적군 대신 초지일관의 아군이 생겨난다.

적용: 차세대 리더가 된 제자들 — 하나님의 비전을 이루도록 예수가 감화하고 준비시키신 그 제자들 — 은 다양한 부류의 집단이었다. 다들 성격도 독특했고 변화에 대한 태도도 달랐다. 예컨대 베드로는 감정이 매우 풍부하고 반응이 빨랐다. 사도 도마는 변화를 받아들이기에 더뎠고, 정보가 더 많아야 헌신했다. 빌립은 변화를 수용하는 데는 빨랐지만, 예수가 무슨 일을 하러 오셨는지 다는 몰랐다. 예수는 그들을 각자의 필요와 성격에 맞추어 대하셨다. 결국 모두가 그분을 따르며 일평생 헌신적으로 그분의 비전에 힘썼다.

7. **변화의 부담이 걷히면 옛 행동으로 되돌아가는 경향이 있다.** 영속적 변화를 이끌려면 리더가 꾸준히 보상해 주어야 한다. 잘한 부분을 칭찬하고, 계속 비전을 살리고, 개인의 노력과 기관의 성공의 연관성을 부각하고, 힘든 시기에 친히 일관된 행동의 본을 보이고, 길을 잃은 사람에게 은혜와 용서를 베풀어야 한다. 이 모두가 효과적이고 장기적인 변화를 이끌기 위한 단면인데, 그러려면 리더가 의지적으로 희생해야 한다. 효과적인 변화의 리더는 그간의 관성이 행동으로 변하는 임계점을 넘어설 때까지 꾸준히 일관되게 부담을 가해야 한다.

적용: 예수가 제자들과 특히 베드로에게 그분의 비전과 가치관을 보강해 주신 가장 생생한 사례 중 하나가 요한복음 21장 12~19절에 나온다.

예수께서 이르시되 "와서 조반을 먹으라" 하시니 제자들이 주님이신 줄 아는 고로 당신이 누구냐 감히 묻는 자가 없더라. 예수께서 가셔서 떡을 가져다가 그들에게 주시고 생선도 그와 같이 하시니라. 이것은 예수께서 죽은 자 가운데서 살아나신 후에 세 번째로 제자들에게 나타나신 것이라.

그들이 조반 먹은 후에 예수께서 시몬 베드로에게 이르시되 "요한의 아들 시몬아, 네가 이 사람들보다 나를 더 사랑하느냐" 하시니 이르되 "주님, 그러하나이다. 내가 주님을 사랑하는 줄 주님께서 아시나이다." 이르시되 "내 어린 양을 먹이라" 하시고

또 두 번째 이르시되 "요한의 아들 시몬아, 네가 나를 사랑하느냐" 하시니 이르되 "주님, 그러하나이다. 내가 주님을 사랑하는 줄 주님께서 아시나이다." 이르시되 "내 양을 치라" 하시고

세 번째 이르시되 "요한의 아들 시몬아, 네가 나를 사랑하느냐" 하시니 주께서 세 번째 "네가 나를 사랑하느냐" 하시므로 베드로가 근심하여 이르되 "주님, 모든 것을 아시오매 내가 주님을 사랑하는 줄을 주님께서 아시나이다."

예수께서 이르시되 "내 양을 먹이라. 내가 진실로 진실로 네게 이르노니 네가 젊어서는 스스로 띠 띠고 원하는 곳으로 다녔거니와 늙어서는 네 팔을 벌리리니 남이 네게 띠 띠우고 원하지 아니하는 곳으로 데려가리라." 이 말씀을 하심은 베드로가 어떠한 죽음으로 하나님께 영광을 돌릴 것을 가리키심이러라. 이 말씀을 하시고 베드로에게 이르시되 "나를 따르라" 하시니.

사람들을 영속적 변화로 이끄는 것은 어려운 일이다. 리더는 그들에게 열정적인 목적의식, 미래에 대한 필수 비전, 수고를 헛되지 않게

할 꾸준한 보상을 주어야 한다.

 한 번 더 생각해 보기

리더로서든 따르는 이로서든 당신이 관여해야 했던 힘겨운 변화를 하나 떠올려 보라. 긍정적 변화일지라도 변화로 이끌기 어려운 7가지 이유를 되돌아보라. 그 변화의 노력을 더 쉬워지게 하거나 더 성공으로 이끌기 위해 당신이 리더나 따르는 이로서 다르게 할 수도 있었던 부분은 무엇인가?

자아 중독자 모임:
하나님만을 높이는 첫걸음

32

이 교훈의 목적은 청결한 마음과 선한 양심과
거짓이 없는 믿음에서 나오는 사랑이거늘

디모데전서 1장 5절

앞서 말했듯이 우리가 생각하는 훌륭한 리더십이란 마음에서 시작되는 전인적인 직무다. 마음은 당신의 의중이 저장되는 곳이며, 우리가 으레 던지는 "당신은 섬기려고 있는가, 아니면 섬김을 받으려고 있는가?"라는 물음의 답도 거기서 나온다.

우리 집회에서 그 질문을 던지면 아무도 손을 들고 "나는 섬김을 받으려고 있습니다"라고 말하지 않는다. 반대로 모든 참석자가 남을 돕는 사람으로 알려지기를 원한다. 그런데 우리 리더십 세미나에서 실시하는 자아 중독자 모임을 통해 늘 확인되는 사실이 있다. 모든 사람이 교만과 두려움이라는 악마를 날마다 상대한다는 것이다. 사실 하나님을 밀어내는 자아야말로 우리가 보기에 모든 중독 중에서도 최악이다. 다른 온갖 중독의 배후 원인이기 때문이다.

흔히 말하기를 교만한 사람은 자신을 실제보다 높게 평가한다고 한다. 그러나 단언컨대 교만은 대개 낮은 자존감과 두려움과 자기 회의를 숨기려는 과잉 반응이다. 반면에 명백히 자기 회의와 두려움에 지배당하는 사람은 늘 자기 바깥에서 자존감을 높여 줄 무언가를 찾으려 한다. 때로 그것이 부정적으로 술, 마약, 섹스, 권력, 재물 등에 대한 중독으로 나타난다. 그러므로 당신의 자존감이 떨어지거든 원점으로 돌아가 하나님의 무조건적인 사랑과 그분의 사람들의 지원을 받으라.

다시 자아 중독자 모임으로 돌아간다. 매번 우리는 이런 말로 시작한다. "모든 자아 중독자 모임은 자발적 참여로 이루어집니다. 여러분의 자아가 (스스로 높아지려는) 교만이나 (자신을 보호하려는) 두려움 때문에 하나님을 밀어내고 자신을 방해한 적이 없다면, 이 자리를 떠나셔도 됩니다." 그동안 자아 중독자 모임에 참석한 인원이 수만 명에 달하지만, 자리를 뜬 사람은 하나도 없다.

자아 중독자 모임이 어떤 성격의 것인지 대략 감이 잡히도록 당신을 관찰자로 초대하려 한다. 실제 모임에는 관찰자는 없고 적극적으로 자아 중독을 퇴치하려 애쓰는 사람들만 있다. 이제부터 당신이 만날 그들은 허구 인물이지만, 고충의 내용만은 실제 상황에서 실제 리더들이 털어놓은 그대로다.

자아 중독자 모임의 사례

"안녕하세요, 제 이름은 다니엘입니다. 저는 자아 중독자입니다." 한 남자가 의자에서 일어나 말한다.

"안녕하세요, 다니엘." 일동이 반갑게 맞이한다.

남자의 말이 이어진다. "지난번 모임 이후로 가정에서 교만이 제 리더십에 악영향을 끼쳤습니다. 제 경솔했던 투자를 아내가 제대로 지적했는데도 저는 자신과 아내에게 이를 인정하지 않았어요. 오히려 아무 잘못도 없는 아내에게 화를 냈고, 사과하는 데 너무 오래 걸렸습니다." 자리에 앉는 다니엘에게 모두 박수를 보내고, 그중 더러는 고개를 끄덕여 공감을 표한다.

다음으로 둥그런 대형의 반대쪽에서 정장 차림의 여성 기업인이 일어나 대중 연설에 익숙한 어조로 말한다. "제 이름은 로라입니다."

"안녕하세요, 로라." 모두 화답한다.

로라가 말을 잇는다. "저는 자아 중독자입니다. 큰 광고 회사 사장으로서 부하 직원들을 대할 때 제 교만 때문에 조급해지거든요. 지난주에는 제가 요직의 신임 팀원에게 위임했던 업무를 도로 빼앗아 직접 처리해 버렸습니다. 결국 저는 과부하가 걸렸고 그녀는 사기가 떨어졌지요." 역시 로라도 박수를 받으며 자리에 앉는다.

이어 침묵이 흐른다. 자아 중독자 모임에서 자주 있는 일인데, 다음 사람이 나올 때까지 몇 분 기다려야 할 수도 있다. 효과적인 리더가 되려는 노력을 자아가 어떻게 방해했는지를 털어놓으려면, 마음의 준비가 필요하기 때문이다. 1분쯤 후에 백발이 성성한 장신의 남자가 생각에 잠긴 표정으로 천천히 일어나 가만가만한 목소리로 말한다. "안녕하세요, 제 이름은 스티븐입니다."

"안녕하세요, 스티븐." 참석자들은 똑같이 호응한다.

스티븐이 말한다. "저는 자아 중독자입니다. 제 자아는 성공을 두려워합니다. 급성장 중인 교회의 목사로서 저는 교회를 더 확장하자는 계획에 선뜻 동의하지 못하고 있습니다. 제게 요구될 더 많은 시간과 에너지를 감당하지 못할까 봐 두려워서요." 자신의 한계를 겸손히 인정하는 그에게 모두 치유의 박수로 공감을 표한다.

목사의 다소곳한 몸가짐과는 정반대로 그다음에는 운동선수처럼 보이는 30대 남자가 일어난다. 빠른 몸동작과 기운찬 모습에서 열기가 뿜어져 나온다. "안녕하세요! 제 이름은 타일러입니다."

"안녕하세요, 타일러."

일동의 인사에 타일러가 답한다. "저는 자아 중독자입니다. 고등학교 농구 코치인데, 제 자아가 리더십에 부정적 영향을 미칩니다. 패배를 겁내는 제 승부욕 때문에 어떤 때는 결정을 내릴 때 선수들의 성장과 발전은 뒷전이란 말입니다." 모두 타일러의 허심탄회한 고백에 수긍하며 박수를 보낸다.

이번에는 편안한 옷차림의 매력적인 젊은 여성이 일어난다. "안녕하세요, 제 이름은 낸시입니다." 거의 사과에 가까운 자신 없는 말투다. 일동은 앞사람들에게와 똑같이 그녀에게도 인사를 건넨다.

낸시의 말이 이어진다. "저는 자아 중독자입니다. 두 어린아이를 둔 엄마인데 제 자아가 방해해요. 열등감과 낮은 자존감 때문에 피해 의식이 들어, 아이들과 함께 나눌 기쁨을 날려 버려요." 모두 공감하며 고개를 끄덕인다.

다음으로 수염이 희끗희끗한 중년 남자가 일어나 말한다. "제 이름은 리치입니다."

참석자들은 인사로 그를 격려한다. "안녕하세요, 리치."

"오늘까지만 해도 저는 자아 중독자로 자처하지 않았을 겁니다. 교만한 마음은 제게 정말 없거든요. 제게 있는 것은 다 하나님이 주셨음을 압니다. 그런데 오늘에야 제가 자아 중독자임을 깨달았습니다. 저는 두려움 때문에 하나님을 밀어냅니다. 분명히 그분이 원하셔서 제가 해야 할 것이 아주 많은데, 지금껏 저는 시도하지 않았거나 그분의 분명한 뜻 안에 안주했습니다." 일동은 그의 고백에 박수를 보내 지원과 공감을 표한다.

이렇게 발언 전후로 말없이 생각에 잠기면서 저마다 교만과 두려움에 대한 승리와 패배를 나누기를 20여 분쯤 더 계속해, 마침내 자원하는 사람은 모두 발언하고 그룹의 격려를 받는다.

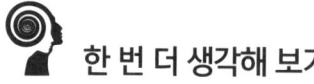 **한 번 더 생각해 보기**

이 자아 중독자 모임에서 당신이 다음 차례라고 가정해 보라. 당신의 리더십에 가장 큰 영향을 미쳐 온 자아 문제를 어떻게 말하겠는가?

예수 같은 리더의 12단계 프로그램은 우리 기관에서, 그분을 닮은 리더십을 통해 자신의 삶과 관계에 새로운 희망과 효율성을 더하려는 리더들을 위해 개발한 것이다. 그중 첫 단계는 바로 자신의 자아에 문제가 있음을 인정하는 것이다. 기관과 교회와 가정 등 자신의 영향권 내에 있는 사람들을 보노라면, 항상 섬기는 마음으로 이끌면서 행위 습관인 은혜와 용서와 격려와 공동체를 실천한다는 것이 전혀 불가능해 보일 수 있다. 그럴 때는 이 리더십의 소명이 본래 우리 힘으로는 감당할 수 없는 일임을 기억하라. 예수 같은 리더가 되려면, 하나님이 우리를 통해 일하실 수 있도록 우리는 기꺼이 그분께 순종하고 그분의 사랑을 표현하면 된다. 성령이 인도하며 능력을 주시므로 우리는 지혜롭게 효과적으로 남을 이끌 수 있다.

사실 리더의 가장 중요한 임무는, 우리의 언행을 통해 우리의 리더이신 그분을 사람들에게 드러내는 것이다. 그러려면 우리가 보기에 최선의 길은 알코올 중독자 모임(Alcoholics Anonymous, AA)의 12단계 프로그램 전체를 응용해 그대로 따르는 것이다.[1] 아울러 이는 예수 같은 리더에게 요구되는 변화 여정의 초반부를 취합하는 데도 최선의 길이다. 자아 중독자 모임의 주목적은 서로 격려해, 특히 하나님의 은혜를 받아들이고 자신을 용서하는 공동체를 세우는 것이다. 공동체를 세우는 게 중요한 이유는 진정한 변화란 시간을 두고 공동체 안에서만 이루어지기 때문이다. 그런데 공동체를 세우려면 서로 친밀해져 약한 모습까지 내보여야 한다. 아래에 자아 중독자 모임의 12단계를 소개하면서, 당신에게도 자신의 방식대로 여기에 동참할 것을 권한다.

예수 같은 리더가 되기 위한 자아 중독자 모임의 12단계

1. 나는 내 자아의 필요와 세상적 성공 욕구에 떠밀려 리더 역할에 부정적 영향을 입은 적이 많음을 인정한다. 그동안 내 리더십은 예수가 모범을 보이신 섬기는 리더십이 아니었다.

2. 이제 나는 하나님이 리더로서의 내 동기와 생각과 행동을 예수가 모범을 보이신 섬기는 리더십으로 변화하게 해 주실 수 있음을 믿는다.

3. 나는 리더로서의 내 노력을 하나님께 의탁하고 예수의 제자이자 그분이 모범을 보이신 섬기는 리더가 되기로 결단했다.

자아 문제를 극복하는 여정은 이 첫 세 단계로 시작된다. 즉 당신은 자신에게 문제가 있음을 인정하고, 하나님만이 이를 퇴치하실 수 있음을 깨달으며, 그리하여 문제를 내려놓고 그분께 맡긴다.

4. 나는 예수 같은 리더에게 합당하지 못한 동기와 생각과 행동을

파악하고자 담대히 내 리더십을 심층 점검했다.

5. 나는 내 동기와 생각과 행동이 예수 같은 리더에게 합당하지 못했음을 하나님과 자신과 적어도 한 명의 타인에게 인정했다.

이 두 단계에서 당신은 자신을 철저히 돌아보며 결점을 인정한다. 한 해 동안 자신을 속이는 것보다 단 몇 분이라도 지독히 솔직해지는 게 낫다.

6. 나는 예수 같은 리더가 되지 못하게 막는 내 성격 결함을 하나님이 모두 제하실 수 있도록 온전히 각오가 되어 있다.

7. 나는 하나님이 내 결점을 제하시고 나를 강건하게 하셔서 인정과 권력과 탐욕과 두려움 등의 유혹을 물리치게 해 주시기를 겸손히 구한다.

여기서 당신은 하나님이 당신이라는 비행기의 부조종사가 아니라 수석 조종사이심을 깨우친다! 그분이 당신의 삶을 주관하셔야만 당신은 교만과 두려움이라는 악마를 이겨낼 수 있다.

8. 나는 자아에 지배당하는 내 리더십에 피해를 입었을 수 있는 사람들의 명단을 작성했고, 기꺼이 모두에게 변상할 마음이 있다.

9. 나는 상대나 제3자에게 상처를 입힐 경우를 제외하고는, 가능할

때는 언제든지 위의 사람들에게 변상했다.

10. 나는 리더로서의 내 역할과 관련해 계속 꾸준히 자신을 점검하며, 잘못한 일이 있을 때는 즉각 구체적으로 인정한다.

하나님의 용서를 받아들이고 자신을 용서한 당신은 이제 자신이 피해를 줬을 수 있는 사람들에게 다가간다. 덕분에 그들에게 하나님의 사랑이 가시화된다. 이는 지속적인 감시 과정이며, 평생 날마다 해야 할 일이다. 다행히 당신은 결코 이 길을 홀로 갈 필요가 없다. 대부분의 알코올 중독자 모임을 마칠 때 "계속 또 봅시다!"라고 말하듯 당신도 그렇게 하면 된다.

11. 나는 고독과 기도와 성경 공부와 및 나를 향한 하나님의 무조건적인 사랑을 믿는 훈련에 힘써, 내 리더십을 예수가 보이신 모범에 일치시키고 리더의 직무상 접하는 사람들에게 섬기는 리더가 될 방도를 늘 모색한다.

12. 나는 예수 같은 리더가 되라는 메시지를 내 영향권 내에 있는 모든 사람에게 전하기로 헌신한다.

마지막 두 단계에서 존재 습관과 행위 습관이 하나로 합쳐진다. 즉 하나님의 무조건적인 사랑을 받아들이고 그 안에 거하는 당신이 또한 하나님께 순종하며 그분의 사랑을 표현하기도 한다. 예수는 가장 큰 두 계명을 명시하실 때 그 근본이 하나님의 사랑임을 강조하셨다.

"네 마음을 다하고 목숨을 다하고 뜻을 다하고 힘을 다하여 주 너의 하나님을 사랑하라 하신 것이요[존재] 둘째는 이것이니 네 이웃을 네 자신과 같이 사랑하라 하신 것이라[행위]. 이보다 더 큰 계명이 없느니라"(마가복음 12장 30~31절). 이 두 계명을 이행하는 최선의 길은 자아 중독자 모임의 12단계를 당신 삶의 길잡이로 삼는 것이다.

자신의 중독을 인정하는 1단계가 매우 중요하기는 하지만, 하나님을 밀어내는 자아 중독에서 벗어나려면 12단계를 모두 마쳐야 한다. 자신에게 중독을 극복할 시간을 충분히 주라. 이 사명에 진지하게 임할수록 당신이 점점 더 예수 같은 리더로 성공할 가능성이 커짐을 명심하라.

 한 번 더 생각해 보기

12단계의 수료가 매일의 여정이자 지속적인 도전임을 잊지 말라. 다행히 우리는 이 여정이나 도전에 홀로 맞서도록 부름을 받지 않았고, 그렇게 지어지지도 않았다. 예수가 그분을 따르는 모든 사람에게 주시는 약속을 다시 한번 들어 보라. "볼지어다, 내가 세상 끝 날까지 너희와 항상 함께 있으리라"(마태복음 28장 20절). 이 약속은 오늘 당신에게도 여전히 유효하다.

> **토의 가이드**

Part 7. 예수 같은 리더의 다음 단계(31~32장)

핵심 개념 1

예수 같은 리더에 대해 자신이 배운 바를 일상생활 속에 적용하기란 쉽지 않다. 대부분의 사람이 변화에 본능적으로 저항하는 것도 한 이유다. 그래서 사람들을 변화로 이끌려면 열정적인 목적의식, 미래에 대한 필수 비전, 수고를 헛되지 않게 할 꾸준한 보상이 필요하다.

1. 리더로서든 따르는 이로서든 당신이 관여해야 했던 힘겨운 변화를 하나 떠올려 보라. 긍정적 변화일지라도 변화로 이끌기가 어려운 7가지 이유를 되돌아보라(31장 후반부에 나온다). 그 변화의 노력을 더 쉬워지게 하거나 더 성공으로 이끌기 위해 당신이 리더나 따르는 이로서 다르게 할 수도 있었던 부분은 무엇인가?

핵심 개념 2

우리는 모두 남을 돕는 사람으로 알려지기를 원한다. 그런데 알다시피 모든 사람이 교만과 두려움이라는 악마를 날마다 상대해야 한다. 어떻게든 우리는 하나님을 밀어내는 자아가 아니라 하나님만 높이는 자아가 되어야 한다.

1. 당신이 효과적인 리더가 되는 데 자아가 걸림돌이 되었던 경우를 일터와 일터 바깥에서 각각 하나씩 떠올려 보라. 리더인 당신의 결정이나 수행에 교만과 두려움이 악영향을 끼치고 있음을 인식할 경우, 그 교만과 두려움을 극복하기 위해 당신이 할 수 있는 일은 무엇인가?

핵심 개념 3

예수를 닮은 리더십은 최종 종착지가 아니라 한 걸음씩 내딛는 여정이자 매일의 도전이다. 예수 같은 리더가 되려면 성령의 능력과 헌신적인 지원 관계를 통해서만 가능하다. 먼저는 하나님과의 관계요 나아가 사람들과의 관계다. 이 여정의 궤도를 지키려면 자신이 어디에 있고 어디로 가고 있는지를 자주 점검하고, 필요하다면 노선을 수정해야 한다.

1. 리더십의 4가지 영역에서 성령의 도움이 없다면 당신의 지속적 발전이 가장 어려울 것 같은 실천 사항을 영역별로 하나씩 꼽아 보라.

    마음:

    머리:

    손:

    습관:

핵심 개념 4

예수를 따르는 이들만의 독특한 자원은 우리 삶 속에 상담자와 길잡이로 적극 임재하시는 성령이시다. 예수님은 요한복음 14장 26절에 이렇게 약속하셨다. "보혜사 곧 아버지께서 내 이름으로 보내실 성령 그가 너희에게 모든 것을 가르치고 내가 너희에게 말한 모든 것을 생각나게 하리라."

1. 하나님께 드리는 기도문을 자신의 말로 작성해 보라. 성령이 당신의 마음과 머리와 손과 습관을 주관해 주심으로써, 예수 같은 리더가 되지 못하게 막는 장애물들을 물리치게 해 달라고 기도하라. 남은 평생에 걸쳐 이 과정을 자주 되풀이하라. 하나님이 복을 주시기를 빈다.

예수 같은 리더의 다음 단계: 점검표

예수를 닮은 리더십은 종착지가 아니라 여정이다. 길을 떠나는 모든 충실한 나그네와 마찬가지로 당신도 필요한 짐을 잘 챙겨야 한다.

항목	V
당신 개인의 사명 선언문. 열두 살짜리도 읽고 이해할 수 있어야 한다.	
성공에 대한 당신의 정의. 하나님의 부르심과 개입하심이 언급되어 있어야 한다.	
순위가 매겨진 일련의 운영 가치. 갈림길에서 어느 쪽으로 가야 할지 정할 때 기준이 된다.	
당신에게 진실을 말해 줄 사람들. 올바른 방향을 고수하게 해 준다.	
승리와 도전과 배운 교훈을 기록할 일기장. 기억해 두었다가 남에게 전수하기에 좋다.	
검증된 일상생활 지침.	
하나님의 도움으로 존재 습관을 실천하려는 헌신. 하나님의 사랑을 받아들이고 그 안에 거함, 고독을 경험함, 기도를 실천함, 성경을 알고 적용함, 지원 관계를 유지함.	
하나님의 도움으로 행위 습관을 실천하려는 헌신. 하나님께 순종하며 그분의 사랑을 표현함, 은혜, 용서, 격려, 공동체.	
외워 둔 긴급 성경구절. 곤경에 처했을 때 필요하다.	
일련의 재조정 도구. 당신을 계속 바른길로 가게 해 준다.	

예수 같은 리더의 다음 단계: 자원 목록

앞의 점검표에 권한 항목 중 당신에게 없는 게 하나라도 있다면, 여기 그 필요한 것을 얻는 데 도움이 될 참고 문헌과 자원을 소개한다.

개인의 사명 선언문

Bob Buford, *Halftime: Moving from Success to Significance*. (《하프타임》, 국제제자훈련원 역간)

Christine Sine & Tom Sine, *Living on Purpose: Finding God's Best for Your Life*. (《하나님의 목적 나의 목적》, 그루터기하우스 역간)

Laurie Beth Jones, *The Path: Creating Your Mission Statement for Work and for Life*. (《기적의 사명선언문》, 한언 역간)

Rick Warren, *The Purpose Driven Life: What on Earth Am I Here For?* (《목적이 이끄는 삶》, 디모데 역간)

Ken Blanchard, Laurence Hawkins & Susan Fowler, *Situational Self Leadership*.

하나님을 염두에 둔 성공에 대한 정의

Keri Wyatt Kent, *Breathe: Creating Space for God in a Hectic Life*.

Henry T. Blackaby & Claude V. King, *Experiencing God*. (《하나님을 경험하는 삶》, 요단출판사 역간)

Charles Swindoll, *Great Attitudes!: 10 Choices for Success in Life*.

Charles M. Sheldon, *In His Steps*. (《예수님이라면 어떻게 하실까》, 선한청지

기 역간)

Ken Blanchard, *It Takes Less Than One Minute to Suit Up for the Lord*.

Gordon MacDonald, *Ordering Your Private World*. (《내면세계의 질서와 영적 성장》, IVP 역간)

Robert S. McGee, *The Search for Significance: Seeing Your True Worth Through God's Eyes*. (《내 안의 위대한 나》, 두란노 역간)

Ken Blanchard & Phil Hodges, *The Servant Leader: Transforming Your Heart, Head, Hands & Habits*. (《섬기는 리더 예수》, 21세기북스 역간)

Tommy Nelson, *The 12 Essentials of Godly Success: Biblical Steps to a Life Well Lived*. (《하나님의 기준으로 성공하라》, 디모데 역간)

순위가 매겨진 일련의 운영 가치

Matt Hayes & Jeff Stevens, *The Heart of Business*.

Ken Blanchard & Michael O'Connor, *Managing by Values: How to Put Your Values into Action for Extraordinary Results*. (《가치 경영》, 창현출판사 역간)

Ken Blanchard & Norman Vincent Peale, *The Power of Ethical Management*. (《갈등 해소를 위한 윤리적 경영》, 시사영어사 역간)

Henry T. Blackaby & Richard Blackaby, *Spiritual Leadership: Moving People on to God's Agenda*. (《영적 리더십》, 두란노 역간)

Leighton Ford, *Transforming Leadership: Jesus' Way of Creating Vision, Shaping Values and Empowering Change*. (《변화를 일으키는 리더십》, 생명의말씀사 역간)

당신에게 진실을 말해 올바른 방향을 고수하게 해 줄 사람들

Howard Hendricks & William Hendricks, *As Iron Sharpens Iron: Building Character in a Mentoring Relationship*. (《철이 철을 날카롭게 하는 것같이》, 요단 역간)

Geoff Gorsuch & Dan Schaffer, *Brothers! Calling Men into Vital Relationships*.

David Stoddard & Robert J. Tamasy, *The Heart of Mentoring: Ten Proven Principles for Developing People to Their Fullest Potential*. (《마음으로 하는 멘토링》, 국제제자훈련원 역간)

Edna Ellison & Tricia Scribner, *Woman to Woman: Preparing Yourself to Mentor*.

Vickie Kraft & Gwynne Johnson, *Women Mentoring Women: Ways to Start, Maintain, and Expand a Biblical Women's Ministry*. (《여성을 멘토링하는 여성》, 두란노 역간)

검증된 일상생활 지침

Lead Like Jesus 사역기관에서 발행한 여러 묵상집 (www.leadlikejesus.com을 방문해 신청하면 된다)

Francois Fenelon, *Let Go*. (《내어드림》, 순전한나드 역간)

Henri Nouwen, *Life of the Beloved: Spiritual Living in a Secular World*. (《이는 내 사랑하는 자요》, IVP 역간)

Charles Swindoll, *Living Beyond the Daily Grind*.

Oswald Chambers, *My Utmost for His Highest*. (《주님은 나의 최고봉》, 토

기장이 역간)

NIV Leadership Bible: Leading by the Book (Zondervan).

James A. Francis & Ken Blanchard, One Solitary Life.

Bruce Wilkinson, The Prayer of Jabez: Breaking Through to the Blessed Life. (《야베스의 기도》, 디모데 역간)

Elizabeth George, Small Changes for a Better Life: Daily Steps to Living God's Plan for You.

L. B. Cowman, Streams in the Desert. (《사막에 샘이 넘쳐흐르리라》, 복있는 사람 역간)

존재 습관의 실천

- 하나님의 사랑을 받아들이고 그 안에 거함
- 고독을 경험함
- 기도를 실천함
- 성경을 알고 적용함
- 지원 관계를 유지함

행위 습관의 실천

- 하나님께 순종하며 그분의 사랑을 표현함
- 은혜
- 용서
- 격려
- 공동체

곤경에 처했을 때 기억하면 좋은 성경구절

Norman Vincent Peale & C. S. Moore, *Thought Conditioners: Forty Powerful Spiritual Phrases That Can Change the Quality of Your Life*.

두려움   빌립보서 4장 6~7절

아무 것도 염려하지 말고 다만 모든 일에 기도와 간구로, 너희 구할 것을 감사함으로 하나님께 아뢰라 그리하면 모든 지각에 뛰어난 하나님의 평강이 그리스도 예수 안에서 너희 마음과 생각을 지키시리라

두려움   시편 23편

여호와는 나의 목자시니 내게 부족함이 없으리로다 그가 나를 푸른 풀밭에 누이시며 쉴 만한 물 가로 인도하시는도다 내 영혼을 소생시키시고 자기 이름을 위하여 의의 길로 인도하시는도다 내가 사망의 음침한 골짜기로 다닐지라도 해를 두려워하지 않을 것은 주께서 나와 함께 하심이라 주의 지팡이와 막대기가 나를 안위하시나이다 주께서 내 원수의 목전에서 내게 상을 차려 주시고 기름을 내 머리에 부으셨으니 내 잔이 넘치나이다 내 평생에 선하심과 인자하심이 반드시 나를 따르리니 내가 여호와의 집에 영원히 살리로다

불안   시편 55편 22절

네 짐을 여호와께 맡기라 그가 너를 붙드시고 의인의 요동함을 영원히 허락하지 아니하시리로다

염려   마태복음 6장 25절

그러므로 내가 너희에게 이르노니 목숨을 위하여 무엇을 먹을까 무엇을 마실까 몸을 위하여 무엇을 입을까 염려하지 말라 목숨이 음식보다 중하지 아니하며 몸이 의복보다 중하지 아니하냐

유혹　　고린도전서 10장 13절
사람이 감당할 시험 밖에는 너희가 당한 것이 없나니 오직 하나님은 미쁘사 너희가 감당하지 못할 시험 당함을 허락하지 아니하시고 시험 당할 즈음에 또한 피할 길을 내사 너희로 능히 감당하게 하시느니라

교만　　로마서 12장 3절
내게 주신 은혜로 말미암아 너희 각 사람에게 말하노니 마땅히 생각할 그 이상의 생각을 품지 말고 오직 하나님께서 각 사람에게 나누어 주신 믿음의 분량대로 지혜롭게 생각하라

교만　　잠언 13장 10절
교만에서는 다툼만 일어날 뿐이라 권면을 듣는 자는 지혜가 있느니라

가치　　예레미야 9장 23~24절
여호와께서 이와 같이 말씀하시되 지혜로운 자는 그의 지혜를 자랑하지 말라 용사는 그의 용맹을 자랑하지 말라 부자는 그의 부함을 자랑하지 말라 자랑하는 자는 이것으로 자랑할지니 곧 명철하여 나를 아는 것과 나 여호와는 사랑과 정의와 공의를 땅에 행하는 자인 줄 깨닫는 것이라 나는 이 일을 기뻐하노라 여호와의 말씀이니라

회개　　요한일서 1장 9절

만일 우리가 우리 죄를 자백하면 그는 미쁘시고 의로우사 우리 죄를 사하시며 우리를 모든 불의에서 깨끗하게 하실 것이요

인도　　잠언 3장 5~6절

너는 마음을 다하여 여호와를 신뢰하고 네 명철을 의지하지 말라 너는 범사에 그를 인정하라 그리하면 네 길을 지도하시리라

인도　　시편 143편 10절

주는 나의 하나님이시니 나를 가르쳐 주의 뜻을 행하게 하소서 주의 영은 선하시니 나를 공평한 땅에 인도하소서

바른 길을 지키게 해 줄 재조정 도구

이 책의 32장 "자아 중독자 모임: 하나님만을 높이는 첫걸음"

감사의 말

켄 블랜차드: 아내 마지, 아들 스캇, 며느리 메들린, 딸 데비, 그리고 내 삶에 늘 기쁨의 샘이 흐르게 해 주는 모든 손주에게 감사한다. 나를 늘 점검해 주고 미소 짓게 해 주는 행정과 편집 지원팀의 마저리 앨런, 마서 로렌스, 르네 브로드웰, 애나 에스피노에게도 고마움을 전한다.

필 하지스: 인내와 사랑으로 지원하며 솔직한 평을 들려준 아내 제인, 우리 일곱 손주의 자애로운 부모인 필립과 매리언 하지스 부부와 폴과 리앤 피너 부부, 그리고 늘 격려해 주는 누이 리즈 파보니에게 감사한다.

필리스 헨드리: 내 삶의 모든 계절과 특별히 이 책을 쓰는 동안에 한결같은 지원과 무조건적인 사랑과 격려를 베풀어 준 가족에게 감사한다. 예수 같은 리더가 실생활 속에서 어떤 모습인지를 보여 주는 그들의 삶 덕분에 나는 예수가 이루시는 일상의 변화를 남에게 가르칠 수 있다. 매 순간 나를 감화하셔서, 내 안에 그분의 꿈을 키워 그분을 더 닮아 가고 남에게도 똑같이 가르치게 하시는 예수께 감사드린다.

모든 저자:
우리의 삼위일체 컨설턴트 팀이신 성부 성자 성령 외에도 아래의 여러 섬기는 리더의 공헌에 감사를 표한다.

- 캐런 맥과이어는 Lead Like Jesus 사역 기관을 위해 계속 사랑으로 교정하고 편집해 주었다. 이 책 초판부터 이번 개정판까지 예수 같은 리더가 되라는 메시지를 담아내는 데 그녀의 도움이 결정적이었다. 그녀의 예수님을 향한 마음, 섬기는 마음, 탁월함을 추구하는 마음이 페이지마다 빛을 발한다.
- 르네 브로드웰은 인내심과 훌륭한 솜씨로 최종 원고를 편집해 이 책의 메시지를 우리의 본뜻대로 되게 해 주었다.
- 공부 교재인 *Lead Like Jesus: Beginning the Jourey*(예수 같은 리더가 되라: 여정의 출발)를 우리와 공저한 에이버리 윌리스와 리 로스는 많은 개념을 우리와 함께 개발해 주었다.
- Lead Like Jesus 팀은 일상의 크고 작은 일에서 계속 예수를 닮은 리더십의 모범이 되어 준다.
- 잭 컨트리맨은 예수 같은 리더가 되라는 메시지를 처음부터 믿어 주었다.

- 달라스 윌라드는 뛰어난 학식과 지혜로 우리를 예수와 더 깊고 친밀한 관계 속으로 불러 주었다.
- 헨리 블랙커비는 하나님의 마음과 생각과 뜻 안에 거하는 삶에 시종일관 천착해 왔다.
- 로버트 S. 맥기는 사탄의 자존감 공식으로 '우리의 행위+타인의 평가=자존감'이라는 개념을 가르쳐 주었다.
- 《멘토링으로 배우는 예수님의 리더십》(두란노 역간)을 우리와 공저한 빌 하이벨스는 예수 같은 리더의 마음과 머리와 손과 습관을 연구하는 우리의 여정에 감화를 끼쳐 주었다.

주

02. 사상 최고의 리더십 역할 모델

1. 켄 블랜차드는 1960년대 말에 폴 허시와 함께 상황 대응 리더십을 처음 개발했다. 그러다 1980년대 초에 켄 블랜차드 컴퍼니의 창립 동료들 – 마지 블랜차드, 돈 커루, 유니스 퍼리시-커루, 프레드 핀치, 캘러 크래프츠, 로리 호킨스, 팻 지가미, 드레아 지가미 – 과 함께 그 이론의 신세대인 상황 대응 리더십 II를 창안했다. 다음 책에 이 개념이 가장 잘 설명되어 있다. Ken Blanchard, Patricia Zigarmi & Drea Zigarmi, *Leadership and the One Minute Manager* (New York: William Morrow, 1985). 《플렉서블: 켄 블랜차드의 상황대응 리더십》, 21세기북스 역간

04. 예수는 오늘의 우리에게도 적합한 역할 모델인가?

1. William Barclay, "Commentary on John 14:1," *The New Daily Study Bible*, http://www.studylight.org/commentaries/dsb/view.cgi?bk=42&ch=14&vs=1.

06. 예수 같은 리더의 4가지 영역

1. John Ortberg, *The Life You've Always Wanted: Spiritual Disciplines for Ordinary People* (1997; 재판, Grand Rapids: Zondervan, 2002), 167. 《평범 이상의 삶》, 사랑플러스 역간

Part 2. 훌륭한 리더의 마음

1. A. W. Tozer, *The Knowledge of the Holy: The Attributes of God: Their Meaning in the Christian Life*, 증정 초판 (New York: HarperSanFrancisco, 1992), 1.《하나님을 바로 알자》, 생명의말씀사 역간

08. 예수 같은 리더가 되고 싶은데 마음이 따라 주지 않을 때

1. Robert S. McGee, *The Search for Significance: Your True Worth Through God's Eyes* (Nashville: W Publishing, 2003), 21.《내 안의 위대한 나》, 두란노 역간

09. 마음이 고장 난 결과

1. 다음 책에 나오는 "점점 약해지는 쾌락을 향한 점점 강해지는 욕망"이란 표현에서 영감을 얻었다. C. S. Lewis, *The Screwtape Letters* (중판, New York: HarperCollins, 2001), 44.《스크루테이프의 편지》, 홍성사 역간

10. 하나님을 밀어내는 자아의 경고 신호

1. Francis Fisher Browne, *The Every-day Life of Abraham Lincoln: A Narrative and Descriptive Biography with Pen-Pictures and Personal Recollections by Those Who Knew Him* (Chicago: Browne & Howell, 1914), 408~410.
2. Leighton Ford, *Transforming Leadership: Jesus' Way of Creating Vision, Shaping Values and Empowering Change* (Downers Grove, IL: InterVarsity Press, 1991), 261.《변화를 일으키는 리더십》, 생명의말씀사 역간
3. Gordon MacDonald, *Ordering Your Private World* (Wheaton, IL:

Tyndale, 2003). 《내면세계의 질서와 영적 성장》, IVP 역간

11. 마음의 방향 전환

1. Jim Collins, *Good to Great: Why Some Companies Make the Leap … and Others Don't* (New York: HarperCollins, 2001), 35. 《좋은 기업을 넘어 위대한 기업으로》, 김영사 역간
2. Ken Blanchard & Norman Vincent Peale, *The Power of Ethical Management* (New York: William Morrow, 1988), 39. 《갈등 해소를 위한 윤리적 경영》, 시사영어사 역간
3. Fred Smith, *Breakfast with Fred* (Ventura, CA: Regal Books/Gospel Light, 2007), 166. 《진주를 팔아 지혜를 사라》, 긍정의힘 역간

Part 3. 존재 습관

1. Rick Warren, *The Purpose Driven Life: What on Earth Am I Here For?* (Grand Rapids: Zondervan, 2002), 175. 《목적이 이끄는 삶》, 디모데 역간

14. 기도를 실천하는 습관

1. Oswald Chambers, *My Utmost for His Highest* (New York: Dodd, Mead, 1935), 171. 《주님은 나의 최고봉》, 토기장이 역간
2. Johnson Oatman Jr., "Count Your Blessings," 1897. 《우리말 찬송가》 429장.

16. 지원 관계를 유지하는 습관

1. Ken Blanchard & Colleen Barrett, *Lead with LUV: A Different Way to Create Real Success* (Upper Saddle River, NJ: Financial Times Press,

2011), 106. 《켄 블랜차드의 러브스토리》, 21세기북스 역간

2. Ken Blanchard, Bill Hybels & Phil Hodges, *Leadership by the Book: Tools to Transform Your Workplace* (New York: William Morrow, 1999), 110. 《멘토링으로 배우는 예수님의 리더십》, 두란노 역간

Part 4. 훌륭한 리더의 머리

1. Ken Blanchard & Jesse Lyn Stoner, *Full Steam Ahead! Unleash the Power of Vision in Your Work and Your Life* (San Francisco: Berrett-Koehler, 2003), 79. 《비전으로 가슴을 뛰게 하라》, 21세기북스 역간

17. 자신의 필수 비전을 수립하라

1. 켄 블랜차드 컴퍼니에서 제공하는 "상황 대응 셀프 리더십" 프로그램의 일환으로 수전 파울러(Susan Fowler)가 개발한 과정이다. 자세한 내용은 www.kenblanchard.com을 참조하라.

2. Ken Blanchard & Michael O'Connor, *Managing by Values: How to Put Your Values into Action for Extraordinary Results* (San Francisco: Berrett-Koehler, 1997), 112. 《가치 경영》, 창현출판사 역간

19. 팀이나 기관의 필수 비전을 수립하라

1. Lewis Carroll, *Alice's Adventures in Wonderland and Through the Looking Glass* (1865/1872; 중판, New York: Cosimo Books, 2010), 41. 《이상한 나라의 앨리스》, 별글 역간

2. 루이지애나 주립 교도소, 워든 벌 케인, 말라기의 아빠들 프로그램에 대해 이 책에 기록된 모든 내용은 필리스 헨드리와 필 하지스가 감옥을 방문해 케인과 직접 나눈 대

화에 기초했다.

3. Pew Charitable Trusts, *Collateral Costs: Incarceration's Effects on Economic Mobility* (Washington, DC: Pew Charitable Trusts, 2010), 18. Roger Weeder, "Breaking the Cycle: Children Who Have Parents in Jail," *Operation New Hope*, 2015년 5월 6일, http://operationnewhope.org/breaking-the-cycle-children-who-have-parents-in-jail/.

4. Jeff James, "Standards with Purpose," Talking Point: The Disney Institute Blog, 2012년 9월 4일, https://disneyinstitute.com/blog/2012/09/standards-with-purpose/94/.

5. 훌륭한 리더란 초등학교 3학년 교사와도 같다는 이 개념을 켄은 허먼 밀러(Herman Miller) 회사의 전설적인 회장이었던 맥스 디프리(Max DePree)에게서 처음 들었다.

6. Ken Blanchard, John P. Carlos & Alan Randolph, *Empowerment Takes More Than a Minute* (San Francisco: Berrett-Koehler, 1996).

20. 필수 비전을 수행하라

1. Bob Buford, *Halftime: Moving from Success to Significance* (Grand Rapids: Zondervan, 1994), 197. 《하프타임》, 국제제자훈련원 역간

22. 목수의 일

1. Henry Drummond, *The Greatest Thing in the World* (Chicago: Revell, 1891), 32. 《사랑, 세상에서 가장 위대한》, IVP 역간

23. 목수의 길

1. John MacArthur, *Twelve Ordinary Men: How the Master Shaped His Disciples for Greatness—and What He Wants to Do with You* (Nashville: Thomas Nelson, 2002). 《예수님이 선택한 평범한 사람들》, 생명의말씀사 역간
2. 같은 책, 39.
3. 40년도 더 전에 켄은 폴 허시와 함께 상황 대응 리더십을 개발했다. 현재 그 개념의 최신 버전인 상황 대응 리더십 II가 세계적으로 널리 쓰이면서, 리더와 따르는 이의 관계를 통해 수행 능력을 향상하려는 리더들에게 도움을 주고 있다. 켄이 1980년대 말에 그리스도인이 되어 성경을 읽고서야 깨달았지만, 상황 대응 리더십 II의 개념은 성경에 기록된바 예수가 제자들을 훈련하고 개발해 첫 부르심에서 지상 명령으로 데려가신 방식과도 일맥상통한다. 사실 이 "목수의 길" 모델은 상황 대응 리더십 II 모델을 각색한 것이다. 상황 대응 리더십 II에 대한 더 자세한 내용은 다음 책을 참조하라. Ken Blanchard, Patricia Zigarmi & Drea Zigarmi, *Leadership and the One Minute Manager: Increasing Effectiveness Through Situational Leadership* (New York: Haper Collins, 1985). 《플렉서블: 켄 블랜차드의 상황대응 리더십》, 21세기북스 역간

25. 하나님께 순종하며 그분의 무조건적인 사랑을 표현하는 습관

1. Henry Drummond, *The Greatest Thing in the World* (Chicago: Revell, 1891), 18. 《사랑, 세상에서 가장 위대한》, IVP 역간

29. 공동체 습관

1. Rod Handley, *Character Counts: Who's Counting Yours?* (Grand Island, NE: Cross Training, 2002), 35~36.

31. 긍정적 변화를 주도하라

1. Ken Blanchard 외, *Leading at a Higher Level* (Upper Saddle River, NJ: Financial Times Press, 2009), 215.《상황대응 리더십II 바이블》, 21세기북스 역간
2. 켄의 생활방식이 더 건강해진 과정을 자세히 알고 싶다면, 그가 자신의 운동 코치와 공저한 다음 책을 참조하라. Ken Blanchard & Tim Kearin, *Fit at Last* (San Francisco: Berrett-Koehler, 2014).

32. 자아 중독자 모임: 하나님만을 높이는 첫걸음

1. Alcoholics Anonymous, *The Big Book of Alcoholics Anonymous* (New York: Works Publishing, 1939).